U0477318

2012年度国家社会科学基金西部项目结项成果
（结项证书号：20161616）

美国华裔批评家刘禾"新翻译理论"研究

费小平 著

中国社会科学出版社

图书在版编目（CIP）数据

美国华裔批评家刘禾"新翻译理论"研究/费小平著.
—北京：中国社会科学出版社，2017.11
ISBN 978-7-5203-1091-8

Ⅰ.①美… Ⅱ.①费… Ⅲ.①翻译理论—研究
Ⅳ.①H059

中国版本图书馆 CIP 数据核字（2017）第 238545 号

出 版 人	赵剑英
责任编辑	郭晓鸿
特约编辑	席建海
责任校对	石春梅
责任印制	戴　宽

出　　版	中国社会科学出版社
社　　址	北京鼓楼西大街甲 158 号
邮　　编	100720
网　　址	http://www.csspw.cn
发 行 部	010-84083685
门 市 部	010-84029450
经　　销	新华书店及其他书店
印　　刷	北京明恒达印务有限公司
装　　订	廊坊市广阳区广增装订厂
版　　次	2017 年 11 月第 1 版
印　　次	2017 年 11 月第 1 次印刷
开　　本	710×1000　1/16
印　　张	21
插　　页	2
字　　数	256 千字
定　　价	89.00 元

凡购买中国社会科学出版社图书，如有质量问题请与本社营销中心联系调换
电话：010-84083683
版权所有　侵权必究

目 录

引　论　美国华裔批评家刘禾"新翻译理论"的生成
　　　　背景和研究方法 ················· 1

　第一节　刘禾"新翻译理论"之"新" ············ 3

　第二节　比较文学背景下生成的刘禾"新翻译理论" ······ 5

　第三节　彼此粘连的"跨语际实践""语际书写"

　　　　　"交换的符码""衍指符号"四大概念 ······· 14

　第四节　刘禾"新翻译理论"研究方法 ············ 20

第一章　第一阶段："跨语际实践" ············· 25

　第一节　"跨语际实践"概念：基本指涉与显在起点 ······ 25

　第二节　语言等值的解构：东方与西方 ············ 30

　第三节　变迁论、新词与话语史 ··············· 42

　第四节　旅行理论与殖民批评 ················ 62

第五节 "国民性"话语译介：历史学与福柯
　　　　"知识考古学"实践化（1） ………………… 72

　　第六节 "跨语际实践"与中国现代小说创作及批评 …… 85

第二章　第二阶段："语际书写" ……………………………… 119

　　第一节 "语际书写"概念：基本指涉与创新价值 ……… 119

　　第二节 "互译性"："语际书写"的前提 ……………… 128

　　第三节 "个人主义"话语译介：历史学与福柯
　　　　"知识考古学"实践化（2） ………………… 148

　　第四节 "不透明的内心叙事"的译介与变形 …………… 158

第三章　第三阶段："交换的符码" ……………………………… 169

　　第一节 "交换的符码"概念：基本指涉与逻辑起点 …… 169

　　第二节 "交换的符码"与马克思主义政治经济学 ……… 182

　　第三节 "交换的符码"与索绪尔"普通语言学" ……… 194

　　第四节 "交换的符码"与鲍德里亚
　　　　"符号政治经济学批判" ……………………… 201

　　第五节 "交换的符码"与布迪厄"权力"话语 ………… 210

第四章　第四阶段："衍指符号" ………………………………… 215

　　第一节 19世纪国际政治的符号学转向 …………………… 215

目 录

第二节 "衍指符号"概念：基本指涉与对"跨语际实践"/
"语际书写"两概念的继续和推进 ⋯⋯⋯⋯⋯⋯⋯⋯ 225

第三节 个案分析1："夷/ i /barbarian" ⋯⋯⋯⋯⋯⋯ 234

第四节 个案分析2："番鬼""鬼子"/"洋鬼子" ⋯ 254

第五节 个案分析3："中国/China"或
"中华/China" ⋯⋯⋯⋯⋯⋯⋯⋯⋯⋯⋯⋯⋯⋯ 263

第六节 《万国公法》的翻译⋯⋯⋯⋯⋯⋯⋯⋯⋯⋯ 268

结语 美国华裔批评家刘禾"新翻译理论"与
我国文化翻译研究：总结、启发、举措⋯⋯⋯⋯⋯⋯⋯ 286

附录 ⋯⋯⋯⋯⋯⋯⋯⋯⋯⋯⋯⋯⋯⋯⋯⋯⋯⋯⋯⋯⋯⋯⋯ 294

参考文献 ⋯⋯⋯⋯⋯⋯⋯⋯⋯⋯⋯⋯⋯⋯⋯⋯⋯⋯⋯⋯ 317

后记 ⋯⋯⋯⋯⋯⋯⋯⋯⋯⋯⋯⋯⋯⋯⋯⋯⋯⋯⋯⋯⋯⋯ 329

引　论　美国华裔批评家刘禾"新翻译理论"的生成背景和研究方法

　　刘禾（Lydia H. Liu），1957年出生于中国四川泸州，1974年中学毕业后赴大西北河西走廊武威地区插队，1976年作为最后一届"工农兵学员"，被推荐至甘肃师范大学（现西北师范大学）英语系学习。[①] 随后三年，由于"当时，中国的各大学里正式考试进来的77、78、79级学生都已经进校了……因为是工农兵学员，和他们连吃饭的食堂都不一样……食堂品质就会差一点"[②]，感到"抬不起头"[③]，颇为郁闷。因此，刘禾在1979年毕业被分配至甘肃武威师范学校任中专英文教师后，发奋读书，刻苦钻研，"焚膏油以继晷，恒兀兀以穷年。"1980年，她如愿以偿，考入山东大学外文系攻读英美文学专业研究生；1983年毕业，获硕士学位，留校教授英文；1984年获美国哈佛燕京访问学者基金赴美从事研究活动一年；1985年考入哈佛大学比较文学系攻读博士学位；1990年博士毕业，进入

[①] 参见［刘禾背景］——刘禾个人网站，http://yishujia.findart.com.cn/80751-blog.html。
[②] 同上。
[③] 同上。

美国著名的伯克利加州大学，任东亚系和比较文学系跨系教授；1995年获终身教授职位。① 刘禾是美国著名华裔学者。如今，她的工作身份为美国哥伦比亚大学终身人文讲席教授（W. T. Tam Professor in the Humanities at Columbia University, New York）。毫无疑问，刘禾首先是一位英美文学出身的比较文学学者。而这一切她是以眼光犀利的批评家身份予以实现的。她除具备狄德罗所说的"对过路人喷射毒汁"的特质，坚守理想，永不退让，甚至"吹毛求疵"般的脱俗气派和激情四溢、鞭辟入里、振聋发聩的非凡眼界之外，还具备了渊博的学识。② 刘禾的渊博学识囊括马克思主义政治经济学、符号学、历史学、后现代批评话语、媒介学等领域，主要的专著或编著有：专著 Translingual Practice: Literature, National Culture, and Translated Modernity – China, **1900—1937**（1995）[《跨语际实践——文学，民族文化与被译介的现代性（中国，1900—1937）》, 2002 / 2008 / 2014]、《语际书写——现代思想史写作批判纲要》（1999），编著 Tokens of Exchange: The Problem of Translation in Global Circulations（1999）[《交换的符码：全球化流通中的翻译问题》]、Writing and Materiality in China（2003）[《中国的书写与物性》]（与 Judith T. Zeitlin 合编），专著 The Clash of Empires: The Invention of China in Modern World Making（2004）[《帝国的话语政治 从近代中西冲突看现代世界秩序的形成》, 2009] 等。通过它们，美国华裔批评家刘禾提出了聚焦文学/文化生产、流通的"新翻译理论"，由"跨语际实践"（Translingual Practice）、"语际书写"（Cross – Writing）、"交换

---

① 参见［刘禾背景］——刘禾个人网站，http: // yishujia. findart. com. cn/80751 - blog. html。

② 参见《批评家》，2012 年 6 月 20 日，（https: // baike. so. com/doc/2373175 - 2509270. html）。

的符码"（Tokens of Exchange）、"衍指符号"（Super-Sign）四概念及相关的推理、论证方式构成。它们彼此关联，互补、互识、互证。

第一节 刘禾"新翻译理论"之"新"

刘禾"新翻译理论"的提法最早见于《中华读书报》记者李晋悦在 2007 年 8 月 15 日对刘禾本人的采访稿《往返于书斋与现实之间》："刘禾……主要研究方向是文学理论、跨文化交流史和新翻译理论。"[①] "新翻译理论"一词的出现，标志着刘禾的翻译话语自 1999 年引入中国后，首次获得身份认同。但其"新"在哪里？据笔者理解，主要体现在以下方面：第一，将"翻译"分别命名为发生于中外文学/文化交流之间的"跨语际实践""语际书写""交换的符码""衍指符号"，拓宽了翻译概念的内涵、外延，扩展了翻译研究的疆域和研究者的视野，使得翻译研究真正具备跨文化前提。第二，对本雅明、皮尔斯、斯坦纳、德里达、萨义德、尼南贾纳等人的大肆批评，"直接指向跨文化和跨语际研究中值得给以首要关注的实践和权力形式的问题"[②]。第三，系统涉及马克思主义政治经济学、历史学、皮尔斯"符号学"、福柯"知识考古学"、鲍德里亚"符号政治经济学批判"、后殖民批评、女性主义、媒介学等多门学科，并且对这些学科精髓的把握和运用收放自如、游刃有余，甚至达到"炉火纯青"之境，因为一般的翻译研究理论不会过多涉及这

---

① 李晋悦：《刘禾——往返于书斋与现实之间》（http：//www.discovery.cctv.com/20070820/109519.shtml）。

② ［美］刘禾：《跨语际实践——文学，民族文化与被译介的现代性（中国，1900—1937）》，宋伟杰等译，生活·读书·新知三联书店 2008 年版，第 22 页。

些学科,更谈不上深度把握和运用,即便有所涉及,也仅局限于一个狭窄学科,如安德烈·勒菲费尔的"翻译作为改写"之说仅从体制角度讨论改写中的翻译文化问题,谢莉·西蒙的"女性主义译论"仅从女性主义批评角度讨论翻译的性别问题,特贾斯维莉·尼南贾纳仅从后殖民批评角度讨论"翻译问题系",以及它与后殖民状况的关联。这些都会导致一个问题:"学科之间的分野和界限过于严格,不同的学科之间画地为牢、各自为政,学者们自觉不自觉地充当起学科边界的警察,设立太多的禁忌……这个局面今天已经是学术进一步发展的障碍。"① 第四,贯穿始终的问题意识,刘禾在《跨语际实践——文学,民族文化与被译介的现代性(中国,1900—1937)》中如是说:"我是用这个被人们反复引用和翻译的观念,这个可以引用的(?)和可以互译的(?)观念,来讨论中国现代性的话语建构。就本书而言,我对自己提出的主要问题是:人们如何想象并谈论中国的现代性?以及这一问题必然产生的另一个问题:当某些类型的话语相对于其他话语而取得优势地位并得以合法化的时候,究竟造成了什么后果?"② 引文开篇采用"可以引用的(?)"和"可以互译的(?)"两个话语,昭示着强烈的问题意识,随后即刻进入连珠炮式的问题追问:人们如何想象并谈论中国的现代性?当某些类型的话语相对于其他话语而取得优势地位并得以合法化的时候,究竟造成了什么后果?③刘禾本人在2007年接受《中华读书报》记者李晋悦采访时明确断言:"要想真正了解当代理论的精髓,就必须要

---

① 刘禾:《文明等级论:现代学科的政治无意识》,《中华读书报》2012年7月11日第13版。
② [美]刘禾:《跨语际实践 文学,民族文化与被译介的现代性(中国,1900—1937)·序言》,宋伟杰等译,生活·新书·新知三联书店2008年版,第4页。
③ 同上。

从那些尚未定论的、有争议的问题入手,从问题切入是我对教学和培养学生的基本要求。"① 以上这些问题追问,体现了抽丝剥茧、"乘胜追击"的西方文化精神。尼南贾纳更加斩钉截铁地宣称:"翻译的问题系(the problematic of translation)成了引发有关再现、权力以及历史性这诸多问题的一个意义重大的场点。"② 第五,问题论证中隐含的"否定的辩证法"思路,充分展现了一个批评家固有的咄咄逼人的言语风格,有益于问题的深化。各环节都是精神的自我肯定与自我否定的统一,绝对精神的整个演进过程就是一个不断否定的过程。这一点体现了严密的逻辑和步步为营的论证风格。第六,问题论证中展现的对材料进行考辨、整理、分析、综合、批评、归纳的历史学功夫,有益于有效分析问题和解决问题。

第二节 比较文学背景下生成的刘禾"新翻译理论"

刘禾这位文化批评家,是"从……比较文学的学科前提进入翻译研究"③。毋庸讳言,她的"新翻译理论"必须紧紧地捆绑在比较文学这一"战车"上。这来源于刘禾本人的相应教育背景、工作背景和研究思路。

第一,刘禾于20世纪80年代中期毕业于哈佛大学比较文学系并获博士学位。

---

① 李晋悦:《刘禾——往返于书斋与现实之间》(http://www.discovery.cctv.com/20070820/109519.shtml)。
② [印度]特贾斯维莉·尼南贾纳:《为翻译定位》,许宝强、袁伟选编《语言与翻译的政治》,中央编译出版社2001年版,第117页。
③ 费小平:《"语际书写"/"跨语际实践":不可忽略的文化翻译研究视角》,《中国比较文学》2010年第1期。

这段经历可看作其进入西学殿堂的"启蒙"阶段,如她自己后来所说:"使我深感触动的倒是哈佛的学习氛围:开放的课程,让我可以走进任何一间教室;没有借书门槛的图书馆,使我能自由畅读,而这是中国大学所不具备的。"① 最有意思的是,她为自己选择比较文学专业而喜出望外:"我涉足的比较文学领域,在美国是文学理论的前沿,它的研究结果往往是其他学科的理论基础,包括人类学、历史学、媒体研究、社会学等。当代的比较文学是跨学科的,研究工作总是和其他学科有密切的关系,因此我很看重与不同学科之间的对话。思维的'边界'和学科的'边界'始终是我的兴趣点。要知道,从'边界'出发总能获得研究理论问题的独特视角。这是我本人学术研究的特色,也是我的心得。"② 也就是说,在她看来,比较文学是文学理论的前沿,研究成果往往是其他社会科学的基础,其聚焦"边界"/"疆域"或"灰色地带",可成为学术创新的出彩点,成为"出彩'学术人'"展现"才艺"的璀璨舞台。

第二,刘禾曾任伯克莱加州大学东亚系、比较文学系跨系教授。

从1990年开始,她在伯克莱加州大学执教12年,然后才到密西根大学和哥伦比亚大学任教。她在柏克莱的主要任务是培养比较文学博士生。每名博士生培养平均投入6—7年的时间,因为在她看来,"博士生是未来的学者和教授,马虎不得"③,并且"在打下坚实的知识基础上把握当代学术研究的动向。所以……尽量引导我的博士生关注那些尚未形成定论的问题。……从那些尚未定论的、有

---

① 李晋悦:《刘禾——往返于书斋与现实之间》(http://www.discovery.cctv.com/20070820/109519.shtml)。
② 同上。
③ 同上。

争议的问题入手"①。所以,她说:"从问题切入是我对教学和培养学生的基本要求。"② 这一说法令人耳目一新。它对于我们这个如今世界最大的"博士生产大国"不仅具有启发意义,还具有反讽意义,因为我国今天的博士生培养存在"走过场"、要求不严、粗制滥造,且权钱交易、情色交易等令国人脸红的问题。培养出来的人,鱼龙混杂,水平参差不齐,虽然培养了一些人品、学品俱佳且具有一定创新能力的人才,同时也"培养"了诸多不讲道德、利欲熏心、无任何问题意识及创新精神,且自以为是、损公肥私、贪得无厌的"烂博士"。这样的"人才"如何担当起国家、民族、社会的责任?如何能保证"知识分子"这一神圣称号不受世俗的污染?

第三,刘禾在其著作及一系列的概念架构中,津津乐道地论证"比较"思路。

这是她最有成就的一面。她在赴美后首部用中文写作的著作《语际书写——现代思想史写作批判纲要》(1999)中如是说:"学科史的研究,必须在多重语境下,在不断的比较研究的过程中,才能充分发挥它的解释功能。这……也是《语际书写》的理论起点。"③ 言必行,行必果。她的"个人主义话语""国民性理论质疑""不透明的内心叙事"等专题研究,均为这一理念的实践化。她在讨论执教于哥伦比亚大学的印度裔学者维丝冈内森(Gauri Viswanathan)的英国文学专著《征服的面具》(*Masks of Conquest*)时说:"她的这本书不但对重写英国文学的学科史做出了独特的贡

---

① 李晋悦:《刘禾——往返于书斋与现实之间》(http://www.discovery.cctv.com/20070820/109519.shtml)。

② 同上。

③ [美]刘禾:《语际书写——现代思想史写作批判纲要》,上海三联书店1999年版,第21页。

献，同时也启发我们对比较文学研究提出新的课题。"① 这里的关键词仍是"比较文学"。不难看出，比较文学思路是刘禾高举"目张"之"纲"，恰是一座"亚历山大港的灯塔"②，照亮了她的整个"语际书写"之路。实际上，这一思路早已出现在她的英文著作 Translingual Practice: Literature, National Culture, and Translated Modernity - China, 1900—1937 (1995) 中: "旨在跨越不同文化的比较研究所能做的别无他求，就是翻译。"③ 即是说，在刘禾看来，比较文化/比较文学首先必须面对这一大前提：翻译问题。她在讨论"跨越东西方边界（borders）的'现代性'问题"时更加推进这一意识，因此提出以下问题："这些边界容易遭遇跨越（easily crossed）吗？我们有可能在普遍的或者超越历史的立场上拥有一些可信赖的比较范畴（reliable comparative categories）吗？"④ 她在讨论英国民族志学者塔拉尔·阿萨德的文化翻译观念时指出："阿萨德对于文化翻译概念（the notion of cultural translation）的批评，对于比较文学研究和跨文化研究具有重要的隐含意义（major implications）。它警醒我们，将一种文化翻译成另一种语言这一行为与个人的自由选择或者语言能力并不相干，就算有关系，也是微不足道的。"⑤ 她赞赏柯文的中国研究思路："这种研究的益处在于，它是从中国语境中存在的中国问题出发，……而不拘泥于某些外在的标准……我们可以不再去做传

---

① ［美］刘禾：《语际书写——现代思想史写作批判纲要》，上海三联书店 1999 年版，第 21 页。
② ［法］伊夫·塔迪埃：《20 世纪的文学批评》，史忠义译，百花文艺出版社 1998 年版，第 9 页。
③ Lydia H. Liu, *Translingual Practice: Literature, National Culture, and Translated Modernity - China, 1900—1937*, Stanford, California: Stanford University Press, 1995, p. 1.
④ Ibid., p. 1.
⑤ Ibid., p. 2.

统比较文学意义上的所谓影响研究,转而强调主方语言(在此处是现代汉语)在翻译过程中产生意义的能动作用,这样,客方语言在新的语境中获得的意义,就不必背负着原文本真意义的印迹(a signature of authenticity)。"① 这是对传统影响研究的修正,译语一方不是被动接受,而是主动出击,甚至改造原文。毋庸讳言,比较文学语境下的"中西之间历史往来的过程中这些错综复杂的传介方式"②,是"跨语际实践"的"主要关注点",是跨文化研究的必经之途,因为"过去二三百年中的任何语词、思潮、理论的发生、发展和游走的过程,都必须放在一个更大的全球格局下,在彼此文化的互动关系之中(而不是以西方或者东方作为唯一的参照系)才能呈现其复杂的历史面貌"③。我们甚至可以得出一个等式:比较文学=跨文化研究=翻译研究。

第四,刘禾大力倡导"跨越性","'跨越性'……是比较文学的根本属性"④。

这种"跨越性"直指一种跨国、跨文明、跨学科的视野和胸怀。在《语际书写——现代思想史写作批判纲要》里,刘禾侃侃而谈:"这种跨语书写的历史不太容易,更不大容易捕捉得到,就是因为它不单纯属于西方,也不单纯属于中国,而是跨语际的,是在两者的接触、碰撞之间展开的。"⑤ 换言之,任何一种进入中国本土的西方

---

① Lydia H. Liu, *Translingual Practice: Literature, National Culture, and Translated Modernity - China, 1900—1937*, Stanford, California: Stanford University Press, 1995, p. 29.
② [美]刘禾:《跨语际实践——文学,民族文化与被译介的现代性(中国,1900—1937)》,宋伟杰等译,生活·读书·新知三联书店 2008 年版,第 38 页。
③ 同上书,第 5 页。
④ 曹顺庆主编:《比较文学学》,四川大学出版社 2005 年版,第 36 页。
⑤ [美]刘禾:《语际书写——现代思想史写作批判纲要》,上海三联书店 1999 年版,第 21 页。

学问必然是发生在语言与语言之间的互补、互识、互证的实践化历史,也只有"在不断的比较研究的过程中,才能充分发挥它的解释功能"①。她还指出:"由于现代中国文学是在本世纪初与欧美文学和日本文学频繁交往的过程中产生出来的,因此,本书的着眼点亦将这一现象置于跨语言、跨文化的框架中进行研究,而不采取传统的比较文学方法……这对如何使现代文学史的写作置于一个新的框架中也是个尝试。"② 显然,"现代中国文学"是在与异域碰撞、交融、冲突、转换的历史过程中建构的一种跨语言、跨国家/民族、跨学科、跨文明的文学书写,为跨语言"认识论"留下了极其丰富的话语资源。刘禾在同一著作中再次指出:"知识从本源语言进入译体语言时,不可避免地要在译体语言的历史环境中发生新的意义……在跨语实践的过程中,斯密思传递的意义被他意想不到的读者(先是日文读者,然后是中文读者)中途拦截,在译体语言中被重新诠释和利用。鲁迅即属于第一代这样的读者,而且是一个很不平常的读者。"③ 它隐含着一个事实:斯密思的中国国民性理论被日文、中文读者"改写"与"重塑",创造了鲁迅的文学创作和中文语境中的国民性论战。当然,斯密斯的理论与萨义德的东方主义有所区别。总之,刘禾教会了我们如何真正做到跨文化研究中的"跨"。此种"跨"之话语在《跨语际实践——文学,民族文化与被译介的现代性(中国,1900—1937)》中得到最为典型的继续与推进:"我在本书提出'跨语际实践'(translingual practice)的概念,目的在于重新思考东西方之间跨文化诠释和语言文字交往形式的可能性(possi-

---

① [美]刘禾:《语际书写——现代思想史写作批判纲要》,上海三联书店1999年版,第21页。
② 同上书,第24页。
③ 同上书,第81页。

bility)."① 这是标准的"知识考古学"意义上的话语实践。它旨在通过语言实践与文学实践来探讨中国的现代性议题,探讨"中国文学话语中'现代'与'西方'的合法化过程"②,以及相关的"中国人能动作用的暧昧性"③,为此,必须立足于与此密切相关的"翻译实践",即那个"被人们反复引用和翻译的观念、这个可引用的(?)和可以互译的(?)观念"④——"现代性"——的翻译实践("话语建构")。理由在于"翻译中生成的现代性这个概念……使我们能够识别并诠释历史偶然的时刻与过程"⑤,而且"这些时刻与过程既无法归结为外国的影响,也不能简化为本土传统不证自明的逻辑"⑥。刘禾还说:"人们通常所设想的对等关系如何在语言之间予以建立和保持的?在历史上让不同的语言对等行为究竟服务于什么需要?我提出的并不只是……技术性的或语言方面的问题。……它直接指向跨文化和跨语际研究(cross-cultural and translingual inquiries)中值得以首要关注的实践和权力形式(forms of practice and power)。"⑦ 即是说,跨文化/跨语际研究所要解决的绝非简单的语言,而是要考察所谓"对等关系"如何被生产出来——考察翻译的政治化行为。她又说道:"李欧梵在最近的一篇文章中这样问道:'五四一代及其前辈究竟是以什么方式来界定他们与过去之间的差别,并

---

① Lydia H. Liu, *Translingual Practice: Literature, National Culture, and Translated Modernity - China, 1900—1937*, Stanford, California: Stanford University Press, 1995, preface (p. XV).
② [美]刘禾:《跨语际实践——文学,民族文化与被译介的现代性(中国,1900—1937)·序言》,宋伟杰等译,生活·读书·新知三联书店2008年版,第6页。
③ 同上书,第1页。
④ 同上书,第4页。
⑤ 同上书,第7页。
⑥ 同上。
⑦ Lydia H. Liu, *Translingual Practice Literature, National Culture, and Translated Modernity - China, 1900—1937*, Stanford, California: Stanford University Press, 1995, p. 16.

且清晰表达出他们视之为'现代'的那些全新的感受来?'的确,李欧梵所强调的'现代'一词用引号括起来的状态,使我们意识到中西之间跨语际实践的历史中'翻译过来的'现代性问题。"① 也就是说,中国现代性研究必须充分考察跨语际实践的历史。刘禾进而指出:"在近代跨语际实践中,我们的关注点则是中国、日本以及西方在翻译的场地或碰巧遭遇的那些地点所发生的'对立'得以产生的条件,因为这正是主方语言和客方语言之间不可化约的差异一决雌雄的地方,是权威被吁求或遭到挑战的领域,也是歧义得以化解或是被创造出来的场所。简而言之,这些多重的对立记录了意义生成的历史,还造就了不同的民族语言和历史。"② 换言之,中外文化之间的交流必须是跨语际的,并且不是"一马平川""歌舞升平"的,而是"沟壑纵横""遍体鳞伤"的。这或许是中国现代性追寻的必由之路。刘禾在《帝国的话语政治:从近代中西冲突看现代世界秩序的形成》中指出:"第二章(衍指符号的诞生——引者注)通过对英中《天津条约》和同期的官方档案及出版物的分析和比较,探讨'野蛮人'(barbarian)这一概念的翻译如何在鸦片战争期间导致英国人发明'夷／i／barbarian'这一衍指符号,而英国人坚信'夷'词本是用来侮辱外国人的,因此决定禁用此词。"③ 她最后指出:"衍指符号……跨越两种或多种语言的语义场,对人们可辨认的那些语词单位的意义构成直接的影响。……衍指符号如此横踞在不同语言的巨大鸿沟之间,并跨越语音和表意的差异以在不同语言之

---

① [美]刘禾:《跨语际实践——文学,民族文化与被译介的现代性(中国,1900—1937)》,宋伟杰等译,生活·读书·新知三联书店 2008 年版,第 38 页。
② 同上书,第 44 页。
③ Lydia H. Liu, *The Clash of Empires: The Invention of China in Modern World Making*, Cambridge, Massachusetts, and London, England: Harvard University Press, 2004, pp. 2 - 3.

间的夹缝之中偷生。"① "衍指符号"也是跨语际的,争斗于不同语言之间,不同文化之间,并且是跨国的、跨学科的。

第五,刘禾提出创新性的影响研究路径。

刘禾在讨论"不透明的内省叙事"译介中的影响研究问题时指出:"我们很难因此就将现代汉语小说中的心理写实主义和'内心叙事',简单地归结为比较文学上的那个老问题:甲影响了乙,故乙产生了某种期待中的变化等。比如,翻译体的现象就容易给'影响说'出难题,因为这里涉及的不是甲对乙的影响问题,而是介乎甲和乙之间的一种不伦不类的东西;再说,当翻译体作用于译体语言的时候,它就不能不同时受到译体语言的改造。"② 这里所谓的"甲影响了乙,故乙产生了某种期待中的变化",直接指向影响研究中的两个老套问题:"影响"(认同)与"接受"(变形)。二者如同一个钱币的两面,不可脱离任何一方而存在。③ 但是,真正的跨语际的影响研究远非这般简单的"接受"与"拒绝"两极,而应该是介于"影响"与"接受"之间的一种不伦不类的"杂糅体"。正是在这个意义上,刘禾对比较文学学科理论作出了卓越贡献。她在谈到鲁迅批判国民性问题时也说:"如果我们要更深刻地批评国民性概念,我认为不该简单着眼于鲁迅思想对从西方引进的这一理论的接受与拒绝,而应探讨两者之间的张力,即便是在鲁迅似乎毫无保留地赞同时也不例外。"④ 依据同一思路,她在讨论老舍对英国文学的继承问题时

---

① [美]刘禾:《帝国的话语政治:从中西冲突看现代世界秩序的形成·导言》,杨立华等译,生活·读书·新知三联书店2009年版,第3页。
② [美]刘禾:《语际书写——现代思想史写作批判纲要》,上海三联书店1999年版,第120—121页。
③ 参见张铁夫主编《新编比较文学教程》,湖南人民出版社1997年版,第159页。
④ [美]刘禾:《语际书写——现代思想史写作批判纲要》,上海三联书店1999年版,第91页。

指出:"老舍受惠于英国文学是毋庸置疑的,但这种诠释必须超越试图确立互文关系的初级阶段,以免仅仅成为有关文学影响的无可争辩的(uncontested)叙事。祥子,一名中国的'经济人',既非哈姆雷特,亦非鲁宾逊·克鲁梭。……祥子也必须在他自身的基础上予以诠释。"[①] 刘禾在影响研究方面的诸多论述,高屋建瓴,不同凡响,应该能够给国内比较文学界的"中外关系研究"带来重要启示。

由以上诸方面,我们看到,"新翻译理论"置身于比较文学这片沃土,着力体现着比较文学精神。比较文学是"根","新翻译理论"是"茎",根茎相连,浑然天成。背靠着参天大树,"新翻译理论"更加厚重与务实。刘禾也因此不是简单的翻译理论家,更多的是比较文学专家。她的"新翻译理论"是对比较文学学科作出的"另类"贡献。

第三节 彼此粘连的"跨语际实践""语际书写""交换的符码""衍指符号"四大概念

刘禾在比较文学学科的大背景下,通过借鉴政治经济学、皮尔斯符号学、福柯"知识考古学"、解构主义批评、后殖民批评等方法,依次提出"跨语际实践"(Translingual Practice)、"语际书写"(Cross–Writing)、"交换的符码"(Tokens of Exchange)、"衍指符号"(Super-Sign)四概念,聚焦中国现代性想象,解构传统的语言

[①] [美]刘禾:《跨语际实践——文学,民族文化与被译介的现代性(中国,1900—1937)》,宋伟杰等译,生活·读书·新知三联书店2008年版,第157页。

透明论及技术层面上的翻译观念。四概念彼此互补、互识、互证，成为刘禾"新翻译理论"这一"大家族"的重要"成员"，也成为刘禾构筑的整个理论大厦的生生不息的原动力。刘禾在论证问题上所表现出来的逻辑严密、步步紧逼的强烈理性风格，威震学界。据说，这一切源于她内心深处的一种难以割舍的福尔摩斯侦探情结："我也许是更适合搞侦探或者破译密码，因为我自小就有侦探情结，喜欢刨根问底，对各种符号、密码和线索都感兴趣。这一切都对我后来从事学术研究有帮助，因为做学术就是要刨根问底，把事情搞清楚。"① 颇有几分"巾帼不让须眉"的气概！

（一）"跨语际实践"（Translingual Practice）

它来源于刘禾在1995年推出的英文专著 *Translingual Practice：Literature, National Culture, and Translated Modernity – China, **1900—1937*** （Stanford, California：Stanford University Press, 1995），于2002年通过宋伟杰等人的中译本《跨语际实践——文学，民族文化与被译介的现代性（中国，1900—1937）》首次传入中国。刘禾专门运用福柯"权力—体制"话语，提出"跨语际实践"之说，为随后提出"语际书写""交换的符码"及"衍指符号"奠定了基石。它是宣言书，是播种机。它"探讨汉语同欧洲语言和文学（通常是以日语为中介）之间广泛的接触/冲撞，特别关注19世纪和20世纪之交直到抗日战争开始（1937）这一阶段……将语言实践与文学实践放在中国现代经验的中心，尤其是放在险象环生的中西方关系的中心地位加以考察。如果说中国现代文学破土而出，成为这一时期一个重要

---

① 李晋悦：《刘禾——往返于书斋与现实间》（http：//www.discovery.cctv.com/20070820/109519.shtml）。

事件,那么,这与其说是因为小说、诗歌以及其他文学形式是自我表现的透明工具,忠实地记录了历史的脉搏,不如说是因为阅读、书写以及其他的文学实践,在中国人的国族建构及其关于'现代人'幻想的想像的(imaginary/imaginative)建构过程中,被视为一种强强大的能动力"①。它着力研究文学、民族文化与被译介的现代性之间的彼此互动关系,或者准确地说,研究阅读、书写、修辞策略、翻译、话语构成、命名实践、喻说、叙事模式等"跨语际实践"对中国现代经验的历史条件产生的重要影响。翻译是其中的"重中之重",通过它生成的现代性,"使我们能够识别并诠释历史偶然的时刻与过程,这些时刻与过程既无法归结为外国的影响,也不能简化为本土传统不证自明的逻辑"②。这一"跨文化诠释"的"问题意识"更多地浸润着福柯话语,她本人充满自信地宣称:"如果我们从福柯那里学到了什么,那么显然我们必须要正视体制性实践的各种形式以及知识/权力关系,这些形式和关系在将某些认知方式权威化的同时,也压抑了其他的认知方式。"③

(二)"语际书写"(Cross – Writing)

它通过刘禾于1999年在上海三联书店推出的中文著作《语际书写——现代思想史写作批判纲要》首次传入中国,开创了刘禾"新翻译理论"和整体学术话语系统进入中国语境的先河。它具有革命性的学术意义。"语际书写"可以说是刘禾的1995年规划的"跨语际实践"这一宏大项目的"缩写"或"变体"。她通过借鉴法国学

---

① [美]刘禾:《跨语际实践——文学,民族文化与被译介的现代性(中国,1900—1937)》(修订本),宋伟杰等译,生活·读书·新知三联书店2008年版,第3页。
② 同上书,第7页。
③ 同上书,第4页。

者莉奥塔"合法性"话语、福柯"权力"话语和美国学者荷米·巴芭"杂糅性"话语,宣称:"语际书写"研究的"不是技术意义上的翻译,而是翻译的历史条件,以及由不同语言间最初的接触而引发的话语实践。考察新词语、新意思和新话语兴起、代谢,并在本国语言中获得合法性的过程,不论这过程是否与本国语言和外国语言的接触与撞击有因果关系。即是说,当概念从一种语言进入另一种语言时,意义与其说发生了'转型',不如说在后者的地域性环境中得到了再创造。在这个意义上,翻译已不是一种中性的、远离政治及意识形态斗争和利益冲突的行为。相反,它成了这类冲突的场所,在这里被译语言不得不与译体语言面对面遭逢,为它们之间不可简约之差别决一雌雄,这里有对权威的引用和对权威的挑战,对暧昧性的消解或对暧昧的创造,直到新词或新意义在译体语言中出现。我希望跨语言实践的概念可以最终引生一套语言的适应、翻译、介绍,以及本土化的过程。"① 这里的"翻译的历史条件""新词语、新意思和新话语兴起、代谢,并在本国语言中获得合法性的过程""在后者的地域性环境中得到了再创造""它成了这类冲突的场所,在这里被译语言不得不与译体语言面对面遭逢,为它们之间不可简约之差别决一雌雄,这里有对权威的引用和对权威的挑战,对暧昧性的消解或对暧昧的创造,直到新词或新意义在译体语言中出现"等话语明显地留存着"跨语际实践"的不散"阴魂"。二者内在的总体理路一致:"在世界的许多地区,欧洲宗主国语言并不通用,它们既不能与本土语言相匹敌,更无法获得国族语言或方言的地

---

① [美]刘禾:《语际书写——现代思想史写作批判纲要》,生活·读书·新知三联书店1999年版,第35—36页。

位。"① 所以，有学者称，它们可以"相互发明，相互补充"②。

（三）"交换的符码"（Tokens of Exchange）

它孕育于刘禾在1999年推出的英文文集 Tokens of Exchange: The Problem of Translation in Global Circulations（Durham and London: Duke University Press，1999）（《交换的符码：全球化流通中的翻译问题》）之中。刘禾说，它暗指这样一个事实："众多对象正像'言语性符号'一样，同样构成表征；并且它们的有形的物质存在参与指意（signification），而不是置身其外。在全球化的指意层面，我将翻译看作是以促使交换为己任而着力铸造'符码'的强有力的中介（a primary agent），它在众多语言之间、众多市场之间将'意义'（meaning）作为'价值'（value）来予以生产和流通。在这个意义上，'符码'及其'交换价值'（exchange-value）代表着我谈论符号、文本、艺术作品、商品、哲学、科学、教学方法、社会实践得以流通的方式。"③ 这里，我们不难"翻译"出几个彼此关联的等式：翻译＝交换＝符码＝中介＝意义＝价值的生产和流通，符码及交换价值＝艺术品/人文科学/商品/教学法/社会实践之流通的方式。后两个等式直接指向"交换的符码"之含义："翻译"以"交换"为己任，锻造那个代表着"言语性—象征性交换"和"物质性流通"双重指向的"符码"的重要中介。它横跨不同语言和市场，生产和流通着作为"价值"的"意义"。其结果是，通过"翻译"得

---

① [美]刘禾：《跨语际实践——文学，民族文化与被译介的现代性（中国，1900—1937）》（修订本），宋伟杰等译，生活·读书·新知三联书店2008年版，第2页。
② [美]李陀：《序》，刘禾：《语际书写——现代思想史写作批判纲要》，生活·读书·新知三联书店1999年版，第8页。
③ Lydia H. Liu, ed., *Tokens of Exchange: The Problem of Translation in Global Circulations*, Durham and London: Duke University Press, 1999, p. 4.

以实现的"符码"及"交换价值"等于"符号、文本、艺术作品、商品、哲学、科学、教学方法、社会实践得以流通的方式"。简言之,"交换的符码"等于"流通的符码",等于"生产的意义/价值"。这必然发生于包含社会生产和再生产过程的"生产关系"之中。不言而喻,"交换的符码"指向马克思政治经济学重点考察的"交换价值"问题。以"翻译"为中介的"交换的符码",是发生在一定"社会生产关系"中的政治行为。有学者称,"交换的符码"是刘禾"新翻译理论"的逻辑起点,"跨语际实践""语际书写""衍指符号"皆是其"注脚"或"延搁"。①

(四)"衍指符号"(Super-Sign)

它来源于刘禾在 2004 年推出的英文著作 *The Clash of Empires: The Invention of China in Modern World Making*(Massachusetts, and London, England: Harvard University Press, 2004)。2009 年,通过杨立华等人的中译本《帝国的话语政治:从近代中西冲突看现代世界秩序的形成》)首次传入中国。刘禾通过皮尔斯符号学、话语分析等方法,以主权想象中心,提出"衍指符号"。它"指的不是个别词语,而是异质文化之间产生的意义链,它同时跨越两种或多种语言的语义场,对人们可辨认的那些语词单位的意义构成直接的影响。这些语词单位可以包括本土词汇、外来词,也可以包括语言学家在某个语言的内部或不同的语言之间可加辨别的其他言说现象。衍指符号如此横踞在不同语言的巨大鸿沟之间,并跨越语音和表意的差

---

① 参见费小平《"交换的符码":刘禾"新翻译理论"的逻辑起点》,《解放军外国语学院学报》2012 年第 1 期。

异以在不同语言之间的夹缝之中偷生"①，并且"由于衍指符号是异质文化之间产生的意义链，这就意味着，它要完成任何特定的言说现象的指意过程，都必须依靠超过一种以上的语言系统"②。在这里，"刘禾实际上把原来《跨语际实践》中跨语际的话语方法应用到中国近代历史与整体世界秩序变化的关系这样一个更大的框架里面来加以展开分析"③。刘禾自己也承认，"在书中对翻译功能的强调，指的……主要是跨语际的话语实践"④。

第四节　刘禾"新翻译理论"研究方法

（一）马克思主义政治经济学

刘禾借鉴马克思主义政治经济学来建构"交换的符码"，将意义作为"价值"来予以研究。⑤ 具体思路体现于以下方面：（1）由母语译为外语的思想为了流通和交换所呈现出的"稍好一点的类似物"，表现于"语言异质"上；（2）交换中的两种商品拥有"等量的某种共通物"，并建构一个"既非小麦也非铁的某第三者"；（3）商品生产与交换中核心问题之一的作为社会价值的经济价值预示着符号政治经济学批判的诞生。刘禾后来专门与美国著名汉学家朱迪斯·T.查特琳（Judith T. Zeitlin）合作编著《中国书写与物性》（Writing

---

① [美]刘禾：《帝国的话语政治　从近代中西冲突看现代世界秩序的形成》，杨立华等译，生活·读书·新知三联书店 2009 年版，第 13 页。
② 同上。
③ 杨念群：《作为话语的"夷"字与"大一统"历史观》，《读书》2010 年第 1 期。
④ [美]刘禾：《"话语政治"和近代中外国际关系》，《读书》2010 年第 1 期。
⑤ 费小平：《刘禾"交换的符码"翻译命题与马克思主义政治经济学》，《外语研究》2014 年第 1 期。

and Materiality in China）文集来讨论交换价值问题。

（二）福柯"知识考古学"/"知识谱系学"

有学者说："刘禾的所有翻译研究，在某种程度上，几乎都是福柯'知识考古学'的文本化实践。"① 刘禾曾明确指出："福柯在《知识考古学》里讲到的话语跟欲望的具体联结方式，可以帮助我们思考皇帝的宝座作为符号时所体现的那种能量。"② 作为话语政治学的"知识考古学"，聚焦"话语"/"档案"/"文献"及其背后的权力、体制，以此进行"话语分析"，"陈述分析"，分析作为"事件"的"话语"/"陈述"，"致力于描述……使知识得以可能的结构"③。这一点根蒂于刘禾的无意识深处。她在讨论"跨语际实践"翻译议题时明确指出："如果我们已从福柯那里学到了什么有用的东西，那么显然我们必须要面对各种形式的体制性实践及知识/权力关系，这些关系在认可某些知识形式的同时压抑了其他知识形式。"④所以，"知识考古学"层面上的翻译研究必须研究"陈述"，研究"话语"，研究"档案"，研究"话语实践"。

（三）皮尔斯"符号学"

它是刘禾构建"衍指符号"的主要工具。19世纪初叶，国际政治发生符号学转向，皮尔斯是乘势而起的"符号学家"，他的符号学是"semiotics"，具有开创价值。皮尔斯认为，所有的思想，所有的

---

① 费小平：《刘禾的翻译研究：福柯"知识考古学"的文本化实践》，《西安外国语大学学报》2011年第3期。
② ［美］刘禾：《帝国的话语政治：从近代中西冲突看现代世界秩序的形成》，杨立华等译，生活·读书·新知三联书店2009年版，第289页。
③ ［瑞］菲利普·萨拉森：《福柯》，李红艳等译，中国人民大学出版社2010年版，第114页。
④ Lydia H. Liu, *Translingual Practice*: *Literature*, *National Culture*, *and Translated Modernity – China*, **1900—1937**, Stanford, California: Stanford University Press, 1995, p. 3.

经验，都借助于符号。其最突出的特点是，符号之间对立统一并具有推动人类认知向广度和深度发展的巨大力量，充满辩证法。皮尔斯认为，符号——或曰表征（representation）——就是一种能够在某些方面代表某物的东西。它把意思传达给某个人，也就是在那个人头脑中创造出一个等值的符号，或者也可能是一个更复杂的符号。①

（四）萨义德"旅行理论"

刘禾曾明确说过："萨义德……提出所谓理论旅行（traveling theory）说，正是为了探讨观念如何在不同的时空中游动的问题。"② 刘禾对萨氏"理论"怀有强烈兴趣，但也对其"旅行"一词的语焉不详，进行了批评："旅行这个概念本身缺少完善它自身所必需的思想力度……它完全忽略了翻译活动这个为理论旅行所必须依赖的交通工具本身。由于隐去了翻译这个重要媒体，理论的旅行变成了一个抽象的观念，以至于理论向哪儿旅行……为什么旅行……用什么语言翻译，翻译给哪些读者看，都似乎毫无不同。"③ 这一批评建立在她内心深处的一个前提下："语言之间的交易总是民族和国际斗争的一个交锋场所。"④ 即是说，在刘禾看来，理论的移植不是简单的顺应或接受，是异常复杂的，绝非一蹴而就。"明碉暗堡到处是。"它必须经历借取、选择、合并、重组乃至重构等过程。

---

① 参见［美］刘禾《帝国的话语政治：从近代中西冲突看现代世界秩序的形成》，杨立华等译，生活·读书·新知三联书店2009年版，第10页（注2）。
② ［美］刘禾：《语际书写——现代思想史写作批判纲要》，生活·读书·新知三联书店1999年版，第31页。
③ 同上书，第32—33页。
④ 同上书，第33页。

（五）历史学

这不但体现在"跨语际实践"/"语际书写"的论证中，也体现在整个"新翻译理论"中。众所周知，材料是史学的生命，而整理材料的方法就是比较不同的史料。① 并且，要从外在的史实考订深入到人们的内心深处，人们的精神活动及人文动机。② 即是说，所有的材料绝非静态地停滞在那里，而是经过研究者的生花妙笔和敏锐得以激活，得以熠熠生辉。"物质"层面背后居于"共同"与"相异"之间的精神得以彰显。这遵循了一种19世纪后期以来的"历史学"研究方法。

（六）媒介学

刘禾在2003年与他人合作编著文集《中国书写与物性》（Writing and Materiality in China）时指出："谈论书写，特别是中文书写，必须考虑书写通过多种类型媒体和形式，与我们进行谈话的诸多方式。无论是考虑书写特征还是其印记、踪迹、遗迹，书写总是以多种形式的伪装（guises）呈现出远远超出文本性体现的态势。"③ 即是说，"书写"与"物性"密不可分，书写必须通过"物性"来实现，"物性"的最重要层面就是媒介，就是"伪装"。她还指出："将书写作为文化的物质产品来进行思考……它将重心由作为文本意义的主要创作者和终极裁决者的作者转移至编辑、出版者、收集者、读者、生产者、评论者——通过他们之手，文本、样式、传说得以

---

① 参见傅斯年《史学方法导论》，朱渊博导读，上海古籍出版社2011年版，第4页。
② 何兆武：《序一 对历史学的反思》，朱本源：《历史学理论与方法》，人民出版社2007年版，第2页。
③ Lydia H. Liu and Judith T. Zeitlin,"Introduction"in Judith T. Zeitlin and Lydia H. Liu eds, *Writing and Materiality in China: Essays in Honor of Patrick Hanan*, The President and Fellows of Harvard College, 2003, p. 1.

重塑、播散，并被赋予新的意义。"① 简言之，"书写"与"物性"问题更多地关注存在文本之外但又决定文本生产、出版、评论、流通的一套体制性因素或赞助人因素。刘禾在《帝国的话语政治：从中西冲突看现代世界秩序的形成》中再次谈到相关问题。

---

① Lydia H. Liu and Judith T. Zeitlin, "Introduction" in Judith T. Zeitlin and Lydia H. Liu eds, *Writing and Materiality in China: Essays in Honor of Patrick Hanan*, The President and Fellows of Harvard College, 2003, pp. 1 – 2.

第一章　第一阶段："跨语际实践"

第一节　"跨语际实践"概念：基本指涉与显在起点

刘禾在1995年出版的英文著作 *Translingual Practice：Literature, National Culture, and Translated Modernity – China, 1900—1937*［中译本：《跨语际实践：文学，民族文化与被译介的现代性（中国，1900—1937）》，2002/2008］中明确宣称："我……提出'跨语际实践'（translingual practice）的概念，旨在重新思考存在于东西方之间的跨文化诠释（cross-cultural interpretation）和语言文字交往形式（forms of linguistic mediation）的可能性。"[①] 何为"跨语际实践"？一言以蔽之，就是用来"重新思考存在于东西方之间的跨文化诠释"和"语言文字交往形式的可能性"之工具。她进而指出："如果继

[①] Lydia H. Liu, *Translingual Practice：Literature, National Culture, and Translated Modernity – China, **1900—1937***, Stanford, California：Stanford University Press, 1995, Preface (p. XV).

续将跨文化研究中的具体语言问题视作一种'冗余'（superfluity），或仅视作'对殖民主义和帝国主义后果进行批评的一部分（part of a critique）'，那将是不可思议的。"① 它具体"探讨汉语同欧洲语言、文学（通常以日语为中介）之间的深度接触／冲撞（the wide-ranging Chinese contact/collision with European languages and literatures），特别关注19世纪和20世纪之交直到抗日战争（1937）初期这一阶段"②，"将语言实践与文学实践置于中国现代经验（China's experience of the modern）的中心地位中，尤其置于四面楚歌的中西方关系（much troubled relationship with the East）的中心地位中，予以考察"。③ 最后，刘禾总结道："如果说中国现代文学破土而出，成为这一时期一个重要事件，那么，这与其说是因为小说、诗歌以及其他文学形式均是忠实记录历史的脉搏的透明的自我表现工具，不如说是因为阅读、书写以及其他的文学实践，在中国人的国族建构及其关于'现代人'幻想的想像的（imaginary/imaginative）建构过程中，均被视为一种强大的能动力（potent agents）。"④ 毋庸讳言，在"跨语际实践"总体框架下，涵盖阅读、书写、翻译及其他文学实践的语言问题是探讨19世纪、20世纪之交至抗战期间中国文化／文学现代性及国族建构，特别是中西文化／文学关系必不可少之途径，并且，伴随着其中的深度冲撞，"伤痕累累"。在刘禾思路中，"跨语际实践"的内涵指向以下问题意识：

---

① Lydia H. Liu, *Translingual Practice: Literature, National Culture, and Translated Modernity – China, 1900—1937*, Stanford, California: Stanford University Press, 1995, Preface (p. XV).
② Ibid., (p. XVI).
③ Ibid..
④ ［美］刘禾：《跨语际实践——文学，民族文化与被译介的现代性（中国，1900—1937）》（修订本），宋伟杰等译，生活·读书·新知三联书店2008年版，第3页。

第一，不同的语言之间真的不可公约（incommensurate）吗？[①]倘若如此，人们如何在不同词语和意义之间建立并维持虚拟等值关系（hypothetical equivalences）？[②] 在人们共同认可的等值关系（commonly perceived equivalences）基础上，如果将一种文化翻译成另一种文化的语言，那意味着什么？[③]

第二，将"现代性"（modernity）一词置于引号中，以便"指向早期的种种引述"[④]，"这些引述的来源（origins）在不计其数的重复、回忆（evocations）、翻译以及再现（reproductions）中丧失殆尽"[⑤]。当我们说"modernity"和"modern"等同于"现代性"和"现代"的时候，这样的等值关系或翻译，在何种时刻，在何种语境，才能拥有意义？[⑥] 并且，"从后结构视角出发，述行/述愿叙事（performative/constative narratives），比如说通过特定语境的书写和言说（situated writing and speech）而对某个概念进行的反复呼唤（repeated evocations of an idea），往往构成思想史家所称的'概念连续性'（continuity of that idea）"[⑦]，这一切又如何理解？

第三，人们如何想象并谈论中国的现代性状况？[⑧] 并且，当某些类型的话语相对于其他话语而取得优势地位并得以合法化时，究竟

---

① Lydia H. Liu, *Translingual Practice*: *Literature*, *National Culture*, *and Translated Modernity – China*, ***1900—1937***, Stanford, California: Stanford University Press, 1995, reface (p. Ⅹ V).
② Ibid..
③ Ibid..
④ Ibid., (p. Ⅹ).
⑤ Ibid., (p. Ⅻ).
⑥ Ibid..
⑦ Ibid..
⑧ Ibid..

发生什么?① 倘若不充分研究20世纪中国知识分子的跨语际实践,就无法研究中国现代性的本土性(the local character of the Chinese modern),② 难道不是吗?

第四,我们能仅仅因为东西方二元对立是虚构的发明或人为的构造(fictitious invention or construction),就摒弃它吗?③ 东西方二元对立观念如何在特定的语言中开始具有语境意义并获得合法性(legitimacy)?④ 与之相关的修辞策略、翻译、话语构成物(discursive formations)、命名实践(naming practices)、合法化过程(legitimizing process)、喻说(trope)及叙事模式(narrative modes),自19世纪后半叶以来,深深影响着中国现代经验的历史条件,难道不值得关注吗?⑤

第五,真正的理论兴趣在于,中国文学话语中"现代"与"西方"的合法化过程在哪里?中国人能动作用的暧昧性(ambivalence of Chinese agency)又在哪里?⑥

第六,翻译的现代性(translated modernity)能促使我们识别、诠释历史偶然性及过程(contigent moments and processes)——它们既不能简约为外国冲击,也不能简约为本土传统不证自明的逻辑。⑦ 具体文学文本的选择与阅读是由跨文化诠释这一主导性的问题意识(central problematic of cross-cultural interpretation)所推进,而非中国

---

① Lydia H. Liu, *Translingual Practice: Literature, National Culture, and Translated Modernity – China, 1900—1937*, Stanford, California: Stanford University Press, 1995, Preface (p. XII).
② Ibid., Preface (p. XII).
③ Ibid., (p. XIII).
④ Ibid..
⑤ Ibid..
⑥ Ibid..
⑦ Ibid., (p. XI).

现代文学经典所推进。① 难道不是吗？

第七，现代中国文化如何诠释自身的发生和展示方式？② 文学项目（literary projects）如何被不同作家、批评家的政治旨趣所左右？③

第八，晚清与民国时期这一话语变化的动力引发一系列相互竞争的叙事（competing narratives）和对抗的叙事（counter-discourse），而这些叙事和话语将会促使我们对国族文化及翻译的现代性在中国的意义之理解，变得日渐复杂起来。④ 如何看待这一问题？

问题有八种之多，或许"太过分了"，但这一切正好实现了刘禾一向的理论研究初衷："从根本上说，所谓'理论'，就是提出别人没有提过的问题，它不是炫耀名词概念，更不是攀附知识权贵。理论就是问题意识，看一个人能不能提出真正的问题。"⑤ 或者说，"做理论就是要提出别人没有提过的问题，或者面对别人的结论，敢于提出自己的挑战。如果提不出自己新的问题，那就没有必要做理论"⑥。此番强烈的"问题意识"（problematic），按照美国著名中国史学家史华兹的观点，似乎隐含着"关切"（concern）、"议题"（issue）、"预设"（assumption）等小议题。"关切"往往指一种深刻的存在感受，近乎"忧患意识"，它是开展思想史研究的"原始依据"，人类的一些"历久不衰，反复出现的共同关切"，往往构成某

---

① Lydia H. Liu, *Translingual Practice*: *Literature, National Culture, and Translated Modernity - China, 1900—1937*, Stanford, California: Stanford University Press, 1995, Preface (p. XI)

② Ibid., Preface (p. XX).

③ Ibid..

④ Ibid..

⑤ 李凤亮、刘禾：《"符号学转向"与帝国研究》（https://www.douban.com/group/topic/9310825/?type=like）。

⑥ 同上。

种人生的奥秘，如"生死爱欲"。① "议题"指为了解决关切而引发的争论焦点，可有不同层次。② 可以说，只有关切而无议题，不成其为学术，只是倾诉；只有议题而无关切，不成其为思想，只是戏论。③ 争论一旦扩大，则形成"话语"（discourse）。④ 论域参与者往往各有自己立论的明言或未明言的预设。⑤ 但是大家既然能参与同一论域，则必有共同预设，否则无法进行辩论和对话。关切、议题、预设相互关联，构成"问题意识"或"问题丛"。⑥

"跨语际实践"提出的"林林总总"的问题，均涵盖了随后"语际书写""交换的符码""衍指符号"三概念的基本理路。在某种意义上，"跨语际实践"吹响了刘禾"新翻译理论""征战"翻译研究或比较文学研究"沙场"的号角。在这个意义上，"跨语际实践"是我们瞬间就能看到的刘禾"新翻译理论"的显在（overt）起点。

第二节　语言等值的解构：东方与西方

刘禾以深谙学术真谛的学者般的执着、从容、自信宣称："严格说来，旨在跨越不同文化的比较研究所能做的工作只有翻译。"⑦ 此

---

① 参见［美］林同奇《中文版序：他给我们留下了什么？》，［美］本杰明·史华兹《中国的共产主义与毛泽东的崛起》，陈玮译，中国人民大学出版社2006年版，第6页。
② 同上。
③ 同上书，第7页。
④ 同上。
⑤ 同上。
⑥ 同上。
⑦ Lydia H. Liu, *Translingual Practice*: *Literature, National Culture, and Translated Modernity – China, 1900—1937*, Stanford, California: Stanford University Press, 1995, p. 1.

话虽颇有道理，但也招致批评。有学者认为，近代以来，中国文化的诸多"变化不能主要归因于翻译，更不能完全归因于翻译。翻译所起的作用当然是不可忽视的。但在造成中国变化的诸种原因中，翻译只能是一种次要因素"①。

长期以来，人们对翻译的理解总建立在一个二者"等值"的前提之上："各种语言可以公约（commensurate），对等词（equivalents）自然存在于各种语言之间。"② 实际上，这是"一个哲学家、语言学家、翻译理论家试图驱散的司空见惯的幻觉（common illusion）"③。尼采身先士卒，首先起来驱散它。他指出，迫使"不对等"彼此"对等"，仅仅是语言的隐喻性功能（metaphorical function of language）——它自诩拥有真理。④ 但"真理到底为何物？"尼采说："它是一支由隐喻、转喻、拟人修辞（anthropomorphisms）构成的流动大军（a mobile army）。简言之，它是人类关系的总和，这些关系通过诗意的、修辞性的手段得以强化、变形（metamorphosed）、装饰（adorned），并在经过长期使用后，对一个民族来说，似乎成为固定的、经典性的、约束性的（binding）真理；这些真理均是人们已经忘记为幻觉的幻觉。"⑤ 即是说，在尼采看来，所谓翻译的对等，是一个隐含着拥有真理前提的隐喻，而真理绝非可在瞬间触摸的实体，它充塞着晦涩难解的语言符号，此后，人人从之。英雄所见略同。晚辈斯皮瓦克从后结构视角提出的由修辞、逻辑、静默构成的"三

---

① 王彬彬：《以伪乱真和化真为伪——刘禾〈语际书写〉、〈跨语际实践〉中的问题意识》，《文艺研究》2007 年第 4 期。
② Lydia H. Liu, *Translingual Practice: Literature, National Culture, and Translated Modernity - China, 1900—1937*, Stanford, California: Stanford University Press, 1995, p. 3.
③ Ibid., p. 3.
④ Ibid..
⑤ Ibid., pp. 3 - 4.

面结构"与其异曲同工。① 她指出，尼采对隐喻的界定，指向存在于彼此互不相识事物（dissimilar things）之间的同一性的建构（construction of an identity）中，恰似他文章中原词 Gleichnis machen（促使同一）所表明的那样，"提醒人们注意德文词 Gleichnis 的意义，如形象、明喻、讽喻（similitude）、比较、寓意性故事（allegory）、寓言（parable）等，它是总体指向修辞实践的明白无误意义（unmistakable pointer）"②。刘禾说，"富于反讽的是，这位哲学家本人，通过德语同其他语言的隐喻性对等，也未能逃脱正在被翻译、被转换为另一幻觉（illusion）的命运。繁荣兴旺的双语词典编撰业依赖的也是这种强力幻觉（tenacity of this illusion），即它的权力意志"③。这一"权力意志"即尼采所称的"最隐秘的、最强壮的、无所畏惧的子夜游魂投射的一束灵光"④——"一个力的怪物，无始无终，一个坚实固定的力，它不变大，也不变小，它不消耗自身，而只是改变面貌"⑤。阿根廷作家博尔豪斯也说，"词典是基于这样一个假设——一个显然未经过验证的假设——即语言是由对等的同义词组成的"⑥。即是说，翻译中，"词典权力没商量"。"正是这一产业的'营运'（the business of this industry），使得人们对这一点深信不疑：

---

① G. C. Spivak, *Outside in the Teaching Machine*, London and New York: Routledge, 1993, p. 181.
② Lydia H. Liu, *Translingual Practice: Literature, National Culture, and Translated Modernity – China, **1900—1937***, Stanford, California: Stanford University Press, 1995, p. 4.
③ Ibid., p. 4.
④ 转引自译者《〈权力意志〉译者说明》，[德] 弗里德里希·尼采《权力意志 重估一切价值的尝试》，张念东等译，中央编译出版社 2000 年版，第 7 页。
⑤ 同上。
⑥ 转引自 [美] 刘禾《跨语际实践——文学，民族文化与被译介的现代性（中国，1900—1937）》，宋伟杰等译，生活·读书·新知三联书店 2008 年版，第 5 页。

人人知晓'所有语言均由对等同义词组成'这一道理。"① 欧洲哲学家海德格尔与日本人手冢富雄之间的一段对话，可用来讨论该问题：

> 日：您细细倾听于我，或者更好地说，您细细倾听着我所作的猜度性的提示，这就唤起了我的一种信心，使我抛弃那种犹豫，那种前面一直抑制着我，让我不能回答您的问题的犹豫。
>
> 海：您指的问题就是：您们的语言用哪个词来表示我们欧洲人称之为"语言"的那个东西？
>
> 日：直到此刻，我一直未敢说出这个词语，因为我不得不作一种翻译，这种翻译使得我们这个表示语言的词语看起来犹如一个地道的象形文字，也即使之成为概念性的观念范围内的东西了；这是由于欧洲科学和哲学只有通过概念来寻求对语言之本质的把握。
>
> 海：这个表示"语言"的日文词是什么呢？
>
> 日：（进一步的犹豫之后）它叫"言叶"（Koto ba）。
>
> 海：这说的是什么呢？
>
> 日：ba 表示叶，也指花瓣，而且特别是指花瓣。您想想樱花和李花吧。
>
> 海：Koto 说的是什么？
>
> 日：这个问题最难回答。但我们已经大胆地解说了"粹"——即是召唤着的寂静之纯粹喜悦，这就使我们较容易作一种努力，来回答这个问题了。成就这种召唤着的喜悦的是寂静（die Stille），寂静之吹拂是一种让那喜悦到来的运作。但

---

① Lydia H. Liu, *Translingual Practice: Literature, National Culture, and Translated Modernity – China, **1900—1937***, Stanford, California: Stanford University Press, 1995, p. 4.

Koto 始终还表示每每给出喜悦的东西本身，后者独一无二地总是在不可复现的瞬间以其全部优美达乎闪现（Scheinen）。

海：那么，Koto 就是优美的澄明着的消息之居有事件（das Ereignis der lichtenden Botschaft der Anmut）罗。

日：说得太好了！只是"优美"太容易把今天的心智引入歧途了……①

刘禾认为，这段对话给人三方面启示：第一，"它通过单一的戏剧性表演（a single dramatic performance），展现了东西方之间翻译的不可能性和与此同时的必要性（the impossibility and yet the necessity）"②；第二，"日本对话者在被迫回答欧洲探问者'何为表达 language 的日语词'的问题之前……解释自己犹豫的原因（此番犹豫，通过几行文字之后的括号里的斜体词，被重新引入，扰乱对话流程）"③；第三，"在日本对话者做出冗长解释之后，欧洲探问者对 Koto 之义做出概括总结，这就指向了某种与一个日语词翻译大相径庭的东西"④。"它作为挪用的姿态（appropriating gesture），导致了海德格尔'道说'（Saying）论或'Sage'论的产生，正像日本对话者后来所描述那样——'因为必定有某个东西自行发生，借此为传信开启并照亮道说之本质得以在其中闪现的那个浩瀚境地'（Denn es mußte sich etwas ereignen, wodurch sich dem Botengang jene Weite offnete

---

① 整段对话的译文引自［德］海德格尔《在通向语言的途中》，孙周兴译，商务印书馆 1997 年版，第 115—116 页。
② Lydia H. Liu, *Translingual Practice: Literature, National Culture, and Translated Modernity – China, 1900—1937*, Stanford, California: Stanford University Press, 1995, p. 5.
③ Ibid., pp. 5 – 6.
④ Ibid., p. 6.

und zuleuchtete, in der das Wesen der Sage zum Scheinen kommt)。"① 其中,"die Sage"(道说)、"dem Botengang"(传信)、"zuleuchtete"(照亮)似乎是哲学家对日语词"Koto ba"(言叶)的意译,但实际上深切道出了哲学家本人在有关 Ereignis(大道发生)、Eigenen(居有)、lichtung(澄明)等问题思考中的"某些关键性喻说"(central tropes)。② 这一切昭示了翻译的困境(predicament of translation)。③ 不过,海德格尔所"苦恼"的不可译问题,似乎指向了印度的英语批评家尼南贾纳所发现的一个大家信以为真的前提:"翻译是建立在西方哲学有关实在、再现以及知识的观念之上的。"④

刘禾进而认为,来自不同文化背景的人之间进行的这场对话,折射出"发生在现代历史上所谓中西交流中的许多'问题区域'(problematic areas)"⑤。"理论语言(the language of theory)就是其中一个非常重要的问题,它表达了或暗示了一种普遍诉求(universal concern),见证了其作为欧洲语言的诸多局限。"⑥ 因此,刘禾断言:"将一种分析性概念或范畴不加区别地四处乱用,似乎在一个地方有意义的概念必然会在其他地方流行(obtain),这是十分愚蠢的。"⑦ 这给学术界敲响了长鸣的警钟。语言是文化的载体,滋生于两种不

---

① Lydia H. Liu, *Translingual Practice: Literature, National Culture, and Translated Modernity-China, 1900—1937*, Stanford, California: Stanford University Press, 1995, p. 6. 但括号里的德语中译转引自[美]刘禾《跨语际实践——文学,民族文化与被译介的现代性(中国,1900—1937)》,宋伟杰等译,生活·读书·新知三联书店 2008 年版,第 8 页。
② Lydia H. Liu, *Translingual Practice: Literature, National Culture, and Translated Modernity-China, 1900—1937*, Stanford, California: Stanford University Press, 1995, p. 6.
③ Ibid..
④ [印度]特贾斯维莉·尼南贾纳:《为翻译定位》,袁伟译,许宝强等选编《语言与翻译的政治》,中央编译出版社 2001 年版,第 117 页。
⑤ Lydia H. Liu, *Translingual Practice: Literature, National Culture, and Translated Modernity-China, 1900—1937*, Stanford, California: Stanford University Press, 1995, p. 6.
⑥ Ibid..
⑦ Ibid..

同文化土壤的概念的内涵、外延,当然不可能完全一样,因为一般说来,"中国式的'理性'无法用那种超历史、超文化的人类官能或诸如此类的一套概念范畴来解释。它必须借助于'合理性的历史实例'"①。"中国式的自我文化中心论基本上植根于一种文化自足感……西方的自我文化中心论则建立在普遍主义信仰之上。"② "橘生淮南则为橘,橘生淮北则为枳。"如不谙此理,中西互译行为中就会出现"伪普遍性"(pseudo-universals)。窃以为,这是刘禾"跨语际实践"之根。所以,"斫轮老手"刘禾的观点似有几分"振聋发聩"之味:"问题的症结不在于,分析性范畴因为没有具备'普遍关联'(universal relevance),就不能被全面运用(applied across the board)(翻译的冲动事实上无法遏制);而在于分析性范畴跨越语言边界时,一如其他任何一种跨越或僭越,必然遭遇各种抗争性权力诉求(contentious claims to power)。"③

同理,西方及中国人文学科中频繁使用的"the self"(自我)及相关的"person"(人格)和"individual"(个人)三个词仍然遭遇"抗争性权力诉求"。当我们将"the self"简单地等同于儒家的"自我"或"己"之际,危机四伏,因为"英语词'the self'与汉语词'己'、'我'、'自我'以及其他词语之间建立的'对等喻说'(trope of equivalence),只是在最近的翻译过程中才得以建立并通过借助现代双语词典而固定下来"④。所以,"任何存在的意义关联行动(linkages)都来源于诸多历史偶然性(historical coincidences),

---

① [美]郝大维、安乐哲:《通过孔子而思》中译本序,何金俐译,北京大学出版社2005年版,第Ⅳ页。
② 同上。
③ Lydia H. Liu, *Translingual Practice: Literature, National Culture, and Translated Modernity - China, 1900—1937*, Stanford, California: Stanford University Press, 1995, p. 7.
④ Ibid., pp. 7 - 8.

其意义依赖于'跨语际实践政治（the politics of translingual practice）'"①。在此语境下，一旦此类意义关联行动得以确立，一个文本就在文本本身的普遍意义上具有"可译性"（translatable）。②但这种"可译性"，绝非本质主义的追求，而应该最大力度地展示（present）翻译的历史，在生成层面上（at the constitutive level）展示差异自身，并在这一生成层面，引入语言交易（linguistic transaction）问题。③但翻译中的"差异"问题非同寻常，理由在于"理解中国哲学，我们必须既要考虑到连续性又要关注差异性"④。这是一种面对多元文化应当采取的一种"宽容"，它"要求我们尊重不同文化的完整性"⑤。因此，围绕这一问题必然会产生大量争论。这正是"跨语际实践"所"津津乐道"的方面之一。

英国人类学家查尔斯·泰勒在《自我的源泉》（Sources of the Self）一书中，寻求对西方"自我"问题的多层面理解，企图挑战批判西方主体性（subjectivity）的解构主义。他探讨现代自我身份（modern identity）起源的方法、宏阔的视野、整合的思路（integrative thinking），深得不同领域、学科学者们的青睐，特别是泰勒的整合冲动有时导致了"人格"概念和"人类"概念之间的滑动（slippage），这种滑动强调人与动物、机器等非人范畴（non-human categories）之间的区别。颇值得注意的是，泰勒痴迷于犹太教和基督教这样的"本质主义"价值观，明确"告诉我们，人类救赎的希望（the hope of man's

---

① Lydia H. Liu, *Translingual Practice*: *Literature*, *National Culture*, *and Translated Modernity – China*, *1900—1937*, Stanford, California: Stanford University Press, 1995, p. 8.
② Ibid..
③ Ibid..
④ [美] 郝大维、安乐哲：《通过孔子而思》中译本序，何金俐译，北京大学出版社2005年版，第Ⅵ页。
⑤ 同上。

moral redemption）栖身于犹太教—基督教有神论（Judaeo-Chritian theism）中……栖身于犹太教—基督教有神论对人的神圣认同（divine affirmation of the human）的重要承诺中，它比人类在孤立无援情况下所能达到的境界更为完整"①。真的是这样吗？值得再思考。但这里，出于"跨语际实践"的诉求，刘禾期望追问以下问题：

其一，"自我"何以成为一个分析性范畴（analytical category）？英国学者斯蒂芬·柯林斯（Steven Collins）在重评法国社会学年鉴学派时指出，尽管强调实证研究或社会学研究的艾米里·杜克海姆（Emile Durkheim）和马塞尔·毛斯（Marcel Mauss）都谈到发展、变化的范畴，但二者都仰仗康德哲学范畴作为出发点。因此，毛斯允许"自我"（the self）的意义成为一个压倒一切的哲学范畴（overriding, philosophical category），并明确指出："如果范畴是必需的、普遍的，并在先验的意义上（in a sense a priori）本该如此，那么正是在这样的意义上，范畴就不可能拥有历史。"② 范畴是"先天可能的"（或称"transcendental"），是"先于经验的"（"先天的"），所以，不可能存在为他人铸就的历史。刘禾指出："其他英法人类学家批评毛斯的体现在范畴上的普遍性诉求（universalistist pretensions），并尽量在自己的学术研究中解决马丁·哈里斯（Martin Hollis）所称的'人格'（the person）之'历史—分析性范畴'所导致的双重束缚（the double bind）问题。人类学家们以此有效强调了一些历史条件——在此条件下，'自我'（the self）、'人格'（person）、'个人'（individual）等范畴，作为西方学界的分析性范畴——已逐渐得以建

---

① Lydia H. Liu, *Translingual Practice: Literature, National Culture, and Translated Modernity - China, 1900—1937*, Stanford, California: Stanford University Press, 1995, p. 8.
② Ibid., p. 9.

立并自然化。"① 刘禾的表述言之成理。不过,这里需补充的是,"individual"一词来源于拉丁文"individuus",本意为"不可分割的"②。它在波埃修斯(Boethius)翻译希腊文"原子"一词时被用来表达"单一、特定的不可以进一步分割之实体"③。但用"individual"来描述"一个人",则发生在相当晚的时期,即16世纪以后西方现代社会诞生之际④。它与寻找社会组织最小单元的过程密切相关,理由在于"不论中西的传统社会……只要把组成社会的各部分(如部落、家庭)进一步细分,最后一定会落实到不可以进一步分割的最小单元——个人"⑤。换言之,"个人观念乃是现代社会组织蓝图的一部分"⑥。而中国对它的引进则最早发生在1898年戊戌变法失败后梁启超流亡日本期间翻译的小说《佳人奇遇》中——"法国者,人勇地肥,富强冠于欧洲者也。……然法人轻佻,竞功名,喋喋于个人自由。内阁频行更迭,国是动摇"⑦。

不过,有关"自我""人格""个人"方面知识的先决条件(pre-condition),是否在以上诸多范畴被应用之前就已经存在?⑧ 或者说,这一先决条件真的那么举足轻重吗?⑨ 这一境况关系知识本身的正常条件(conditioning),它成为任何一类语言与文化之间所发生

---

① Lydia H. Liu, *Translingual Practice: Literature, National Culture, and Translated Modernity-China, 1900—1937*, Stanford, California: Stanford University Press, 1995, p. 9.
② 金观涛、刘青峰:《观念史研究:中国现代重要政治术语的形成》,法律出版社2009年版,第153页。
③ 同上。
④ 同上。
⑤ 同上。
⑥ 同上。
⑦ 同上。
⑧ Lydia H. Liu, *Translingual Practice: Literature, National Culture, and Translated Modernit-China, 1900—1937*, Stanford, California: Stanford University Press, 1995, p. 9.
⑨ Ibid., p. 10.

的所谓"尝试性跨越"（attempted crossings）的基础，这一条件必须解释而非预设。① 随之出现以下问题：到底是何物诱使西方学者去追寻其他文化中有关"自我"的独一无二的文化构想（singular cultural conception of the self）？② 刘禾的回答是："除了通过专业知识而必然实施的权力外……它也涉及西方语言的哲学话语中有关翻译、差异的某些时间久远的预设。"③ 刘禾一语中的，因为"分析性范畴不可能以'跨历史的'（transhistorical）和'跨话语的'（transdiscursive）方式有效发挥作用"④。这似乎在与美国儒学家郝大维、安乐哲的思想"圆韵""唱和"。

其二，汉语外来词如何构建本土语言文化？据语言学家1958年前后调查，汉语中的1266个新词语，其中459个复合词借自日语对于欧洲词语（英语）的Kanji（汉字）翻译，⑤ 其中1/4首先发生在中国本土，由19世纪新教传教士与中国本土合作者在翻译英语非宗教文本（secular texts）过程中予以发明，并且直到19世纪下半叶，日本人才开始在他们对于同一文本的二手翻译（second hand translations）中采用这些新造词并创造他们自己的仿译词及语义借用词。⑥ 当然，这种词汇借用或仿译词，无论对于中国还是整个现代时期，都不是独一无二的。据记载，日语早在19世纪同汉语之间双向或逆向的借用过程（the two-way and reverse process）发生之前，就已从

---

① Lydia H. Liu, *Translingual Practice: Literature, National Culture, and Translated Modernity - China, 1900—1937*, Stanford, California: Stanford University Press, 1995, p. 10.
② Ibid..
③ Ibid..
④ Ibid., p. 19.
⑤ Ibid., p. 18.
⑥ Ibid..

古汉语中借用不少。① 来自中亚、阿拉伯、北亚的大量仿译词、语义借用词及其他类型借用词，早在汉代就进入汉语；与此同时，六朝时期的大量佛经翻译也给汉语引入了相当数量的梵文语汇。② "魏晋南北朝时骈俪文体风靡文坛，文风趋向艳薄，中国散文、韵文都走到骈偶滥套的路上去了。竺法护、鸠摩罗什等大师用朴实平易的白话文体来翻译佛经，但求易晓，不加藻饰，于是就造成了一种新文体。"③ 并且，"大量引进佛经的结果，又丰富了我国文学语言的宝库，有些语言至今仍活在人们的口头。……如天女散花……极乐世界、现身说法……井中捞月……因缘……刹那、功德无量、五体投地、烦恼、解脱、熏染、供养、六根清净、唯我独尊、不可思议等等"④。不过，19世纪后期和20世纪前二三十年大量新词的涌入，在规模与影响两方面，前所未有。这一切几乎表现在语言经验（linguistic experience）的每个层面，根本改变了汉语的一切，瞬间使得古汉语相形见绌，几乎成为明日黄花。⑤ 面对这一切，在"跨语际实践"的前提下，刘禾认为，我们"必须回望实际发生的历史碰撞、互动行为、翻译现象以及语言之间词语、概念旅行等重大议题"⑥，而"要想破解这一'关系'之谜（unraveling that relationship），一个办法是严肃面对那些超越常识、词典定义、历史语言学等领域的语

---

① Lydia H. Liu, *Translingual Practice*: *Literature*, *National Culture*, *and Translated Modernity–China*, ***1900—1937***, Stanford, California: Stanford University Press, 1995, p. 18.
② Ibid..
③ 卢康华、孙景尧：《比较文学导论》，黑龙江人民出版社1984年版，第113页。
④ 同上。
⑤ Lydia H. Liu, *Translingual Practice*: *Literature*, *National Culture*, *and Translated Modernity–China*, ***1900—1937***, Stanford, California: Stanford University Press, 1995, p. 18.
⑥ Ibid., p. 19.

词、概念和范畴"①。这一观点不仅对翻译有益,对词典编纂也不无裨益。

第三节 变迁论、新词与话语史

刘禾声称:"'跨语际实践'语境下的历史变迁的喻说就是新造词,或新造词的构建(neologism or neologistic construction)。"② 简言之,"变迁论、新词与话语史"的大前提就是"跨语际实践"。

刘禾多次明确指出:"我提出'跨语际实践'概念,旨在为我早年语言实践层面上的中西'历史性交易'(historical transaction)的研究,奠定一个基础。"③ 她还指出:"既然中国现代知识分子传统肇始于翻译、改编(adaptation)、挪用以及其他与西方相关的跨语际实践,这项研究理所当然要以翻译为起点。"④ 不过,这类发生于近代或晚清时期的"翻译",应该"被理解为改编、挪用以及其他相关的跨语际实践的'速记'(shorthand)"⑤。这与旅美华人学者王德威的观点如出一辙:"晚清文人对于何为翻译工作,并没有一个严谨定义。当时的翻译其实包括了改述、重写、缩译、转译和重整文字风格等做法。"⑥ 但是,值得警惕的是,刘禾的"跨语际实践"并

---

① Lydia H. Liu, *Translingual Practice: Literature, National Culture, and Translated Modernity – China, 1900—1937*, Stanford, California: Stanford University Press, 1995, p. 20.
② Ibid., p. 32.
③ Ibid., p. 25.
④ Ibid., p. 20.
⑤ Ibid., pp. 25 – 26.
⑥ [美]王德威:《想象中国的方法 历史·小说·叙事》,生活·读书·新知三联书店 2003 年版,第 102 页。

不十分关心翻译的技术层面,而是十分关心促成我们调查以下两个问题的诸多理论问题:"产生来自语言之间最初'跨语际碰撞'的翻译条件以及话语实践条件(the condition of translation and of discursive practices)。换言之,研究跨语际实践,就是考察由于主方语言(host language)与客方语言(guest language)的接触/冲突,新的词语、意义、话语及表述模式在主方语言中产生、流通并取得合法性的过程。"① 所以,"当诸多概念从客方语言(guest language)传至主方语言(host language)时,意义与其说是'被改变',不如说是在主方语言的本土环境'被发明'"②。这里,主方语言与客方语言之说挑战了传统翻译理论命名的"本源语"与"译体语/接受语"之说,因为"主方语言的翻译者与其接受者的需求决定着、协商着从客方语言中抽绎出来的文本的意义即效用价值(usefulness)"③。也就是在这样的前提下,"翻译再也不是远离政治—意义形态斗争的诸多'抗争性利益'(contending interests)的中性事件;相反,其意义成为此类斗争之场,在那里客方语言被迫遭遇主方语言,二者间不可化约的差异彼此征战,权威被唤起或被挑战,歧义被化解或被创造,直到新词、新义'光临'主方语言自身"④。引文中的"斗争之场"这一说法令我们"似曾相识",我们自然想起印度的英语批评家特贾斯维莉·尼南贾纳在《翻译的定位》一书中的话:"在后殖民语境下,翻译的问题系(the problematic of translation)成了引发

---

① Lydia H. Liu, *Translingual Practice: Literature, National Culture, and Translated Modernity – China, 1900—1937*, Stanford, California: Stanford University Press, 1995, p. 26.
② Ibid..
③ Ibid., p. 27.
④ Ibid., p. 26.

有关再现、权力以及历史性这诸多问题的一个意义重大的场点。"①刘禾深受尼南贾纳的影响，这绝非臆断：刘禾在中文著作《语际书写——现代思想史写作批判纲要》中对尼南贾纳《翻译的定位》一书推崇备至，称之"是力求把翻译问题置回殖民主义历史中心的仅有的几个尝试之一"②，并高度赞扬作者具有"最为犀利"③ 的批判精神。

刘禾"跨语际实践"的中心论点就是"中国现代史研究必须考虑'跨语际实践'的历史"④。在她一以贯之的思路中，整体上的中国的现代性更大程度上是一个"被翻译的"现代性（"translated" modernity），这成了她"极其独特的一个研究领域和视点"⑤。因此，在中国现代性想象中，语言问题的重要性（the prominence of the problem of language）不言而喻。⑥ 她在 2008 年前后接受他人采访时专门指出："翻译对语言、对文化、对认知世界的方式来说非常关键，尤其是现代世界越来越一体化的时候，语言与语言、文化与文化、社会与社会之间的交往，都不可能绕开翻译的问题。"⑦ 所以，刘禾认为，对以下问题的追问，迫在眉睫：20 世纪中国人如何命名

---

① ［印度］特贾斯维莉·尼南贾纳：《为翻译定位》，袁伟译，许宝强等选编《语言与翻译的政治》，中央编译出版社 2001 年版，第 117 页。

② ［美］刘禾：《语际书写——现代思想史写作批判纲要》，上海三联书店 1999 年版，第 34 页。

③ 同上。

④ Lydia H. Liu, *Translingual Practice: Literature, National Culture, and Translated Modernity - China, 1900—1937*, Stanford, California: Stanford University Press, 1995, p. 27.

⑤ 刘禾：《穿越：语言·时空·学科》（https: // www. douban. com/group/topic/9310825/? type = like）。

⑥ Lydia H. Liu, *Translingual Practice: Literature, National Culture, and Translated Modernity - China, 1900—1937*, Stanford, California: Stanford University Press, 1995, pp. 27 - 28.

⑦ 李凤亮、刘禾：《"符号学转向"与帝国研究》（https: // www. douban. com/group/topic/9310825/? type = like）。

他们的生存状况（the condition of their existence）？他们用何种语言来谈论各自偶然性身份认同之间的差异？[1] 什么样的修辞策略、话语构建物（discursive formations）、命名实践、合法化过程（legitimizing processes）、喻说（tropes）、叙事模式冲击着中国人现代经验（the Chinese experience of the modern）的历史条件？[2]

对中西关系的研究，长期以来以西方为主体，片面强调"冲击—回应"问题。刘禾认为，更全面的做法是，我们应从中国语境中存在的中国问题入手，而非依靠某些外在的标准。即，我们应该有效研究"中国人在与西方帝国主义发生暴力性遭遇（the violent encounters）之后所做出的'创伤性选择'（traumatic choices）"[3]。这是对传统的比较文学学科理论的重大修正。她引入斯皮瓦克所引入的南亚历史学家的"历史变迁论"（the theory of change）这一概念来着力解决这一问题。斯皮瓦克如是说：

> 庶民研究小组的工作（the Subaltern Studies group）提供了历史变迁论。印度嵌入殖民主义行列，通常被界定为一种由半封建主义进入资本主义奴役（capitalist subjection）的变迁。这种界定在生产方式的宏大叙事内将变迁问题进行理论表述，并通过令人忧虑的暗示（uneasy implication），在由封建主义向资本主义过渡的叙事中进行理论表述。与此同时，这种变迁被视为一种被殖民者获得政治化意识的肇端。人们看到殖民下的臣民（the colonial subject）正从本土精英占据的那些地方浮

---

[1] Lydia H. Liu, *Translingual Practice: Literature, National Culture, and Translated Modernity - China, 1900—1937*, Stanford, California: Stanford University Press, 1995, p. 28.
[2] Ibid..
[3] Ibid., p. 30.

出——这些本土精英渐渐地被随意描写为"资产阶级民族主义者"(bourgeois nationalist)。而庶民研究小组提出至少两件事,旨在当下修正这一界定及其理论表述。这两件事分别是:(1)诸多变迁时刻(the moments of change)应该"多元并存"(pluralized),并应该悄然设计为"多重对立"(confrontations),而非"过渡"(transition)。它们因此或许可以从与统治、压迫的历史的关联中,予以观察,而非在宏大的生产方式叙事(a great modes-of-production narrative)中予以观察;(2)以上诸类变迁均被符号系统中的功能性变迁予以昭示或标志(signaled or marked)。①

刘禾认为,"多重对立"(confrontations)这一概念,"为理解东西碰撞以来发生的诸种变化提供了一个崭新视角"②。庶民研究小组工作的启发性在于"他们没有在西方理论与另一些人的现实之间预设一个霸权式划界(hegemonic divide)"③。对他们而言,西方、印度及其他地方的现实,需要根据他们相互牵连与竞争的历史,予以批评和责问,但这样的批评所使用的术语需要在不同场域(different localities)之间时常进行协商。④ 因此,在殖民问题上,应该如何阐释那些彼此关联的"多重对立"时刻(interconnected moments of confrontations)——发生于那些试图征服世界的人们和那些力图在如此重压下生存的人们之间。⑤ 所以,刘禾说,"在跨语际实践研究中,

---

① Lydia H. Liu, *Translingual Practice: Literature, National Culture, and Translated Modernity - China, 1900—1937*, Stanford, California: Stanford University Press, 1995, p. 30.
② Ibid., p. 31.
③ Ibid..
④ Ibid., p. 32.
⑤ Ibid..

我感兴趣的是'多重对立'发生的条件,这些'多重对立'存在于置身翻译场域的中国、日本、西方之间,或存在于诸多语言碰巧相逢的任何地方"①,因为"这正是主方语言和客方语言不可化约的差异一决雌雄的地方,是权威被吁求或遭到挑战的领域,也是歧义得以化解或是被创造出来的场所"②。

现选取以下诸例予以讨论:

(一)中—日—欧之间现代意义上的新词的旅行并在现代汉语安营扎寨

据老一代学者研究,仿译词(calques)、语义外来词及其他外来词进入19世纪末20世纪初中国文言文、白话文,均遵循这样一个模式:日语用"汉字"(Kanji)翻译欧洲术语,出现新造词;然后,这些新造词又重新输入汉语中。③ 有以下三种情况:(1)只能在前现代日语(pre-modern Japanese)中找到但未出现在古汉语中的由汉字构成的双字复合词(two-character components),如"人力车"(richshaw; jinrikisha)、"场合"(occasion; baii)、"宗教"(religion; shukyo)。④ (2)日语用来翻译西方术语的古汉语词组,转而重新进入汉语,但意思大变,如"革命"(revolution; kakumei)、"经济"(economy; keizai)、"科学"(science; kagaku)。⑤ (3)古汉语中没有对等词的现代日语合成词,如"种族"(race; shuzoku)、"美

---

① Lydia H. Liu, *Translingual Practice: Literature, National Culture, and Translated Modernity – China, 1900—1937*, Stanford, California: Stanford University Press, 1995, p. 32
② [美]刘禾:《跨语际实践——文学,民族文化与被译介的现代性(中国,1900—1937)》,宋伟杰等译,生活·读书·新知三联书店2008年版,第44页。
③ Lydia H. Liu, *Translingual Practice: Literature, National Culture, and Translated Modernity – China, 1900—1937*, Stanford, California: Stanford University Press, 1995, p. 32.
④ Ibid..
⑤ Inid., pp. 32 – 33.

术"（art；*bijutsu*）、"美学"（aesthetics；*bigaku*）、"国际"（international；*kokusai*）。① 此外，还有"民主"（democracy；*minshu*）、"生产"（production；*sesan*）、"浪人"（幕府时代失去主家的流浪武士；*ronin*）、"绝对"（absolute；*zettai*）、"积极"（positive；*sekkyoku*）、"消极"（negative；*shokyoku*）、"错觉"（illusion；*sakaku*）、"催眠"（hypnotize；*saimin*）、"大本营"（headquarters；*dai-hon-ei*）等外来词。② 有学者认为，中国倒过来从岛国日本输入汉字，输入语词，输入文化，是一种汉字文化的大规模倒灌，从民族心理上讲较难接受，但毕竟代表了进步。③ 而这一切主要发生在中日甲午海战（1895）之后，当时战败的中国感到有向西方学习的必要，而日本是学习西方的桥梁，中日都使用汉字，可借汉字之便利更快获得西方知识。所以，从1896年起，中国开始向日本派出大批留学生，加之，康有为、梁启超竭力倡导从日文转译欧西著作，④ 于是，大量日本汉字来到中国，并且在辛亥革命后更是"愈演愈烈"。这于本土文化的消长，或许是一种促动。

（二）外来词"文化"不能简单地等同于古汉语中对应词

古汉语中的"文化"一词最早出现于西汉文学家刘向的《说苑·指武》："圣人之治天下，先文德而后武力。凡武之兴，为不服也；文化不改，然后加诛。"后来，南齐诗人王融在《三月三日曲水诗序》中写道："设神理以景俗，敷文化以柔远。"⑤ 从这两个最古

---

① Lydia H. Liu, *Translingual Practice: Literature, National Culture, and Translated Modernity - China, 1900—1937*, Stanford, California: Stanford University Press, 1995, pp. 32-33.
② Ibid., p. 33.
③ 参见史有为《外来词——异文化的使者》，上海辞书出版社2004年版，第259页。
④ 同上书，第257—259页。
⑤ 转引自《佳句赏析——汉语"文化"一词》（http://www.juzimi.com/ju/184662）。

老的用法上看,"文化"的概念是"文治和教化"①,即刘禾所称的"'文'的状态或文艺修养"(the state of *wen* or artistic cultivation)②,与"'武'或者军事技能"(*wu* or military prowess)③ 相对。而西语中的"文化"一词多源于拉丁语的"culura",原义为对土地的耕耘和改良,植物的栽培。④ 但是,如今我们中国人使用的"文化"(culture)一词更多地源自日语"汉字"复合词"bunka",汉语"文化"与英语"culture"之间的对等关系随之通过日语借用方式,得以确立;直到20世纪转型期,"bunka"——日语用来翻译"culture"的"对等汉字"(kanji)——被汉语借回之后——"文化"这一崭新的民族志理念才开始进入汉语。⑤ 后来的一切"不得不参照其与其他语言、话语的具体历史关联(historical ties),来予以考察"⑥。

显然,在刘禾看来,"文化"或"culture"的现代理念完全取决于新近的东西方碰撞的历史(the recent history of East-West encounter),使得种族、进化、文明、民族身份等问题强力进入本土知识分子的视野中。⑦ 对这些文化问题关注的途径,在萨义德看来,"应该将'文化'理解为话语理念(discursive notion),因为历史上,它就在西方人生产有关他者(相对于自我)的东方主义/帝国主义知识并

---

① 转引自《佳句赏析——汉语"文化"一词》(http://www.juzimi.com/ju/184662)。
② Lydia H. Liu, *Translingual Practice*: *Literature*, *National Culture*, *and Translated Modernity – China*, ***1900—1937***, Stanford, California: Stanford University Press, 1995, p. 33.
③ Ibid..
④ 转引自《佳句赏析——汉语"文化"一词》(http://www.juzimi.com/ju/184662)。
⑤ Lydia H. Liu, *Translingual Practice*: *Literature*, *National Culture*, *and Translated Modernity – China*, ***1900—1937***, Stanford, California: Stanford University Press, 1995, p. 239.
⑥ Ibid., pp. 239 – 240.
⑦ Ibid..

使之合法化方面，具有举足轻重的价值"①。这一观点，有助于反思20世纪初的国粹论战（debates on national essence）。但出于"跨语际实践"的构想，刘禾更感兴趣的是以下问题：当非西方知识分子参与生产有关他们自身和西方他者的"东方化知识"（Orientalized knowledge）时，所谓"文化话语"（cultural discourse）到底发生了什么？② 这一"被借用的语言"（the borrowed language）的意义、目的、语境，发生变化吗？③ 在主方语境中，被译介的知识服务于什么样的目的？西方主义（Occidentalism）是东方主义的反面（flip side）吗？④ 关于"国粹"与"文化"之密切关系，施耐德（Lawrence A. Schneider）指出："'国粹'概念和与之相连的社会群体（social groups）的运动，均为醉心于文化的知识分子出现的最早标志之一（among the earliest manifestations）。"⑤ 另外几位历史学者也评述道，作为通向民族身份之路的文化的发现，昭示着西方帝国主义压力下中国整体世界观（the Chinese world outlook）的解体。实际上，"国粹"一词（kokusui; national essence）首先作为所谓'文化话语'的一部分从日本引入，给中国人提供了一种理论语言——人们用它来谈论种族、文明、民族身份和应对现代世界里如何做中国人的困境。⑥ 当国粹观念在晚清时期首次进入汉语话语（Chinese discourse）中时，即刻在排满革命（the anti-Manchu revolution）中发挥着举足轻重的作用。它强调体现于汉民族历史、文化遗产、经学中的民族

---

① Lydia H. Liu, *Translingual Practice: Literature, National Culture, and Translated Modernity – China, 1900—1937*, Stanford, California: Stanford University Press, 1995, p. 240.
② Ibid..
③ Ibid..
④ Ibid..
⑤ Ibid..
⑥ Ibid..

认同，深深吸引着章炳麟等晚清叛逆者。① 全面说来，所谓"国粹"应该指涉汉族古代的优秀文化，从先秦诸子到历代思想家、政治家的论著，从音韵小学旁及典章制度、历史人物、史学文学等。② 但实际上，国粹派们主张的"国粹"更多地指涉"儒学"，因为他们认为"国魂者，原于国学者也。国学苟灭，国魂奚存？而国学又出孔子者也"③。不过，国粹派们大多是旧文人，科举考试失败后很快接受革命洗礼而转向排满。中华民国成立后，国粹观念开始褪去早期一些有关汉民族优越性的修辞言说色彩，逐步走向对文学文化（literary culture）的包容。④

(三) 难以确定的"文学"一词的词源

由于"本土新词的双程播撒"和"来自日本的'重返书写形式的外来词'之途径"二者之间难以分辨，"文学"一词的起源扑朔迷离。高名凯等学者认为，"文学"是复合词，其现代用法来自日语"bungaku"，即英语"literature"的"汉字"翻译的"重返书写形式的外来词"（return graphic loans）。⑤ 然而，按照马思尼（Masini）的说法，带此种新意的"文学"最晚可追溯至美国传教士裨治文（Elijah C. Bridgman）的《美利坚史略》（*Short History of America*）中。它是一部汉语撰写的美利坚诸国历史，包含了"文学"（literature）、"贸易"（trade）、"法律"（law）等新词。它们同其他的汉语新词一起，于19世纪六七十年代旅行至日本，日本当时正着手翻译

---

① Lydia H. Liu, *Translingual Practice*: *Literature, National Culture, and Translated Modernity – China, 1900—1937*, Stanford, California: Stanford University Press, 1995, p. 240.
② 参见王春霞《"排满"与民族主义》，社会科学文献出版社2005年版，第94页。
③ 同上书，第97页。
④ Lydia H. Liu, *Translingual Practice*: *Literature, National Culture, and Translated Modernity – China, 1900—1937*, Stanford, California: Stanford University Press, 1995, p. 241.
⑤ Ibid., p. 34.

魏源的《海国图志》(Maps and documents on maritime countries)——这是一部多卷本文选，选收了裨治文和其他传教士的著作。① 显然，这些新词的"命运是同魏源著作首先在中国然后在日本的流传分不开的"②。词源流动性对反思词语历史，异常重要。

刘禾说："'文学'最初的含义可以回溯到儒家《论语》，意为'文章博学'(the state of being learned or erudite)。"③ 但从魏晋时代起，文学就逐渐将"博学"含义排除，而专注于以富有文采的语言去表达情感，形成了一种崭新而较为狭窄的含义——"有文采的缘情性作品"④。因此，到5世纪，南朝宋文帝建立"四学"，即"儒学""玄学""史学"和"文学"，"文学"随后开始从广义文学大家庭中分离出来，甩开非文学形态而独立发展，确立了自身的特殊内涵——"语言性艺术"，文学就专指那些以表达情感为主并具有文采的语言作品。⑤ 刘禾还援引马思尼的观点，主张"现代意义上的'文学'应该回溯至耶稣会教士艾儒略(Giulio Aleni)的著作《职方外记》(Record of the places outside the jurisdiction of the office of Geography, 1623)中"⑥。

"文学"一词获益于以日本为中转站的双语流传过程(round-trip diffusion via Japan)，广为传播，转而演变为"literature"在中国的标准译名。这可权且称为"中转新词"(round-trip neologism)。1935—

---

① Lydia H. Liu, *Translingual Practice: Literature, National Culture, and Translated Modernity - China, 1900—1937*, Stanford, California: Stanford University Press, 1995, pp. 34 - 35.
② Ibid., p. 35.
③ Ibid., p. 391.
④ 转引自《文学的含义是什么呢？》(http://wenwen.sogou.com/21984951900.htm)。
⑤ 同上。
⑥ Lydia H. Liu, *Translingual Practice: Literature, National Culture, and Translated Modernity - China, 1900—1937*, Stanford, California: Stanford University Press, 1995, p. 391.

1936 年出版的赵家璧编辑的《中国新文学大系》(*The Compendium of Modern Chinese Literature*) 就是用此意义来对卷帙浩繁的作品进行分类。它将小说、诗歌、戏剧、散文视为"纯文学",而将其他写作样式降格为"非文学"。这背离了中国古代的"文学"观念,转而采用了西方的观念。中国古典文学的分类也受此影响。换言之,中国现代文学史是在西方概念新译名的基础上被创造出来,"从来不可能脱离有欧洲文学参与的学术史及合法化过程而存在"[1]。中国古典"文学"同样如法"炮制"。

(四) 与直译/音译竞争的日本外来词"Democracy"

曾几何时,"Democracy"的音译"德谟克拉西"与借译(loan translation)"民主"并行不悖,但借译很快取代难堪的音译,转而成为当今使用中的唯一可接受的"democracy"对等词。但它正好与古汉语中的某些古老用法相吻合:"天惟时求民主,乃大降显休命于成汤。"(《书·多方》)"'齐君之语偷'。臧文仲有言曰:'民主偷必死'。"(《左传·文公十七年》)[2] 这里的"民主"均指帝王/天子,即是说,"民"与"主"不是现在的主谓关系,而是修饰关系,即"民之主宰"。据刘禾考证,美国传教士丁韪良 1864 年在译著《万国公法》(*Elemenst of International Law*) 中首次采用复合词"民主"来翻译"republican"(民主之国),这一译名后来被"共和"所取代。"民主"与"democracy"之间的对等性设定则出现较晚,见于王芝 1872 年出版的《海客日潭》中。[3] 所以,如果认为它们书

---

[1] Lydia H. Liu, *Translingual Practice*: *Literature*, *National Culture*, *and Translated Modernity – China*, ***1900—1937***, Stanford, California: Stanford University Press, 1995, p. 236.

[2] Ibid., pp. 267 – 268.

[3] Ibid., p. 267.

写形式相同,就将古代"民主"与借译词相等同,那就大错特错。①

(五)汉语第三人称代词的发明

晚清时期"所发明的最令人心醉的新词之一就是汉语书面语里第三人称代词的性别区分(the gendering of the third-person pronoun)"②。它与日本无关,但仍然是在欧洲语言和汉语之间发生的"跨语际实践"。汉字"他"最初无性别区分,存续了几千年,对其的性别区分来自翻译的环境(circumstances of translation),因为中国人突然间发现汉语没有与英语第三人称阴性代词相对等的词。③ 这是语言之间的不平等,而不是语言本身的缺陷。④ 于是,当时的西方传教士、中国作家及语言学家经过多年尝试及所谓"区域形式试验"(experiments with regional forms)——"他女"(马礼逊,1823)、吴方言里的"伊"(郭赞生,1878)、"他女"(周作人,1918)——之后,才最终选定"她"。刘禾称刘半农"是阴性'她'的发明者"⑤,其著名诗作《叫我如何不想她》成为他最早使用"她"字的作品。但有学者认为"这是极不准确的"⑥。实际上,早在1919年底,康白情就已经用"她"字来代称自己的文章和离别之船或月亮。他"不仅是报刊上正式使用'她'字的第一人,也是五四新文化运动时期把'她'字正式引入新诗和小说创作乃至文学评论的最早实践者"⑦。1919年8—9月,康白情几乎同时在《学灯》"新文艺"栏

---

① Lydia H. Liu, *Translingual Practice: Literature, National Culture, and Translated Modernity - China, 1900—1937*, Stanford, California: Stanford University Press, 1995, p. 36.

② Ibid..

③ Ibid..

④ Ibid..

⑤ Ibid., p. 37.

⑥ 黄兴涛:《"她"字的文化史——女性新代词的发明与认同研究》,福建教育出版社2009年版,第43页。

⑦ 同上书,第36—37页。

目和《少年中国》发表《送慕韩往巴黎》一诗,以女性"她"指代即将离去的船。同年 9 月,《少年中国》还发表康白情的短篇小说《社会》、新诗《江南》和诗歌评论《新诗底我见》,全部在女性代词的意义上使用"她"字。10 月,《新潮》发表他的新诗《送客黄浦》。他在 1920 年里发表的新诗《鸭绿江以东》《庐山纪游三十七首之二》及发表在《新潮》上的《疑问》一诗,都频繁使用"她"字。[①] 除康白情外,新潮社同人俞平伯"肯定是 1920 年 4 月以前……新文化阵营里最爱使用'她'字,用得最多(内涵相应最为丰富),也最为娴熟的一个"[②]。1920 年 2 月,俞平伯在《新潮》杂志上发表的《别她》诗,应该"是第一首明确以'她'字指代祖国、专题抒发对祖国深情的歌"。该诗曰:"厌她的,如今恋她了;/怨她的,想她了;/恨她的,爱她了。/……我想她是我的,我是她的。/爱我便爱她,救我便救她。"[③] 这里将祖国女性化,表达了一种前人所不熟悉的别样情愫,既是诗歌主题别开生面的变革,也是爱国文学前所未有的尝试。[④] 俞平伯还用"她"来指代花草和时尚都市,前者如《菊》诗,后者如《一星期在上海的感想》。

在上述诸位人士纷纷以"她"字写诗、写小说之际,刘半农却采取观望态度。他最早发表的"她"字作品,不是《叫我如何不想他》,而是《一个小农家的暮》:"她在灶下煮饭,/新砍的山柴,/必必剥剥地响。/灶门里嫣红的火光,/闪着她嫣红的脸,/闪红了她青布的衣裳。/他衔着个十年的烟斗,/慢慢地从田间回来;/屋角

---

　　① 黄兴涛:《"她"字的文化史——女性新代词的发明与认同研究》,福建教育出版社 2009 年版,第 37—38 页。
　　② 同上书,第 39 页。
　　③ 同上书,第 50 页。
　　④ 参见黄兴涛《"她"字的文化史——女性新代词的发明与认同研究》,福建教育出版社 2009 年版,第 51 页。

里挂去了锄头,/便坐在稻床上,/调弄着只亲人的狗。"① 这里运用新生的"她"字描述农家主妇,朴实、自然,而将传统的"他"字留给农夫,描摹出一幅黄昏时分平淡而温馨的农家生活图。② 该诗发表时间是 1921 年 8 月 1 日,与康白情、俞平伯等人相比,刘半农无疑是"她"字实践方面的"后生"。

不过,几乎在同一时候,瞿秋白在 1920 年 11 月 4 日赴苏联前写于哈尔滨的《饿乡纪程》中对这一切"置之不理",仍在"固执地"使用"他"来指代女性:"我写信时,使我忆及我一少寡的表姊。他现在只他一人同一遗腹子孤苦伶仃的住在母家,我姑母受儿媳的供养已是很为难,何尝能好好周顾到他呢。……还有一个表姊,从小没有母亲,和我一处长大的,他家亦是破产的'士的阶级',丈夫是小学教员,儿女非常的多,非但自己创不起小家庭,还非得遵从家庭经济的原则……仰事俯蓄,艰难得很。我表姊感着'中国妇女的痛苦',每每对于生活起疑问。他又何尝能解决他呢?"③ 此番"差异性"话语,言之凿凿,值得学界关注。

尽管如此,对于第三人称代词的性别区分,刘禾发表了犀利、准确的看法:"书面语里第三人称代词的性别区分,对于研究中国现代文学里的跨语际表征(translingual representations)具有不可忽略的意义。……性别的诸多指称性建构(deictic constructions)反映了20 世纪以来就已开始的规模巨大的性别化过程(gendering process),并直接参与了这一过程。与此同时,中国男性、女性和国家分别发

---

① 参见黄兴涛《"她"字的文化史——女性新代词的发明与认同研究》,福建教育出版社 2009 年版,第 47 页。
② 同上书,第 46 页。
③ 瞿秋白:《饿乡纪程》,瞿秋白:《饿乡纪程 赤都心史 乱弹 多余的话》,岳麓书社 2000 年版,第 12—13 页。

现或相互发现，这些指称性结构的作用非同小可，有权决定以下问题：(1) 性别差异应该如何建构，(2) 性别差异在中国寻求现代性过程中应该代表或可能代表什么样的政治投入 (political investment)。"① 它对于中国近代思想史研究有着重要学术价值。

(六) "苏维埃"一词

毛泽东说："十月革命一声炮响，给我们送来了马克思列宁主义。"与马克思列宁主义相偕而来的，是在中国家喻户晓的外来词，"苏维埃"即是如此。②

"苏维埃"一词系当年北大教授，后来担任中国民主社会党主席的张君劢于1918年做出的俄文音译，1922年后广为流行，即"代表会议"或"会议"。沙皇统治时期的国务会议就叫作国务苏维埃。③但自革命以来，"苏维埃"一词便与由工人阶级经济组织成员选举出来的某种形式的议会相联系。④ 它最早由工人们建立于1905年3月乌拉尔的阿拉帕耶夫斯克工厂，名为"工人代表苏维埃"，作为领导罢工的机关。⑤ 但随着革命形势的发展，苏维埃由领导罢工的机关转变为领导武装起义的机关，成为革命政权的最初萌芽形式。⑥ 1905年俄国革命失败后，苏维埃被沙皇专制政府取缔，俄国二月革命时期，各地重新建立苏维埃，1917年6月，全俄苏维埃第一次代表大

---

① Lydia H. Liu, *Translingual Practice: Literature, National Culture, and Translated Modernity-China, 1900—1937*, Stanford, California: Stanford University Press, 1995, pp. 38–39.
② 参见张兴亮《民众误解苏维埃：认为是苏兆征的儿子继承皇位》，《北京日报》2012年4月29日第6版。
③ 同上。
④ 同上。
⑤ 同上。
⑥ 同上。

会召开。① 11月7日爆发十月革命，苏维埃起着重要领导作用，组织俄国无产阶级的政权，此后至1918年1月，苏维埃改称"工兵农代表苏维埃"，并进一步改称"工农和红军代表苏维埃"，1936年改称"劳动者代表苏维埃"。②

苏联是当时世界各国共产党执政的唯一样板，其政权组织形式"苏维埃"也自然被当作典范引进。③ 作为外来词，"苏维埃"大约在1927年进入中国。④ 1927年9月19日，中共中央临时政治局通过《关于"左派国民党"及苏维埃口号问题决议案》，指出："现在的任务不仅宣传苏维埃的思想，并且在革命斗争新的高潮中应成立苏维埃。"⑤ 至此，中共中央就将苏维埃作为工农民主专政的国家政权形式接受下来，并把建立苏维埃政权作为党的中心任务来抓了。⑥ 中国共产党因此于20世纪30年代在全国各地普遍建立苏维埃政权，简称"苏区"。"苏维埃"作为政权组织形式的名称，由中国共产党在局部执政的条件下进行执政探索时所普遍使用。⑦ 此后，中国共产党领导的政权组织形式开始由农民协会向工农兵代表苏维埃转变，井冈山、广州、黄冈、麻城等地的党组织，先后领导工农群众武装建立了工农兵代表苏维埃。⑧ 海陆丰苏维埃政府为中国第一个苏维埃政权，由毛泽东称为"中国农民运动的大王"的彭湃创建；广州苏

---

① 参见张兴亮《民众误解苏维埃：认为是苏兆征的儿子继承皇位》，《北京日报》2012年4月29日第6版。
② 同上。
③ 同上。
④ 同上。
⑤ 同上。
⑥ 同上。
⑦ 同上。
⑧ 同上。

维埃政府，影响最大，由著名工人运动领袖苏兆征担任主席。[1] 1931年11月7日，在江西瑞金举行"第一次全国工农兵代表大会"（又称"中华苏维埃第一次全国代表大会"），建立"中华苏维埃共和国"。[2] 工农兵代表苏维埃制度，随之就由中国共产党领导的农村革命根据地的地方工农民主专政政权的组织形式，转变为中华苏维埃共和国的国家政体，是人民代表大会制度雏形时期的一种形态，其间，曾根据共产国际的指示，"中华苏维埃人民共和国"改称为"民主共和国"。[3]

1937年5月3日，毛泽东在中国共产党全国代表会议上宣布："为了和平、民主和抗战，为了建立抗日的民族统一战线……共产党领导的陕甘宁革命根据地的政府改名为中华民国特区政府，红军改名为国民革命军，受南京中央政府及军事委员会的指导。"[4] 1937年9月，中共中央正式宣布取消"中华苏维埃共和国"称号，将中华苏维埃共和国临时中央政府西北办事处，改为中华民国特区政府即陕甘宁边区政府。[5] 从此以后，"苏维埃"口号正式退出中国政治舞台。[6]

1948年9月，作为马克思主义中国化的杰出代表的毛泽东，深入浅出地说明为什么要实行人民代表会议，而不实行苏维埃。[7] 他指出："过去我们叫苏维埃代表大会制度，苏维埃就是代表会议，我们

---

[1] 参见张兴亮《民众误解苏维埃：认为是苏兆征的儿子继承皇位》，《北京日报》2012年4月29日第6版。
[2] 同上。
[3] 同上。
[4] 同上。
[5] 同上。
[6] 同上。
[7] 同上。

又叫'苏维埃',又叫'代表大会','苏维埃代表大会'就成了'代表大会代表大会'。这是死搬外国名词。现在我们就用'人民代表会议'这一名词。"① 表面上看,从"苏维埃"到"人民代表会议"的转变,好像只是一个名称的简单变动,但这却使得政权组织形式的变革的阵痛相对较小。② 这种摆脱话语困境、实现制度变迁的策略非常高明,意味着中国共产党即将全面执政时话语范式的悄然转型:从无产阶级专政的苏维埃,到以工农联盟为基础的人民苏维埃,从而形成人民代表会议及人民代表大会制度,"人民"一词最终完全融入中国政权建设的视野。③ 就"苏维埃"这个外来词而言,不仅从其字面意义上,而且从其内容和策略等方面,中国共产党通过解放思想,逐步达到实事求是,推动马克思主义中国化水平迈向一个新的高度。这其中既有成功的经验,也有惨痛的教训。④ 我们要倍加珍惜这当中漫长曲折的探索历程,从中汲取宝贵的经验教训。重温这个历程,能获取许多关于马克思主义中国化、时代化、大众化的深刻启示。⑤

"苏维埃"在中国长达十年的"跨语际实践"之旅,当然遭遇"堵塞""抗争""误解""过滤"等宿命。

起初,在江西苏区,群众普遍不知道"苏维埃"为何物,它首先得面临本土化思维,很多人称之为"苏先生"。将"苏维埃"称

---

① 参见张兴亮《民众误解苏维埃:认为是苏兆征的儿子继承皇位》,《北京日报》2012年4月29日第6版。
② 同上。
③ 同上。
④ 同上。
⑤ 同上。

为"苏先生",使之人格化,反映了当时群众的认知水平。① 又如在鄂豫皖苏区,建立苏维埃政权是一件更艰难的事,人们大多不知道什么是苏维埃政府,仅有少数人知道苏维埃是工农政府,"苏维埃"这个字是由俄文翻译过来的,苏维埃政府是共产国际创立起来的,总机关在莫斯科,中国的总机关在江西,鄂豫皖区苏维埃政府只是一个分机关。② 更可笑的是,有的人甚至说,"苏维埃就是苏兆征的别号,苏兆征是广州暴动中苏维埃政府主席,因而我们的政府是苏兆征的别号来命名"③。另外的人则反驳道,"苏兆征同志已经死了,鄂豫皖乃苏兆征的儿子。皇帝死了,便由儿子继承;现在我们的苏兆征主席死了,也由他的儿子'苏维埃'继承,因此我们的政府叫作苏维埃政府"④。

"苏维埃"一词的中国化过程中,我们不难发现,些许的史实在中国百姓固有常识地发酵下,驱使承载外来新思想的外来词,变成了完全另外意义的东西,甚至变得荒唐和可笑。具体说来,由于普通民众对理论知识和外语词汇的无知,外来词经过本土化思维处理后,会产生完全地方化、庸俗化的解读,使脱离外来词本来含义的倾向日益严重。⑤

综上所述,诚如刘禾所说,"新词语或新词语的建构是历史变迁的极好喻说(excellent trope),因为与此同时的新词语的发明,旨在表征(represent)和代替(replace)外来词语,这样的行为发生之

---

① 参见张兴亮《民众误解苏维埃:认为是苏兆征的儿子继承皇位》,《北京日报》2012年4月29日第6版。
② 同上。
③ 同上。
④ 同上。
⑤ 同上。

际，新词语就将自身等同于早已锁定于语言张力中的汉语词和外来词"①。据此推之，人们不是在对等词之间进行翻译，相反，是在主方语言、客方语言之间隔行对照的译本（interlinear translation）的中间地带（the middle zone）里创造对等性喻说（tropes of equivalence）。这个由虚拟对等关系（hypothetical equivalence）构成的中间地带，被新词语式的想象（neologistic imagination）占据着，转而成为历史变迁的基础。② 这种变迁不能化约为对现代性的本质主义理解，因为非传统的未必是西方的、现代的未必是非中国的。它必须置于与周边发生的种种关系中考察、验证。③ 有鉴于此，"新词语的在场指向一个广泛而深刻的革命过程，这一革命过程根本改变了中国的语言景观（linguistic landscape of China）"④。

第四节 旅行理论与殖民批评

刘禾鲜明地指出："在19世纪的殖民—帝国话语（colonial and imperialist discourse）中，观念、理论由欧洲向世界其他地方的旅行（travel），或许会通常引发扩张、启蒙、进步、历史目的论等观念。……这里的'旅行'（'travel'）一词不再被视为'天真无邪'，

---

① Lydia H. Liu, *Translingual Practice: Literature, National Culture, and Translated Modernity - China, 1900—1937*, Stanford, California: Stanford University Press, 1995, p. 40.
② Ibid..
③ Ibid..
④ Ibid., p. 41.

而是常常被置于引号中。"① 萨义德的"旅行理论"(traveling theory)概念在过去 10 年里获得广泛流通,但值得批判性反思。这一概念将马克思主义的生产、消费模式推至一个更富流动性的文学实践意义层面(a fluid sense of literary practice),这一"文学实践"概念强调创造性借用(creative borrowing)、挪用(appropriation)及诸多概念、理论在国际环境下由此处向彼处的运动。② 萨义德认为,理论(思想)旅行方式应该经历以下四阶段:(1)"出发点"(the point of origin)③;(2)"被穿越的距离(a distance transversed),一个通过各种语境压力的通道"④;(3)"一组条件(a set of conditions)……接受条件或称'接受、抵抗的必不可少部分'"⑤;(4)"现在已完全(或部分)被接纳(或重组)的观念{the now full (or partly) accommodated (or incorporated) idea},在某种程度上被其新的用法、新的时空中的新的位置所转换"⑥。刘禾认为,萨义德"旅行理论"通过赋予理论羽翼丰满、四处流动的主体性(full-fledged, mobile subjectivity),过分肯定了理论的优越性,未能说明翻译媒介之能动作用。⑦ 问题严重,因为如果"压抑"翻译这一媒介的作用,翻译就会变为一种抽象的思想。这是《世界,文本,批评家》一文的"硬伤"。当然,这一点并不能抹杀萨氏在翻译问题上的创造性贡献。

---

① Lydia H. Liu, *Translingual Practice: Literature, National Culture, and Translated Modernity - China, 1900—1937*, Stanford, California: Stanford University Press, 1995, p. 20.
② Ibid., p. 41.
③ Said, Edward. *The World, the Text, and the Critic*, Cambridge, Mass: Harvard University Press, 1983, p. 226.
④ Ibid..
⑤ Ibid., p. 227.
⑥ Ibid..
⑦ Lydia H. Liu, *Translingual Practice: Literature, National Culture, and Translated Modernity - China, 1900—1937*, Stanford, California: Stanford University Press, 1995, p. 20.

萨义德在较早以前写出的《东方主义》（Orientalism）中就以相当的篇幅关注翻译问题，诚如刘禾所说："他影响深远的《东方主义》以及后期写作，均触及到了西方的东方主义文本传统里充满文化差异的表征、翻译问题。"[1] 萨义德因此"成为当代西方殖民主义、帝国主义、种族中心主义历史方面的首屈一指的批评家"[2]。他的《东方主义》开创了所谓"后殖民主义翻译理论"之先河。[3] 比如，他就在第二章第三节里讨论了译者雷恩作品《现代埃及风俗录》里隐含的一系列有关后殖民语境下的权力问题：雷恩首先通过一个长长的"注脚"对《埃及志》进行贬抑，然后在"序言"由三部分构成的摘引片段（the last tripartite episode）里，将他的穆斯林朋友阿赫默德描写为"异类的玻璃吸食者"（a bizarre glass-eater）和"多配偶论者"（a polygamist）[4]。因此，萨义德认为："作为穆斯林行为的……中介者和翻译者，雷恩进入了穆斯林的世界，但进入的程度只是停留于能用典雅的英语散文来描述这一世界……他的信仰不真诚，其实质在于他具有伪装的幸存者和特权的欧洲人这两种身份。"[5] 所以，"作为学者，雷恩的遗产对东方没有什么价值，而只对他自身的欧洲社会的各种机构有价值"[6]。萨义德以两个例子来讨论翻译中的权力机制。他的一本论述巴勒斯坦的著作在20世纪80

---

[1] Lydia H. Liu, *Translingual Practice: Literature, National Culture, and Translated Modernity – China, 1900—1937*, Stanford, California: Stanford University Press, 1995, p.21.
[2] Ibid..
[3] 参见费小平《后殖民主义翻译理论：权力与反抗》，《中国比较文学》2003年第4期。
[4] Said, Edward W., *Orientalism*. London and Henley: Routledge & Kegan Paul, 1978, p.160.
[5] [美]萨义德：《东方学》，王宇根译，生活·读书·新知三联书店1999年版，第208页。
[6] 同上书，第212页。

年代就有希伯来语译本,由于不愿意按照任何一家阿拉伯出版社要求,改写或删除公开批评包括巴解组织在内的阿拉伯政权的部分内容,至今仍无阿拉伯语译本。① 另一个例子是,他的《东方学》尽管有叙利亚诗人、批评家凯玛尔·阿布·迪卜的阿拉伯语译本,但该译本忽略了他对民族主义狂热敲响的警钟,比如,"几乎试图完全避免使用阿拉伯化了的西方术语"②,"像话语、模拟、范式或符码这类技术用语的译文采用的是来自于阿拉伯古典修辞传统的词语"③,其目的在于从阿拉伯传统内部来推进认识论批评,与西方世界对抗,④ 萨义德认为这种对抗会掩盖《东方学》本身的批判性研究⑤,消极后果显而易见。"《东方学》一书……几乎以一种博尔豪斯式的方式,衍变成了许多不同的著作。"⑥ 诸如此类的有关理论旅行中发生文化变异的翻译观念,在《东方学》中俯拾皆是。它直接启发或推进了20世纪90年代在西方世界崛起的所谓"文化转向"后的翻译理论。

不过,作为杰出比较文学学者的刘禾对萨义德旅行理论的某种"缺失"的批评,充塞着深刻的洞见:"萨义德旅行理论概念总是这样阐释,似乎理论(西方理论)就是来自欧洲流浪汉小说的主人公,他开启旅行,途中遭遇暗礁,结局通常都是被主方国家(host country)以这样、那样方式接纳。"⑦ 在刘禾眼中,萨义德旅行理论"裹

---

① [美]萨义德:《东方学》,王宇根译,生活·读书·新知三联书店1999年版,第435页。
② 同上。
③ 同上。
④ 参见同上。
⑤ 参见同上。
⑥ 同上书,第424页。
⑦ Said, Edward W., *Orientalism*. London and Henley: Routledge & Kegan Paul, 1978, p. 21.

挟"着狭隘的西方中心主义观念,与"语言交易"的实际情形"失之毫厘、谬以千里"。理由在于"语言交易(language transaction)总是民族斗争和国际斗争中的一个'充满抗争的领地'(a contested territory),人们必须重新思考在为'观念—理论迁徙'(the migration of ideas and theory)建构理论的过程中,到底什么最重要?人们必须追问:翻译及相关实践,在所谓的第一世界、第二世界之间的权力关系建构(the construction of relations of power)过程中扮演什么角色?语言在东西方碰撞(the East-West encounter)过程中碰到一起,到底会发生什么?二者之间的权力关系能一味简约为统治与抵抗模式(patterns of domination and resistance)吗?文化批评家如果忽略众多的置身于这些语言交易中的非西方语言的能动作用(the agency of non-Western languages),难道不是在冒巨大风险吗?"[1] 此番强烈的"问题意识",对于修补萨氏旅行理论的"缺失"有着不可估量的作用。在此前提下,刘禾主张从后殖民研究颇感兴趣的"历史性概念"(the idea of historicity)出发来解决语言与翻译之间的复杂问题。[2] 这一概念强调"效果史"(effective history)[3],系从尼采和伽达默尔借用而来,指涉"在当下仍旧发挥作用并仍旧富于意义的'那部分过去的历史'(the part of the past)"[4]。它隐含着一组"文本问题":谁使用/诠释文本?如何使用?为什么目的使用?[5] 这些问

---

[1] Lydia H. Liu, *Translingual Practice*: *Literature*, *National Culture*, *and Translated Modernity - China*, **1900—1937**, Stanford, California: Stanford University Press, 1995, pp. 21 - 22.

[2] Ibid., p. 22.

[3] Ibid..

[4] Ibid., pp. 21 - 22.

[5] Tejaswini Niranjana. *Siting Translation*: *History*, *Post-Structuralism*, *and the Colonial Context*. Berkeley, Los Angeles, Oxford: University of California Press, 1992, p. 35.

题强调，作为社会事实（social facts）的文本，能够为了政治目的或意识形态目的而得以"展开/部署"（depoloyed）①。翻译问题注定与殖民问题结下"不解之缘"。美国人类学家约翰尼斯·费边（Johannes Fabian）提出，福柯的话语理论是打开这一"神秘之门"的钥匙。

费边早在1986年研究殖民控制与斯瓦希里语（出现于比利时前殖民地的一种混合语言）使用二者之间关系的著作中就指出："聚焦'语言问题'（language question）有助于缩小'重叠式兴趣'与'冲突式兴趣'（overlapping as well as conflicting interests）之间的广大区域。话语在此具有方法论价值。基本假设是，表达与传输殖民规则（colonial praxis）的观念、意识形态，形成于并永驻（间或变形）于有关文明工程（oeuvre civilisatrice）的言说与书写方式之中。在阐释此种话语之类的言说时，人们并不对具体陈述的真理价值（truth value）或具体问题发生兴趣，比如，某个作者是否真的表达了他的信念（convictions）、某个作者是否真的给出了事实的精确报道（accurate report of facts）等方面。相反，人们试图通过辨别一些关键概念以及将这些概念与用来支撑立论的理论工具融为一体的一些规则，来赞赏某种'文体'的文献价值（documentary value）。一言以蔽之，人们关注着与个人意图无关但决定着殖民思想（colonial thought）之形式与内容的诸多元素。这一在部分程度上依据福柯著作的方法的特殊兴趣点，是发现使之成为可能性问题的方法，它们使得从一个话语传送到另一个话语的问题（或称一种经验，某种价值'丛'）成为可能，比如说，从宗教传输到政治的问题。比利时的殖民话语

---

① Lydia H. Liu, *Translingual Practice: Literature, National Culture, and Translated Modernity - China, 1900—1937*, Stanford, California: Stanford University Press, 1995, p. 22.

构成了此类通道,它充满着僭越的思想或交错的思想(crossing and criss-crossing ideas)。"① 毋庸置疑,此段引文中的"观念""意识形态"负载着浓郁的后结构主义色彩,"规则""文献价值""元素""跨越的思想或交叉的思想"等均为典型的"福柯话语",因为"对福柯来讲,'话语'就是我们所称的决定知识'可能性'的'系统'(system)或'理解世界的框架',或'一个知识领域'"②;"话语作为一组'规则'(rules)(正式的或非正式的,被承认或未被承认的)而存在,它们决定着能够得以铸就的各种陈述(statements)……这些'规则'决定着真理标准为何物,哪些种类的事物可以被谈论,哪些种类事物可以被言说"③。它们是外在的体制,独立于个体但又决定个体的存在。费边还因此提出"斯瓦希里语的—象征性的权力"(Swahili and Symblolic Power)④ 问题。他说:"强调斯瓦希里语作为加丹加区域—社会身份媒介的象征价值(the symbolic value)十分必要……重要的是,应该看到意识形态与政治'关怀'(ideological, political concerns)为推行斯瓦希里语'推波助澜'。'重中之重"的意识形态(primacy of ideology),阻碍着语言手册的作者们去欣赏他们开展工作之际就已存在的实际语言现状(the actural linguistic situation)……斯瓦希里语服务于实为'实用的'(practical)层面上的多重目的,尽管针对不同言说者(speakers)采用不同方法。这些言说者中的一些人就为殖民权力网络(the colonial powers)所直接控

---

① Johannes Fabian. *Language and Colonial Power*. Berkeley, Los Angeles, Oxford: University of California Press, 1986, pp. 78 - 79.

② Elaine Baldwie, et al. *Introducing Cultural Studies*. Beijing: Peking University Press. 2005, p. 30.

③ Ibid..

④ Johannes Fabian. *Language and Colonial Power*. Berkeley, Los Angeles, Oxford: University of California Press. 1986, p. 136.

制。其中首要的是渗透管理与监督中的事无巨细的事，即发现工作者、训示工作者、指挥工作者等方面。相关机构除了劳动管理局外，还包括领土管理局（the territorial administration）、招募代理处（recruitment agencies）……在战前，一份针对加丹加本土语言而进行的目录式的最小描写，按命令进行，旨在加强领土划分和民族划分（territorial and ethnic administrative divisions）。这完全是为殖民统治的'分而治之'（the divide of colonial rule）服务；无论何地，只要任何指挥、训令需要语言手段，斯瓦希里语就会时刻准备着顾及帝国利益（the impera）。"① 刘禾认为，"费边通过将语言实践（language practice）置于殖民史的核心区域（the heart of colonial history），将'效果史'与一系列帝国扩张谱系相连、与作为科学学科的现代语言学和人类学的发展相连，提出了意义重大的问题。"② 刘禾看到问题的"症结"，人类学家的费边够得上这样的评价，他承前启后，既继承了法裔批评家、反殖民主义斗士弗朗兹·法农于20世纪60年代以来首次将语言实践与殖民批评密切相连的人文传统，因为法农曾通过自己的著作《黑皮肤，白面具》"表明种族的问题、肤色的问题是如何隐秘地与一系列词语和意向联系在一起"③；也启发了20世纪90年代初期印度的英语批评家特贾斯维莉·尼南贾纳的话语与殖民主义批评的解构主义理路，因为她"将翻译视作'东方主义殖民话语的部分'和'英国为获取有关东印度公司商贾治下的庶民之信

---

① Johannes Fabian. *Language and Colonial Power*. Berkeley, Los Angeles, Oxford: University of California Press. 1986, p. 137.
② Lydia H. Liu, *Translingual Practice: Literature, National Culture, and Translated Modernity – China, 1900—1937*, Stanford, California: Stanford University Press, 1995, p. 23.
③ 转引自《纽约时报书评》，[法]弗朗兹·法农：《黑皮肤，白面具》，万冰译，译林出版社2005年版，封底。

息的努力'"①。

尼南贾纳在专著《翻译的定位》(1992)中明确宣称:"教育、神学、史志学、哲学、文学翻译等话语均一致传输了属于意识形态的殖民统治结构之霸权机器(hegemonic apparatuses)。"② 即是说,教育、神学、史志学、哲学、文学翻译等均属于殖民话语。但对于何为殖民话语,她说:"对于殖民话语,我的意思是指用于'殖民下的臣民'(colonial subjects)之建构与统识中的知识实体(the body of knowledge)、表征模式(modes of representation)、权力策略、法律、规训等方面。"③ 她为此提出一个所谓"后殖民视角"(a post-colonial perspective),以此强调翻译与历史之间的密切关系:"要从后殖民的视角解读殖民主义的史学,批评家如果对于殖民话语之诡计有所警觉,就能够呈现本雅明所说的第二个传统,即抵抗的历史。"④ 不过,问题接踵而至。刘禾批评道:"在进行这一行为的过程中,她无意中给予欧洲语言特权,让其作为决定意义的主方语言(或目标语言)。如果后殖民批评家在这些东西方语言交往的论说中,一如既往地强调欧洲语言,并使得那一历史/故事中的未能说出部分仍旧不予说出,那么她在完成重写历史的承诺方面到底能走多远?"⑤ 她还尖锐地指出:"为什么在当德里达、本雅明被呼唤为与西方霸权相对垒的反对声音时,毛泽东和甘地却常常被遗忘?……

---

① Lydia H. Liu, *Translingual Practice*: *Literature*, *National Culture*, *and Translated Modernity - China*, **1900—1937**, Stanford, California: Stanford University Press, 1995, p. 23.

② Tejaswini Niranjana. *Siting Translation*: *History*, *Post-Structuralism*, *and the Colonial Context*. Berkeley, Los Angeles, Oxford: University of California Press, 1992, p. 35.

③ Ibid., p. 7.

④ 转引自[美]刘禾《跨语际实践——文学,民族文化与被译介的现代性(中国,1900—1937)》,宋伟杰等译,生活·读书·新知三联书店2008年版,第33页。

⑤ Lydia H. Liu, *Translingual Practice*: *Literature*, *National Culture*, *and Translated Modernity - China*, **1900—1937**, Stanford, California: Stanford University Press, 1995, p. 24.

人们必须考虑这样一个事实：对'文化帝国主义'的批判，有其自身的知识谱系，并已长期成为非西方人民反帝遗产（the anti-imperialism legacies）的一部分。"①

刘禾进而提出一系列问题：在欧洲文本被翻译成非欧洲语言时，到底有什么事情会发生？在那种情形下，东西方之间的权力关系能否被重新发明（即便不是倒置）？如果那样，又会怎样？在这方面，拉费尔（Vicente Rafael）通过自己的著作《约定殖民主义》（Contracting Colonialism）似乎发出一番"真知灼见"："在语言开始运转的时候，翻译往往让意图摇摆不定，时而奠定，时而颠覆着殖民霸权的意识形态基础。在传播上帝的词语时不得不使用本土方言，这样就限制了一种殖民—基督教的普遍化假设和整体化运动。我们在他加禄人皈依基督教的历史里所看到的正是由于翻译而急速引发的这种矛盾的展现。"② 这里隐含着一种抵抗与颠覆的思想，但需要再思考，因为刘禾的说法发人生省："对于东西方之间的界限，无论它们多么复杂，如果仅将其一味具体化为抵抗—统治模式，会存在巨大风险，理由是东西方之间的边界常常是彼此渗透的（frequently permeable），并随条件变化（changing conditions）而变化。"③。所以，在这样的背景下，刘禾说："在我本人对于跨语际实践的研究中，非欧洲语言并不理所应当构成抵抗欧洲语言的场所。相反，我认为有一个人们时常忽视的领域：统治、抵抗、挪用之间存在着诸多复杂过程，它们可以在那一语言的话语场内或在与其他语言环境

---

① Lydia H. Liu, *Translingual Practice: Literature, National Culture, and Translated Modernity – China, 1900—1937*, Stanford, California: Stanford University Press, 1995, p. 24.
② ［美］刘禾：《跨语际实践——文学，民族文化与被译介的现代性（中国，1900—1937）》，宋伟杰等译，生活·读书·新知三联书店2008年版，第34页。
③ Lydia H. Liu, *Translingual Practice: Literature, National Culture, and Translated Modernity – China, 1900—1937*, Stanford, California: Stanford University Press, 1995, p. 25.

的关联中,予以观察和阐释。"①

第五节 "国民性"话语译介:历史学与福柯 "知识考古学"实践化（1）

有学者指出:"中国国民性批判问题,并不是从中国的土地中生长出来的问题,而是一个外来的问题。来自哪里?来自西方世界。"② 而代表西方世界的"欧洲文化的核心正是那种使这一文化在欧洲内和欧洲外都获得霸权地位的东西——认为欧洲民族和文化优越于所有非欧洲的民族和文化"③。因此,"西方学者对于中国国民性的言说,丝毫不需要建立在实证基础上,而是为了建构一个唯我独尊的、西方中心的意识形态体系,以满足西方文明扩张和殖民掠夺之需要"④。所以,这种建构的"国民性"具有否定意义和消极意义。西方人在对非西方世界进行殖民征服和统治的过程中,对所有殖民地的文化和居民都进行否定性描述和评价,并将这种否定性描述和评价传播给被否定的非西方世界,要他们学习领会并最终认可接纳。⑤ 刘禾敏锐地指出:"从晚清到今天,中国人的集体想象被这个话题（国民性——引者注）断断续续地纠缠了近一个世纪。……

---

① Lydia H. Liu, *Translingual Practice: Literature, National Culture, and Translated Modernity – China, 1900—1937*, Stanford, California: Stanford University Press, 1995, p. 25.
② 摩罗:《"国民劣根性"学说是怎样兴起的?》（代序）,摩罗、杨帆编选《人性的复苏 国民性批判起源与反思》,复旦大学出版社 2011 年版,第 1 页。
③ [美]萨义德:《东方学》,王宇根译,生活·读书·新知三联书店 1999 年版,第 10 页。
④ 摩罗:《"国民劣根性'学说是怎样兴起的?》（代序）,摩罗、杨帆编选《人性的复苏 国民性批判的起源与反思》,复旦大学出版社 2011 年版,第 2 页。
⑤ 同上。

大多数人……相信国民性是某种'本质'的客观存在，更相信语言和文字在其中仅仅是用来再现'本质'的透明材料。"① 鲁迅《阿Q正传》就是为"纠缠"这一问题而作的批判，而晚辈萧红在1940年滞留香港孤岛期间创作的小说《呼兰河传》一如既往地"表达了对国民团体盲目、愚昧、麻木、残忍等等劣根性的忧愤和悲悯，被越来越多的后人认为是继鲁迅之后对国民心态的开掘和批判力作"②。刘禾进而指出："这种认识上的'本质论'事实上模糊了国民性神话的知识构成，使人们看不到'现代性'的话语在这个神话的生产中扮演了什么角色。……一个……更有意义（且属于前提性）的问题……被彻底地排除在视野之外：'国民性'究竟是一个什么样的知识范畴？它的神话在中国的'现代性'理论中负载了怎样的历史意义？"③ 因此，为了认识这些问题，必须对相关的跨语际实践问题进行深入分析，重现"国民性"话语本身的历史面貌并尝试一种与传统"思想史"迥异的历史写作。刘禾如是说：

"国民性"一词（或译为民族性或国民的品格等），最早来自日本明治维新时期的现代民族国家理论，是英语 national character/national characteristic 的日译，正如现代汉语中的其他许多复合词来自明治维新之后的日语一样。……

国民性的概念最初由梁启超等晚清知识分子从日本引入中国时，是用来发展中国的现代民族国家理论的。在《新民议》

---

① 摩罗：《"国民劣根性"学说是怎样兴起的?》（代序），摩罗、杨帆编选《人性的复苏　国民性批判的起源与反思》，复旦大学出版社2011年版，第2页。
② 《萧红和〈呼兰河传〉》（http://www.360doc.com/content/11/0103111/4503596_83559483.shtml）。
③ ［美］刘禾：《跨语际实践——文学，民族文化与被译介的现代性（中国，1900—1937）》，宋伟杰等译，生活·读书·新知三联书店2008年版，第73—74页。

和《论中国国民之品格》等文中，梁启超明确地把中国的悲剧归结为国民性的问题，批评国人缺乏民族主义、缺乏独立自由意志以及公共精神，认为这些缺点是中国向现代国家过渡的一大障碍。1889年和1903年之间，梁氏写了大量文章，从各个不同的角度阐述这一点。仅举其中一小部分就有：《中国积弱溯源论》、《十种德性相反相成议》《论中国人种之将来》《国民十大元气论》等。《新民说》是其中最重要的一篇。孙中山在讨论中国问题时，也使用了相似的语言。……

1911年前后出现的主要报章杂志，无论是进步的还是保守的，都程度不同地被卷入了有关国民性的讨论。比如，《东方杂志》在1905年和1919年之间登载了大量文章，专门议论或部分地涉及这个问题。其中对国民性有褒有贬，但立论是基本一致的。……归纳起来看，这些文章大致都与梁启超的观点相呼应，认为中国的国民性必经改造，才能适应新时代的生存需要。……有关优势或劣势的说法也不尽相同，但没有一人对国民性理论的前提发出质疑。他们相信，国民性责无旁贷地承担着中国自鸦片战争以来的所有历史包袱。可见，此话语在当时已获得何等的透明度和知识权威。

1917年初，《新青年》发表了一篇题为《中国国民性及其弱点》的文章，作者署名光升。这是一篇颇有研究价值的论文，因为它对新文化运动以前的国民性研究理论做了比较系统的总结。作者在这里把国民性界定为"种性""国性"和"宗教性"的集合体。……在作者看来……容忍性使中国人丧失了个性和独立自由的精神，造成了极其薄弱的法制和民主观念。文章最后得出的结论是，误入迷津的中国国民性已不适应现代世界的生存方式，应加以彻底改造。

　　……

　　有趣的是，国民性之孰优孰劣在上文还是一个相对的概念。在光升的眼里，欧洲民族的国民性未必在本质上比中国人优越，所谓改造国民性，不过是为了适应"现代化"的生存条件所必需的一种社会达尔文主义的手段。然而，到了陈独秀倡导的新文化运动，特别是后来的五四运动时期，这一切都发生了根本的转变。

　　国民性的话语开始向我们所熟悉的那种"本质论"过渡。陈独秀在《东西民族根本思想之差异》和《我之爱国主义》一文中将国民性的问题和传统文化相提并论，把国民性的讨论引入一个新的历史环境，赋予了新的内容。……"批判国民劣根性"于是上升为批判传统文化的一个重要环节。新文化运动的倡导者提出国民性是中国启蒙运动的主要对象，于是，唤醒和教育国民的责任自然落在了包括他们自己在内的一小部分知识分子精英的肩头上。……不难看出，知识与权力、西化与传统、精英与民众等关系在这个时期的国民性话语中得到了生动和具体的显现。与此同时，文学，随着"改造国民性"的这一主题的凸现，也开始受到中国"现代性"理论的青睐，被当作实现国民改造之宏图的最佳手段。相比之下，梁启超原先倡导的政治小说倒显得气魄不足了。然而，在这样做的同时，五四文学恰恰把国民性的话语转化成一种超越自身历史的话语，而且做得极其成功。事到如今，说起五四文学和改造国民性，谁都看成是天经地义。可是，在"自然"的表象下，现代文学与国家建设的历史姻缘究竟是如何缔结的，这个问题始终无人问津。

……

鲁迅最初是在梁启超和其他晚清改革家的著作中接触到国民性理论的。但是他在留学日本期间，看了阿瑟·斯密思的日译本《支那人的气质》后，才开始认真思考经由文学改造中国国民性的途径。在他的影响下，将近一世纪的中国知识分子都对国民性问题有一种集体情结。人们定义、寻找、批评和改造中国国民性，却往往不考量此话语本身得以存在的历史前提。

……

传教士话语被翻译成当地文字且被利用，我们必须问这种翻译创造了什么样的现实？在考虑中文的跨语际实践时，这些问题必须提出，因为只要考虑（也必须考虑）到当地文字，情况就显然比东西方文化批评家通常设定的"观照主体与被观照的客体"要复杂。斯密思不同于早期书写远东的东方哲学和语言学者，因为他……的著述曾被选译成中文。这些翻译大都经过日语的媒介，改译自日译本，或因日本人先行引介而被择取中译。由于这些理论被中国人翻译阅读，并且进入中文有关国民性的论战，其中牵涉到的问题就与萨义德讨论的东方主义有所区别。

……

知识从客方语言进入主方语言时，不可避免地要在主方语言的历史环境中发生新的意义。译文与原文之间的关系往往只剩下隐喻层面的对应，其余的意义则服从于主方语言使用者的实践需要。在跨语际实践的过程中，斯密思传递的意义被他意想不到的读者（先是日文读者，然后是中文读者）中途拦截，在译体语言中被重新诠释和利用。鲁迅即属于第一代这样的读者，而且是一个很不寻常的读者。他根据斯密思著作的日译本，将传教士的中国国民性理论"翻译"成自己的文学创作，成为现代中国文学最重要的设计师。①

在这里，刘禾并非追问"是否忠实"之类的问题，而是从历史学出发"透过层层表象，看清问题的真相和本质"②，"不但……掌握大量的史料而且还……对这些史料提升出观点、结论来，哪怕是带有情感性的倾向，也不排斥"③。她具体从福柯"知识考古学"出发来实现这一切。她因此十分关注被翻译的"国民性"这一话语在"权力"宰制之下所牵扯的一系列"微妙的、独特的、隐藏于个别之下的各种各样的痕迹，交错于个别之中、亦足以构成难以拆解的网结的痕迹"。刘禾首先研究"翻译的历史条件"："国民性"一词（或译为民族性或国民的品格等），最早来自日本明治维新时期的现代民族国家理论，是英语 national character /national characteristic 的日译。19 世纪末 20 世纪初，它由梁启超等晚清知识分子从日本引入中国，用来发展中国的现代民族国家理论。1889 年和 1903 年之间，梁氏写了大量文章，明确地把中国的悲剧归结为国民性的问题，批评国人缺乏民族主义、独立自由意志及公共精神，认为这些缺点是中国向现代国家过渡的一大障碍。《新民说》是其中最重要的一篇。孙中山在讨论中国问题时，也使用了相似的语言；然后，刘禾考察"national character"这一"新词语……新话语兴起、代谢"，并在汉语中"获得合法性的过程"，在中国语境中"得到了再创造"，在这

---

① ［美］刘禾：《跨语际实践——文学，民族文化与被译介的现代性（中国，1900—1937）》，宋伟杰等译，生活·读书·新知三联书店 2008 年版，第 74—88 页。

② 转引自胡德平发表在《炎黄春秋》2010 年第 8 期上的一篇文章，鉴于特殊原因，此处略去文章标题。敬请读者见谅！

③ 同上。

里，被译的"national character"一词"不得不与译体语言面对面遭逢"："1911年前后出现的主要报章杂志，无论是进步的还是保守的，都程度不同地被卷入了有关国民性的讨论"①，"为它们之间不可简约之差别决一雌雄，这里有对权威的引用和对权威的挑战，对暧昧性的消解或对暧昧的创造，直到新词或新意义在译体语言中出现"②——1917年年初，光升在《新青年》上发表了《中国国民性及其弱点》一文。它对新文化运动以前的国民性研究理论做了比较系统的总结。作者将"国民性"界定为"种性""国性"和"宗教性"的集合体，并认为，容忍性使中国人丧失了个性和独立自由的精神，造成了极其薄弱的法制和民主观念。文章最后的结论是，"误入迷津的中国国民性已不适应现代世界的生存方式，应加以彻底改造"③。但欧洲民族的国民性未必在本质上比中国人优越，所谓改造国民性，不过是为了适应"现代化"的生存条件所必需的一种社会达尔文主义的手段。然而，到了陈独秀倡导的新文化运动时期，特别是后来的五四运动时期，国民性话语开始向我们所熟悉的那种"本质论"过渡。陈独秀在《东西民族根本思想之差异》和《我之爱国主义》两文中将"国民劣根性"的批判与传统文化的批判相提并论。唤醒和教育国民的责任自然落在了包括他们自己在内的一小部分知识分子精英的肩头上。不难看出，"知识与权力、西化与传统、精英与民众等关系在这个时期的国民性话语中得到了生动和具体的显现。与此同时，文学，随着'改造国民性'的这一主题的凸

---

① [美] 刘禾：《跨语际实践——文学，民族文化与被译介的现代性（中国，1900—1937）》，宋伟杰等译，生活·读书·新知三联书店2008年版，第75页。
② [美] 刘禾：《语际书写——现代思想史写作批判纲要》，上海三联书店1999年版，第36页。
③ [美] 刘禾：《跨语际实践——文学，民族文化与被译介的现代性（中国，1900—1937）》，宋伟杰等译，生活·读书·新知三联书店2008年版，第76页。

显,也开始受到中国'现代性'理论的青睐,被当作实现国民改造之宏图的最佳手段"①。而鲁迅最初是在梁启超和其他晚清改革家的著作中接触到国民性理论的,不过是在留学日本期间,看了阿瑟·斯密思的日译本《中国人的气质》后才开始思考通过文学改造中国国民性的途径,并将之"翻译"成自己的文学创作,成为现代中国文学最重要的设计师。但一个问题必须提出:"传教士话语被翻译成当地文字且被利用,这种翻译创造了什么样的现实?……斯密思不同于早期书写远东的东方哲学和与语言学者,因为他……著述曾被选译成中文。这些翻译大都经过日本的媒介,改译自日译本,或因日本人先行引介而被择取中译。由于这些理论被中国人翻译阅读,并且进入中文有关国民性的论战。"② 只要考虑(也必须考虑)到当地文字,情况就显然比东西方文化批评家通常设定的"观照主体与被观照的客体"要复杂。在鲁迅的影响下,将近一个世纪的中国知识分子对国民性问题都有一种集体情结。而且,"国民性"译介这一"跨语言实践"可以"最终引生一套语言的适应、翻译、介绍,以及本土化的过程(这里的'本土化'不是指传统化,而是指现代的活生生的本土化),并协助我们解释包含在译体语言的权力结构之内的传导、控制,操纵及统驭模式"③。显然,"national character 一词通过外来词而翻译成汉语,恰恰是……一个事件的范例。正是这个事件催生了另一个重要事件,按照鲁迅的看法,就是中国现代文学本身的诞生"④。这同样建立在语言的"互译性"之上,能告诉我

---

① [美]刘禾:《跨语际实践——文学,民族文化与被译介的现代性(中国,1900—1937)》,宋伟杰等译,生活·读书·新知三联书店2008年版,第76—77页。
② 同上书,第78—88页。
③ [美]刘禾:《语际书写——现代思想史写作批判纲要》,上海三联书店1999年版,第36页。
④ 同上。

们,"国民性"的翻译在建构第一世界与第三世界的权力关系时,究竟扮演什么角色? 在东西方相互遭遇的过程中,各种语言碰到一起时会发生什么? 语言之间的权力关系是否能简单地化为统治与抵抗的模式?

不过,刘禾这种将"国民性译介"作为话语来研究的做法,受到众人批评。有人指出:"语言决定论是刘禾文章的基本方法论支点"①,似乎"我们无法离开有关国民性的话语去探讨国民性(的本质),或离开文化理论去谈论文化(的本质),或离开历史叙事去谈论历史(的真实)"②。这位学者认为,这表面看来"真是雄辩极了"③,实则问题极大,因为"这种极度夸大语言作用的理论似乎非常时髦,却违背基本常识与基本事实……好像西方人的自我认识与中国人的自我认识都不是由历史事实塑造的而是由话语塑造的"④。这位学者说,我们可以"试想,如果中国在与西方人的交往中不是节节败退而是连连凯旋,那么,斯密思等人的书即使大大地歪曲了中国与中国人,它还会改变中国人的'自我认识'么? 中国人的自我认识还需要西方人的一本书来确立吗? 如果西方在与中国的交往中一败涂地,那么,一本传教士的书能够让他们傲慢地藐视中国人么?"⑤ 这一说法似乎美丽动听,但笔者不敢完全苟同,理由是:(1) 他误解了刘禾的"话语"概念,其讨论前提与刘禾的前提不是建立在一个共同的预设上,因为熟谙刘禾理论的人都知道刘禾的"话语"是福柯意义上的"话语",它绝非指一般性语言,而是指

---

① [美]刘禾:《语际书写——现代思想史写作批判纲要》,上海三联书店 1999 年版,第 36 页。
② 同上。
③ 同上。
④ 同上。
⑤ 同上。

"我们所称的决定知识'可能性'的'系统'(system)或'理解世界的框架',或'一个知识领域'"①,或"一组'规则'(rules)(正式的或非正式的,被承认的或未被承认的)"②,"它们决定着能够得以铸就的各种陈述(statements)……这些'规则'决定着真理标准为何物,哪些种类的事物可以被谈论,哪些种类事物可以被言说"③;(2)难道该学者所说的"历史事实"不是"话语"吗?新历史主义早就说过历史就是一种话语,系人为的建构,没有客观性;(3)该学者称中国在与西方人的交往中"节节败退"一说无视我们中国人曾经有过的光荣的反帝斗争历史,凸显了他本人所持的帝国主义立场。令人反讽的是,他在一味批评刘禾唯西方"马首是瞻"时,他自己似乎也在"虔诚地"唯西方"马首是瞻"。难道不是吗?难道我们不该"对批判的批判"吗?

另有学者对于刘禾研究中隐含的"鲁迅的国民性理论,是受蔽于美国传教士明恩溥的殖民霸权话语,进而否定中国国民劣根性的客观存在"之类的观点提出强烈抗议。这位学者为鲁迅"鸣冤叫屈":"先生决不会想到的是,在他身后六十多年,有人竟然将他视为西方传教士的精神傀儡,并以挽救者的姿态,要清除他身上的殖民话语遗毒。"④ 因此,他认为,"正是站在这一话语'制高点'上,刘禾几乎将百年来所有推进中华民族进步解放的思想先驱们,统统一网打尽"⑤。结果是,"刘禾这种'现代思想史写作批判'完全颠

---

① Elaine Baldwie. et al. *Introducing Cultural Studies*. Beijing: Peking University Press. 2005, p. 30.
② Ibid. .
③ Ibid. .
④ 杨曾宪:《质疑"国民性神话"理论》,摩罗、杨帆编选《人性的复苏 国民性批判的起源与反思》,复旦大学出版社 2011 年版,第 207 页。
⑤ 同上书,第 208 页。

覆了传统的思想史结论,但正因其偏激如此,也使她的结论极其脆弱、不堪一击"①。所以,这位学者断言刘禾的"国民性"论述就是一"海市蜃楼":"当我真正直面刘禾时,却总感到刘禾背后有堂·吉诃德身影。她的国民性神话,如同将风车视为敌人一样,是话语迷幻变形或夸大的产物,是真正的'神话'话语。"② 笔者同意这一说法的一部分,因为刘禾的国民性话语确有她本人一再批评的东方主义之嫌,有时甚至有为西方人"评功摆谱"之嫌。但这并不等于"刘禾几乎将百年来所有推进中华民族进步解放的思想先驱们,统统一网打尽",因为刘禾在文中清楚无误地说道:"国民性的概念最初由梁启超等晚清知识分子从日本引入中国时,是用来发展中国的现代民族国家理论的。在《新民议》和《论中国国民之品格》等文中,梁启超明确地把中国的悲剧归结为国民性的问题,批评国人缺乏民族主义、缺乏独立自由意志以及公共精神,认为这些缺点是中国向现代国家过渡的一大障碍。1889年和1903年之间,梁氏写了大量文章,从各个不同的角度阐述这一点。仅举其中一小部分就有:《中国积弱溯源论》《十种德性相反相成议》《论中国人种之将来》《国民十大元气论》等。《新民说》是其中最主要的一篇。孙中山在讨论中国问题时,也使用了相似的语言。……1911年前后出现的主要报章杂志,无论是进步的还是保守的,都程度不同地被卷入了有关国民性的讨论。"③ 难道梁启超等人建造的资源不是本国先驱者的"国民性"资源吗?刘禾否定了他们吗?答案显然不是。看来,不是

---

① 杨曾宪:《质疑"国民性神话"理论》,摩罗、杨帆编选《人性的复苏 国民性批判的起源与反思》,复旦大学出版社2011年版,第209页。
② 同上书,第210页。
③ [美]刘禾:《跨语际实践——文学,民族文化与被译介的现代性(中国,1900—1937)》,宋伟杰等译,生活·读书·新知三联书店2008年版,第74—75页。

刘禾"将百年来所有推进中华民族进步解放的思想先驱们,统统一网打尽",而是论者本人将他们"一网打尽",这是富于反讽的。再者,论者的"刘禾这种'现代思想史写作批判'完全颠覆了传统的思想史结论,但正因其偏激如此,也使她的结论极其脆弱、不堪一击"一说同样需要大打折扣。窃以为,如上文所说,既然她珍视"先驱者"的资源,那她就不可能"完全颠覆传统的思想史结论",结论也不能"不堪一击",相反是井井有条,掷地有声。看来,不是被批评者"不堪一击",而是批评者"不堪一击"。同时,论者讥讽"刘禾背后有堂·吉诃德身影",并称"她的国民性神话,如同将风车视为敌人一样,是话语迷幻变形或夸大的产物,是真正的'神话'话语"。刘禾的"国民性"真是"话语迷幻变形或夸大的产物"吗?真是"神话"吗?其实不然。刘禾的研究完全建立在扎实的方法论和福柯"话语批评"上,并富于缜密的逻辑论证及推演,在北美批评家中影响深远,刘禾也因此成为北美学界声誉卓著的批评家,怎么能是"话语迷幻变形或夸大的产物"呢?

无独有偶。又有学者批评刘禾的"国民性"是在"拾"洋人"牙慧"。这位学者毫不客气地批评道:"刘禾的论述至少存在着一个根本性错误,即'国民性神话'的指谓错置。它直接将西方殖民主义'建构'的'国民性神话'指称为中国新文化的国民性话语,这就好比先给中国近代思想贴上西方殖民主义'想象'的画像,然后予以揭发,这就是中国近代思想自己的'集体想象'。"[1] 他还说:"假如梁启超等人不从日本'转口'进这个概念,中国学者从启蒙和改造国民素质的任务出发,也要寻找和创造某个概括国民共同特

---

[1] 王学钧:《刘禾"国民性神话"论的指谓错置》,摩罗、杨帆编选《人性的复苏 国民性批判的起源与反思》,复旦大学出版社2011年版,第222页。

性的概念。因为启蒙和改造愚昧的国民是当时先驱者的共识。"① 因此，他予以驳斥道："最初从英文引入并加以定义的国民性概念是最重要，也普遍流行的概念……是由梁启勋（梁启超二弟——引者注）以社会心理学为基础定义的国民性概念。……'道德特性智力特性相结合而成民族之精神'……梁启勋尤其强调'国民性'的可变性即可改造性。……显然，在汉语语境中的国民性观念，从其引入和定义之始，就明确排除了西方的本质主义的观念，确认其为可以改造的对象，并充满了必能改造的信心，这与当时中国的国际处境以及反帝反封建的时代主题相一致。她完全不同于刘禾指谓的那种服从西方殖民主义需要的本质主义的国民性观念。"② 但这里，吊诡的是，论者将别人作为批判的对象的同时，自己反倒成了被批判的对象，其中隐含的前提使论者"自毁长城"。试问，"从英文引入并加以定义的国民性概念"虽然被"加以定义"，但其首要前提是"从英文引入"，这难道能脱离西方"干系"吗？"西方的本质主义的观念"能被"排除"吗？真的"完全不同于刘禾指谓的那种服从西方殖民主义需要的本质主义的国民性观念"吗？一切"昭然若揭"。

诸多批评，可谓"大张挞伐"，也是一次"跨语际实践"。最为有趣的是，刘禾讨论"跨语际实践"问题，自己反倒成了"跨语际实践"讨论对象，牵扯进一段"剪不断，理还乱"的政治运作之中。

走笔至此，笔者想起刘禾讨论"个人主义"跨语际实践时的一句经典言说："真正有意义的与其说是定义，不如说是围绕'个人'，'自我'，'个人主义'等一些范畴展开的那些话语实践，以及

---

① 杨曾宪：《质疑"国民性神话"理论》，摩罗、杨帆编选《人性的复苏 国民性批判的起源与反思》，复旦大学出版社2011年版，第211页。
② 王学钧：《刘禾"国民性神话"论的指谓错置》，摩罗、杨帆编选《人性的复苏 国民性批判的起源与反思》，复旦大学出版社2011年版，第226—227页。

这些实践中的政治运作。"① 我们似乎也可以说：批评刘禾，"真正有意义的与其说是定义"②，不如说是围绕"民族""国家""殖民主义""国民性"等一些范畴展开的那些话语实践，以及这些实践中的政治运作。所以，我们还应该感谢批评！

第六节　"跨语际实践"与中国现代小说创作及批评

刘禾主要从文体层面（stylistic domain）讨论"跨语际实践"与中国现代小说创作及批评之间的关系。而关于"何为文体"的问题，她有一个可以补充传统文体学缺憾的全新界定。她说："我眼中的'文体学'（stylistics）指'叙事和修辞写作的诸多形式'（forms of narration and figurative writing），它们包括'小说写实主义'（novelistic realism）、'内心世界的叙事重绘'（narrative remapping of the inner world）、'第一人称语态'（the first-person voice）、'自由间接引语'（free indirect style）、'指示形态'（deixis）、'性别化文本策略'（gendered textual strategies），等等。"③ 但是，她担心研究者将中外小说关系简单地等同于比较文学那个"冲击—回应"老命题，因而以批评家的前瞻视角提醒大家"深刻理解中国现代小说中围绕'跨语际'表征模式（translingual modes of representation）而出现的复杂多变性（the complexities）"④，其中包括"'创生性变形'的累累遗

---

① ［美］刘禾：《语际书写——现代思想史写作批判纲要》，上海三联书店1999年版，第41页。
② 同上。
③ Lydia H. Liu, *Translingual Practice: Literature, National Culture, and Translated Modernity – China, **1900—1937***, Stanford, California: Stanford University Press, 1995, p. 103.
④ Ibid. .

痕"(the traces of "producive distortion")①,"它们是'戏仿'(parodic imitation),雄辩地'见证'着中国现代性的矛盾境况"(the contradictory condition of Chinese modernity)②。字字珠玑,似乎是漫漫荒野中的"空谷足音"。这样的研究,在刘禾思路中,只有一个基本宗旨:"提出诸多有关中国文学进入'现代'(the modern)的合法性(the legitimation)问题。"③ 这就要求采用一种"历史关联"的观念(the concept of historical linkage),以修正"影响研究"或"平行研究"之狭隘与肤浅。这是对比较文学学科理论的有益贡献。

一 创作

(一)老舍小说《骆驼祥子》与西方小说的心理叙事

老舍的《骆驼祥子》出版于1936—1937年间。刘禾说:"人们将《骆驼祥子》译为英文,几乎不需要'更新'老舍的小说风格,恰是因为小说采用'跨语际叙事模式'(translingual modes of narration)来'捉刀'(operates),适宜进行翻译。"④ 通俗地说,老舍《骆驼祥子》在形式上使用了大量的"外来元素"。

例子1:一个有关祥子逃离绑架的匪兵之后发生的事的段落:原文:"他放了心,缓缓地走着,自要老天保佑他,什么也不必怕。走到什么地方了?不想问了,虽然田间已有男女来作工。走吧,就是一时卖不出骆驼去,似乎也没大关系了;先到城里再说,他渴望再

---

① Lydia H. Liu, *Translingual Practice: Literature, National Culture, and Translated Modernity-China, 1900—1937*, Stanford, California: Stanford University Press, 1995, p. 103.
② Ibid..
③ Ibid..
④ Ibid., p. 106.

看见城市……"①（部分句式下的横线系引者所加）吉恩·M.詹姆斯（Jean M. James）译文："He stopped worrying and walked on slowly. *He had nothing to fear as long as Heaven protected him. Where was he going? He didn't think to ask any of the men and women who were already coming out to the fields. Keeep going. It didn't seem to matter much if he didn't sell the camels right away. Get to the city first and then take care of it.* He longed to see the city again."②（部分句子的斜体系引者所为）细查原文，我们清晰地看到，其中包含不少的"自由间接文体"，即"自由转述体"："自要老天保佑他，什么也不必怕。走到什么地方了"，"不想问了，虽然田间已有男女来作工"，"走吧，就是一时卖不出骆驼去，似乎也没大关系了"，"先到城里再说，他渴望看见城市"。它们虽然隐含了"他想""他继续想""他暗自说道""我想""我在心里说"等直接引语标记，但形式上完全略去，以"自由转述体"（第三人称叙事）出现。即是说，老舍在小说中运用了来自西域的文体元素（心理叙事技巧），一种"跨语际叙事模式"。个中缘由，不言自明：1924—1929年他在伦敦东方学院任教期间曾对英法近代现实主义小说，特别是狄更斯小说如饥似渴地阅读与研究。③ 老舍曾这样描述狄更斯作品给他带来的创作冲动："我刚读了 *Nicholas Nickleby*（《尼古拉斯·尼克尔贝》）和 *Pickwick Papers*（《匹克威克外传》）等杂乱无章的作品，更足以使我大胆放野；写就好，管它什么。"④ 这种所谓"英国元素"给詹姆斯英译提供巨

---

① 转引自老舍《骆驼祥子》，人民文学出版社1962年版，第25页。
② Lydia H. Liu, *Translingual Practice: Literature, National Culture, and Translated Modernity-China, 1900—1937*, Stanford, California: Stanford University Press, 1995, p. 106.
③ 参见杨义《中国现代小说史》第二卷，人民文学出版社1986年版，第183页。
④ 同上。

大便利，恰如刘禾所说，"这种'跨语际叙事模式'的出现意味着，人们翻译《骆驼祥子》要比翻译《红楼梦》之类的18世纪小说更容易、更准确，因为《骆驼祥子》之类的现代文本早已预设了英文小说文体与中文小说文体之间的虚拟等值关系（hypothetical equivalence)"①。

不过，刘禾同时指出："中国现代小说文体正在发生的变更，并不意味着仅仅引进一系列小说技巧，而意味着将文学文本意义注入男女主人公的人称中……即是说，无论小说里发生什么，都必须由读者参照主人公的良好命运（the well-being）予以观察、评价。"②这似乎是"石破天惊"之语。老舍引入"经济理性最大化者"③（homo economicus）祥子的原因也就在此。

祥子在小说里被描绘成一个"极端个人主义者"（supreme individualist），他那我行我素的行为毁了他自己。刘禾认为，"小说里相反的结论同样真实：一旦祥子放弃了追求、独立和个人主义，就会蜕化变质到一个遭人鄙夷的懦夫（the despicable crowd）境地"④。她还认为，"小说结尾，叙事者诊断了祥子的身体与道德状况"⑤："体面的，要强的，好梦想的，利己的，个人的，健壮的，伟大的，祥子，不知陪着人家送了多少回殡；不知道何时何地会埋起他自己来，

---

① Lydia H. Liu, *Translingual Practice*: *Literature*, *National Culture*, *and Translated Modernity - China*, **1900—1937**, Stanford, California: Stanford University Press, 1995, p. 106.

② Ibid., p. 107.

③ 该词有人译作"经济人"，但总担心它与"经纪人"相混淆，故借用"经济理性最大化者"译名，因为它基本能再现"homo economicus"这一术语的原意：a term that describes the rational human being assumed by some economists when driving and verifying theories and models（http://www.investopedia.com/terms/h/homoeconomicus.asp）。

④ Lydia H. Liu, *Translingual Practice*: *Literature*, *National Culture*, *and Translated Modernity - China*, **1900—1937**, Stanford, California: Stanford University Press, 1995, p. 107.

⑤ Ibid..

埋起这堕落的，自私的，不幸的，社会病胎里的产儿，个人主义的末路鬼。"①

这里，小说"修辞状态"（rhetorical status）别有"情趣"。刘禾从引入"经济理性最大化者"这一表述角度，称"修辞状态"是"一种矛盾（an oxymoron），一个能生产丰富意义的彼此对立之场（a site of contradiction）"②。祥子经历一系列冒险事件，并在偷了三匹骆驼，转手按35块大洋出手这一事件中达到"登峰造极"地步，随后获得绰号"祥子"。他的野心很直白，就是想拥有一辆洋车，成为一个不看别人眼色行事的独立的人，因此他需要这35块大洋来买一辆新车来"替补"遭绑匪绑架后被抢走的车。③ 所以，"'骆驼'一词命名了祥子与金钱、资本、投资、所有权之间的象征/符号关系"④。这一"关系"在北平找到完美无缺的象征/符号场所——该城市以其"个人能获得成功"的多次承诺诱惑着我们的主人公。他被这个城市所代表的一切——匿名、独立、机遇、金钱、财富、感官享受——弄得晕头转向，迫不及待地渴望成为那个世界的参与者：⑤"祥子想爬下去吻一吻那个灰黑的地，可爱的地，生长洋钱的地！没有父母兄弟，没有本家亲戚，他的唯一的朋友是这座古城。这座城给了他一切，就是在这里饿着也比乡下可爱，这里有的看，有的听，到处是光色，到处是声音；自己只要卖力气，这里还有数

---

① 转引自［美］刘禾《跨语际实践——文学，民族文化与被译介的现代性（中国，1900—1937）》，宋伟杰等译，生活·读书·新知三联书店2008年版，第143页。
② Lydia H. Liu, *Translingual Practice: Literature, National Culture, and Translated Modernity - China, 1900—1937*, Stanford, California: Stanford University Press, 1995, p. 108.
③ Ibid..
④ Ibid..
⑤ Ibid..

不清的钱,吃不尽穿不完的万样好东西。"① 很多学者就此认为祥子是一个"受压迫者"(the oppressed),实则是"千部一腔,千人一面"。刘禾的看法似乎是"背道而驰",她质疑道:"祥子真是老舍小说中受压迫者的象征/符号吗?"② 她在严肃、认真地批评戴维·斯特兰德(David Strand)、加斯丁·罗森伯格(Justine Rosenberg)等一味苛求"真实"的"现实主义正统"(realist orthodoxy)和借鉴安敏成(Marston Anderson)的部分合理观点之后,胸有成竹地回答道:"由于他的追求、利己(self-love)和富于尊严的劳动感,这个年轻人远远不止是一个受压迫者的象征/符号。祥子的梦幻的能量巨大,将人力车夫的劳动转化为一场非同寻常的人类戏剧,意义超出了他自己所选职业的维度。"③

例子2:小说表现"将人力车夫的劳动转化为一场非同寻常的人类戏剧"的开篇段落:原文:"他老想着远远的一辆车,可以使他自由,独立,像自己的手脚的那么一辆车。有了自己的车,他可以不再受拴车的人们的气,也无须敷衍别人;有自己的力气与洋车,睁开眼睛就可以有饭吃。"④ 这里,叙事者以描述祥子心理状态开篇,仿佛从外面进行观察,生成一段心理叙事,⑤ 特别是其中蕴含的怜悯(pathos)与反讽(irony),"都要求叙事者在详述祥子生活时应该熟练运用诸多叙事模式,特别是自由间接引语"⑥。刘禾分析

---

① 转引自[美]刘禾《跨语际实践——文学,民族文化与被译介的现代性(中国,1900—1937)》,宋伟杰等译,生活·读书·新知三联书店2008年版,第145页。
② Lydia H. Liu, *Translingual Practice: Literature, National Culture, and Translated Modernity - China, 1900—1937*, Stanford, California: Stanford University Press, 1995, p. 108.
③ Ibid., p. 111.
④ 转引自老舍《骆驼祥子》,人民文学出版社1962年版,第4页。
⑤ Lydia H. Liu, *Translingual Practice: Literature, National Culture, and Translated Modernity - China, 1900—1937*, Stanford, California: Stanford University Press, 1995, p. 112.
⑥ Ibid..

道:"老舍调整了来自欧洲小说的这一叙事模式,并用带有北京方言的现代汉语重新发明了它,这种现代汉语能模仿人物说话,而毋须用他自己或她自己的声音实际说话。"① 作者在第三次提到"车"时,转而运用自由间接引语——"他可以不再受拴车的人们的气,也无须敷衍别人;有自己的力气与洋车,睁开眼睛就可以有饭吃"——以贴近模仿人物语言。② 作为标志的"车"的四次重复及反映口语节奏的强调性语词"自己的"的使用。虽然实际语词由叙事人通过第三人称说出,但视角还是专属于祥子。③ 这似乎是,叙事人用自己声音说话之际,暂时悬置了他的视角,以便采用人物视角。④ 不过,严格说来,心理叙事(psycho-narration)与自由间接引语之间有一定区别。心理叙事通常从叙事者视角层面或所引独白(quoted monologues)层面描述人物精神状态,所引独白通常采用人物自己的声音;而自由间接引语则打破叙事人的声音与人物内心独白(interior monologue)之间的界限。这种叙事文体使得小说话语(novelistic discourse)从有关叙事者看见什么,人物说了什么、思考什么之类的僵硬报道(rigidly reporting)中解脱出来,自由地接近人物思想。⑤

刘禾精辟地论述道:"由于不必使用时态、人称及其他相关语法标记,中国现代白话文能够轻而易举地转换叙事模式,而无需诉诸印欧语系中那些必须的语法转换手段,指示性指涉(deictic references)除外。因此,在汉语中,自由间接引语在它与全知心理叙事

---

① Lydia H. Liu, *Translingual Practice: Literature, National Culture, and Translated Modernity – China*, ***1900—1937***, Stanford, California: Stanford University Press, 1995, p. 112.
② Ibid..
③ Ibid..
④ Ibid..
⑤ Ibid..

(omniscient psycho-narration) 和被引用的内心独白（quoted interior monologue）二者之间的关系上，较之在其他语言中的自由间接引语，更加模棱两可。文体效果是一种被打断的叙事流（an interrupted flow of narration）的效果，与自由直接话语（a free indirect discourse）有几分相像，会导致一种所谓'透明精神状态'的完美幻觉（a perfect illusion transparent mind）。"[①] 刘禾最后的总结一针见血："借助自由间接引语及其他叙事模式，老舍的叙事者能够非常深入地进入祥子的内心世界。正是这一内心世界的呈现，使得祥子迥异于其他人力车夫；更为重要的是，正是这种内心世界特质，使得一个人力车夫的卑贱生活承载着较为巨大的悲剧式的象征/符号意义。"[②]

例子3：反映祥子身上的与内心世界密切相关的"经济理性最大化者"（homoeconomicus）之段落：原文："好吧，今天买上了新车，就算是生日吧，人的也是车的，好记，而且车既是自己的心血，简直没什么不可以把人与车算在一块的地方。……独坐在屋中的时候，他的眼发着亮光，去盘算着怎样省钱，怎样买车；嘴里还不住的嘟哝，像有点心病似的。他的算法很不高明，可是心中和嘴上常常念着'六六三十六'；这并与他的钱数没多少关系，不过是这么念道，心中好像是充实一些，真像有一本账似的。"[③] 译文："All right, today he had bought a new rickshaw. Let today be his birthday, his and the rickshaw's. It woulkd be easy to remember. Besides, the rickshaw was his heart's blood. There was simply no reason to separate man from rick-

---

[①] Lydia H. Liu, *Translingual Practice*: *Literature, National Culture, and Translated Modernity – China, 1900—1937*, Stanford, California: Stanford University Press, 1995, p. 113.

[②] Ibid..

[③] 转引自［美］刘禾《跨语际实践——文学，民族文化与被译介的现代性（中国，1900—1937）》，宋伟杰等译，生活·读书·新知三联书店2008年版，第151—152页。

shaw……Xiangzi' eyes sparkled when he sat alone in his room figuring out ways to economize and buy a rickshaw. His lips wouldn't stop muttering; it was as if he had some mental illness. He didn't know much arithmetic and his mind and mouth kept on repeating "six times six is thirty-six. " The calculation had little relation to how much money he actually had, but the repetition filled his mind. It was just as if he already had an account balance. "[1] 如原文中省略号之前段落所示,祥子将"新车"看作"第二个自己"(his own double),原文里的"算"字举足轻重,能生动地表现主人公的所谓"经济个人主义"的取向。刘禾说:"小说从头至尾,叙事者提醒注意祥子一生如何'算'(count)、'计'(calculate)自己的生活。作为一名注重节俭的'经济理性最大化者'(a thrifty homo economicus),他'算'自己的大洋和所有财物,'计'在衣食上的花费和应该留出的结余。"[2] 无疑,这能启发我们对文本的关注能从"苦大仇深"的层面转至"经济学"层面,即"现代性"层面。不过,对祥子来讲,吊诡的是,一向精于算计的他,总无法成为"一个完全的'经济理性的最大化者'"[3]。他无法做到收支平衡,"似乎总有一颗灾星笼罩着他的生活,祥子的精于算计的诡计总抵不过早被天意算好的命运灾难(the calculated calaminty of his fate)"[4],如引文中省略号之后段落所示,恰如"王熙凤,机关算尽太聪明,反算了卿卿性命……一场欢喜忽悲辛。叹人

---

[1] Lydia H. Liu, *Translingual Practice*: *Literature*, *National Culture*, *and Translated Modernity* – *China*, ***1900—1937***, Stanford, California: Stanford University Press, 1995, pp. 113 – 114.
[2] Ibid. , 114.
[3] Ibid. .
[4] Ibid. .

士，终难定"①。尽管如此，祥子还是时常以守财奴（miser）形象出现："把这两三个月剩下的几块钱——都是现洋——轻轻的拿出来，一块一块的翻弄，怕出响声；现洋是那么白亮，厚实，起眼，他更觉得万不可撒手，除非是拿去买车。"②刘禾认为，"这段描写的感官性令人瞩目，将祥子'金钱迷恋'观予以'审美化'（aestheticizing），并对此进行'救赎'，赋予它一副人性的面孔。这是一种超过投资所获得的意义，一种前资本主义的感受力（a pre-capitalist sensibility）——与曹家女仆高妈打理生意的理性世界，'遥相呼应'"③。

《骆驼祥子》前所未有地强调金钱、经济个人主义、独立及劳动的尊严，与笛福的《鲁滨逊漂流记》和《摩尔·弗兰德斯》存在诸多相通之处，因为"笛福所有的主人公都追求金钱，金钱被他独特地称为'世界通用的徽章'；他们采用记录收益损耗的账簿，很有条理地追求金钱，马克斯·韦伯认为这种账簿是现代资本主义与众不同的技术特征"④；"《摩尔·弗兰德斯》里有许多衣物、金子、珠宝需要一一清点计算"⑤。《骆驼祥子》与狄更斯的小说也有诸多相通之处，因为"狄更斯小说充塞着大量的有关钞票、契约、合同、遗嘱及其他财产文件的描述，它们在建构小说情节及其他象征性/符号化现实方面，作用不可小视"⑥。甚至还有人认为祥子命运几多风

---

① 佚名：《机关算尽太聪明》（http://wenda.so.com/911373438844062773）。
② 转引自［美］刘禾《跨语际实践——文学，民族文化与被译介的现代性（中国，1900—1937）》，宋伟杰等译，生活·读书·新知三联书店2008年版，第153页。
③ Lydia H. Liu, *Translingual Practice: Literature, National Culture, and Translated Modernity - China, 1900—1937*, Stanford, California: Stanford University Press, 1995, p. 115.
④ ［英］伊恩·瓦特：《小说的兴起——笛福、理查逊、菲尔丁研究》，高原、董红钧译，生活·读书·新知三联书店1992年版，第65页。
⑤ Lydia H. Liu, *Translingual Practice: Literature, National Culture, and Translated Modernity - China, 1900—1937*, Stanford, California: Stanford University Press, 1995, p. 116.
⑥ Ibid..

雨，几多沉浮，与莎士比亚笔下哈姆雷特命运不无二致。毫无疑问，老舍的《骆驼祥子》同样是一次穿越中英文学之间的"跨语际实践"。但刘禾以一以贯之的真正的比较文学专家的睿智，提醒我们研究这一中外文学关系时，必须"超越试图确立互文关系的原初阶段（initial level），以避免成为文学影响方面的一个'四平八稳'的叙事（uncontested narrative）"①。在她看来，研究出来的"祥子"这一"经济理性最大化者"必须是这样的人：既非哈姆雷特，又非鲁滨逊·克鲁索，必须得以在他自身的基础上阐释，即在车夫生活的内心世界上阐释。②

（二）郭沫若、施蛰存、郁达夫的小说与精神分析的译介

刘禾或许受美国乔治城大学东亚系华裔教授张京媛的启发，指出："精神分析学说于1907年译介到中国，引起了相当一批作家、批评家的注意。"③ 鲁迅曾怀着满腔热忱译介日本文艺理论家厨川白村的《苦闷的象征》，以此译介弗洛伊德，并在《野草》《故事新编》等作品的创作中"有意运用弗洛伊德理论"④。此后，郭沫若、施蛰存、郁达夫等人的小说，无不"染上""弗洛伊德之症"。⑤ 此外，张竞生（1888—1970）的生物学、性学成果，潘光旦（1899—1967）的明代万历年间才女冯小青个案研究，美学家朱光潜的"变态心理学"，作家许杰的自述等，都难逃"弗洛伊德之维"。但这些

---

① Lydia H. Liu, *Translingual Practice: Literature, National Culture, and Translated Modernity - China, **1900—1937***, Stanford, California: Stanford University Press, 1995, p. 117.
② Ibid., pp. 117 - 118.
③ Ibid., p. 130.
④ 祝宇红：《"故事"如何"新"编——论中国现代"重写型"小说》，北京大学出版社2010年版，第141页。
⑤ Lydia H. Liu, *Translingual Practice: Literature, National Culture, and Translated Modernity - China, **1900—1937***, Stanford, California: Stanford University Press, 1995, p. 130.

创作或研究更多地停留在弗氏"欲望"(desire)层面。刘禾则关注以下三方面:"重绘'真实'与'非真实'(the real and the unreal)的 20 世纪语境","直指西方人的全新缺失感或满足感""源自跨语际的故事讲述模式(translingual modes of storytelling)的经验感性及形式(the sensibilities and forms of experience)"。① 以下重点讨论郭沫若、施蛰存、郁达夫三人的小说创作。

第一,郭沫若的小说《残春》(1922)是这方面的杰出代表。主人公是我国赴日留学生爱牟,他在医院看望朋友时,邂逅美丽的女护士"S",当天夜里,在梦中梦见自己与她幽会,并亲眼看到了她的酥胸。恰在此时,他得知妻子杀死儿子的噩耗,随即赶到现场,让妻子用刀将他自己杀死,梦即结束。他惊异于梦中无所不在的象征。无疑,作品给我们重绘了一幅游走"真实"与"非真实"之间的现代语境。小说发表后,郭沫若专门发表文章《批评与梦》引导读者正确理解作品里的梦境象征(the dream symbolism):"着力展现人的利比多、性冲动、压抑以及以'梦象征形式'(the form of dream symbolism)出现的无意识。"② 这里,"梦象征形式"实则是一种"化装",虽是一个"片段",但是一种性欲的"替代",因为"梦的化装作用之一就在于用一个片段或一个暗喻来代替他物"③。弗洛伊德说得好:"梦者将他所认识的某女子由沟渠中拉出来。梦者由第一个联想即明白梦的意义如下:他'选取了她',看中了她。"④ 刘禾认为,"他(郭沫若——引者注)本人的阅读取向是以弗洛伊德精

---

① Lydia H. Liu, *Translingual Practice: Literature, National Culture, and Translated Modernity - China, 1900—1937*, Stanford, California: Stanford University Press, 1995, p. 130.
② Ibid., p. 131.
③ [奥]弗洛伊德:《精神分析引论》,高觉敷译,商务印书馆 1996 年版,第 88 页。
④ 同上。

神分析为根基的现代阐释理论（a modern theory of interpretation），因为主人公爱牟是已婚男子，不可能对其他女子想入非非，所以小说暗示我们爱牟无意识地压抑了自己的欲望，直到梦通过象征性的喻说（symbolic tropes）将无意识诱发出来"①。刘禾还进一步分析了郭沫若文章所唤起的"地动天摇"般的意义："郭沫若对弗洛伊德的'征用'似乎促使一场有关批评流派的争论超越了世俗层面而指向中国文学圈阐释权的岌岌可危地位（the changing status of interpretive authority）——在那里，文本、阅读、批评正在经历着非同寻常的转型。"② 换言之，雄霸千年的中国文学传统阐释必将让位于西方现代阐释。文本的意义转而进入正宗的"现代化"轨道。不言而喻，"阐释成为各种理论、话语为获取合法性、权威性彼此竞相登场和争斗之场"③。福柯的"阴魂"似乎在这里回响。现代性话语作为"权力"，成为中西文化激烈碰撞中的"大赢家"，一跃成为主宰文学批评的基本框架和规则。这或许是向西方开放的中国必须召致的"宿命"。

第二，时任《现代》杂志主编施蛰存的小说《鸠摩罗什》《石秀》《夜叉》《魔道》（均创作于20世纪30年代）等，"与心理分析（精神分析——引者）手法紧密相连"④。不仅评论家这么说，连施蛰存本人也承认："我知道我的小说不过是应用了一些Freudism的心理小说而已。"⑤ 但是，施蛰存是通过安德列·布勒东等法国超现实主义作家来结识弗洛伊德的，因为他曾在上海法国天主教震旦大学

---

① Lydia H. Liu, *Translingual Practice: Literature, National Culture, and Translated Modernity – China, **1900—1937***, Stanford, California: Stanford University Press, 1995, p. 131.
② Ibid., pp. 131 – 132.
③ Ibid., p. 132.
④ 祝宇红：《"故事"如何"新"编——论中国现代"重写型"小说》，北京大学出版社2010年版，第143页。
⑤ 同上。

法文班学习多年。① 他的《鸠摩罗什》写"心理错综",它是对源自僧祐(445—518)的《出三藏记集》的慧皎(497—554)的《高僧传》《晋书》等史乘的重写。② 其成功之处在于,面对诸多前文本之间彼此矛盾之处或同一文本内的裂隙之处,施蛰存发现它们后,便通过细致的心理分析,实现对历史的颠覆性重写。中心情节是身为高僧的鸠摩罗什犯戒/破戒,结尾部分是高僧寂灭之后舌头不烂的细节。③ 慧皎《高僧传》里鸠摩罗什破戒两次,《晋书》中鸠摩罗什破戒三次。施蛰存小说中,鸠摩罗什也破戒三次:第一次虽是吕光所逼,但鸠摩罗什与表妹、龟兹王女儿互生爱欲在先,鸠摩罗什对此后悔不已——"吕光将他与她都灌醉了酒,赤裸了身子幽闭在同一间陈设得异常奢侈的密室里,以致自己亵渎了苦行,把不住了定力,终于与她犯下了奸淫,这样回想起来是一半怨着自己一半恨着吕光的"④;第二次之后的次日鸠摩罗什怀着深深的苦闷心理——"昨天的事,也是一些不先知着的,不知怎的,一阵强烈的诱惑竟会得破坏了他,使他那样地昏迷。……要是戒行坚定的僧人,昨天不会那样地胡乱的"⑤;第三次鸠摩罗什被赐予妓女十余人——"罗什忽下高座,谓兴曰:'有二小儿登吾肩,欲鄣须妇人。'兴乃召宫女进之,一交而生二子焉。兴尝为罗什曰:'大师聪明超悟,天下莫二,何可使法种少嗣。'遂以伎女十人,逼令受之"⑥。从以上所引段落,我

---

① Lydia H. Liu, *Translingual Practice: Literature, National Culture, and Translated Modernity - China, 1900—1937*, Stanford, California: Stanford University Press, 1995, p. 134.
② 参见祝宇红《"故事"如何"新"编——论中国现代"重写型"小说》,北京大学出版社 2010 年版,第 144 页。
③ 同上。
④ 同上书,第 146 页。
⑤ 同上。
⑥ 同上书,第 145 页。

们可以看到,小说里的几次破戒,均是鸠摩罗什主动而为。不过,相比《高僧传》《晋书》,小说重在强调鸠摩罗什与妻子龟兹王女儿之感情,破戒并非仅仅源自欲念,而是源自鸠摩罗什对妻子强烈的爱及这种受压抑的爱所引起的更为强烈的冲动。[1] "通过细致的心理分析,小说也就有力地将罗什的压抑与冲动呈现在读者面前。"[2] 施蛰存的另一著名小说《石秀》也是通过采用浓墨重彩的精神分析手法,对《水浒传》片段的重写。男主人公石秀对结拜兄弟之妻潘巧云实施的恐怖犯罪,从性压抑(sexual repression)角度予以叙述,这种性压抑以男主人公对欲望对象(the desired object)实施的屠杀、尸体肢解两种行动来进行宣泄。[3] 所以,刘禾说:"原作故事中的暴力被纳入'精神分析'话语圈(psychologized),从'精神分析'角度进行阐释。"[4]《夜叉》《魔道》也"如法炮制"。

第三,郁达夫的小说《还乡记》表达了"郁达夫对心理活动的偏爱"[5]。小说记录了叙事者从上海赴故土探亲的旅途中时断时续的思绪流程(disjoined flow of thoughts),将"真实"与"虚幻"统一"协商"至叙事者的自我追寻之中。[6] 但"真实"与"虚幻"的界限在哪里?第一人称叙事是否能恰当表现叙事者的自我意识经验(experience of self-consciousness)?一个反映叙事者到达杭州车站后感慨万千的段落可用来回答:"这种幻灭的心理,若硬要把它写出来的时

---

[1] 参见祝宇红《"故事"如何"新"编——论中国现代"重写型"小说》,北京大学出版社2010年版,第146页。
[2] 同上。
[3] Lydia H. Liu, *Translingual Practice: Literature, National Culture, and Translated Modernity – China, 1900—1937*, Stanford, California: Stanford University Press, 1995, p. 135.
[4] Ibid..
[5] Ibid., p. 143.
[6] Ibid..

候，我只好用一个譬喻。譬如当青春的年少，我遇着了一位绝世的佳人，她对我本是初恋，我对她也是第一次的破题儿。两人相携相挽，同睡同行，春花秋月的过了几十个良宵……回到我两人并肩携手的故地来。……我独坐湖滨，正在临流自吊的时候，忽在水面看见了那弃我而去的她的影像。她容貌同几年前一样娇柔，衣服同几年前一样的华丽，项下挂着的一串珍珠，比以前更添加了一层光彩，额上戴着的一圈玛瑙，比囊时更红艳得多了。"① 刘禾津津乐道地分析道："'作者—叙事者'特意采用有关浪漫爱情的令人惊奇的隐喻叙事（metaphorical narrative），旨在重新捕捉他多年负笈海外之后对杭州城的怀旧之情。城市被比作美女，叙事者被比作被她抛弃的恋人。可以肯定的是，这里的虚构（幻想）被用来代替另一个叙事者不能生产出来的文本。但是一个叙事文本绝不可能完全代替另一个文本。……插入的叙事反映出浸润着被压抑欲望（repressed desire）的'色欲想象'（an erotic imagination）和叙事者无意公开的'自我焦虑感'（a troubled sense of selfhood）。"② 言之成理，令人信服。此处的"被压抑"与潜意识、前意识、意识密切相关。弗洛伊德如是说："潜意识的系统可比作一个大前房，在这个大前房内，各种精神兴奋都像许多个体，互相拥挤在一起。和前房相毗连的，有一较小的房间，像一个接待室，意识就停留于此。但是这两个房间之间的门口，有一个人站着，负守门之责，对于各种兴奋加以考查，检验。……前房内，潜意识内的兴奋不是另一房子内的意识所可察知，

---

① 转引自［美］刘禾《跨语际实践——文学，民族文化与被译介的现代性（中国，1900—1937）》，宋伟杰等译，生活·读书·新知三联书店 2008 年版，第 197—198 页。

② Lydia H. Liu, *Translingual Practice: Literature, National Culture, and Translated Modernity - China, **1900—1937***, Stanford, California: Stanford University Press, 1995, pp. 144–145.

所以它们开始是逗留在潜意识内的。它们如果进迫门口，而为守门人赶出来，那么它们就不能成为意识的；那时我们便称它们为被压抑的。"① 即是说，《还乡记》作者—叙事者的性欲望，之前一直逗留于潜意识内，想找机会进入意识，但被"守门人"驱赶出来，所以一直是"被压抑"的。不过，最终通过创作小说《还乡记》，以"化装"方式，"作者—叙事者"的"潜意识"进入"意识"，欲望得以实现。刘禾还指出："由于修辞性语言（figurative language）引入了一项仅作为文学幻想（literary fantacy）而存在的'真实'（reality），想象性书写（imaginative writing）对郁达夫叙事者的作用，恰似妖术（sorcery）对于施蛰存笔下的心理失常主人公（psychotic hero）一样。这里，'真实'与'非真实'之间的界限模糊不清，因为人们发现语言对鲜活经验（lived experience）的再现，虽不妥切，但非它莫属。"② 文学从诞生那一天起，就是虚假的（fiction/fictitious），永远不等于现实。

二 批评

中国文化/文学的现代性或现代化必须融入西方世界，并展开正常的沟通、对话与交流，改革开放深度推进，实现中华民族的伟大复兴。刘禾严肃指出："与现代希腊、印度、非洲、阿拉伯国家相似，中国知识分子为了能够在国族建构与文化建构时代幸存，前仆后继，砥砺前行。在这一时代里，他们别无选择，只能硬着头皮，直面西方的'强大'并与其'握手言欢'，甭管这个所谓的'西方'

---

① ［奥］弗洛伊德：《精神分析引论》，高觉敷译，商务印书馆1996年版，第233页。

② Lydia H. Liu, *Translingual Practice: Literature, National Culture, and Translated Modernity – China, 1900—1937*, Stanford, California: Stanford University Press, 1995, p. 145.

是以殖民者、半殖民者、人文主义者、福音传道者名义,还是以文化帝国主义者名义,冲击着他们的意识。"① 西方对我们的"冲击"一般说来,肇端于19世纪末20世纪初,"西方文化凭借西方列强的坚船利炮,轰开了中华文化的坚固堡垒。……在民族危亡之中,救亡图存的意识,迫使中华民族不得不'求新声于异邦'"②。这一切促成了"为不同文化、社会所共有的令人叹为观止的词汇表"(a surprisingly common vocabulary),诸如"国族"(nation)、"文化"(culture)、"传统"(tradition)、"历史"(history)、"现代性"(modernity)等。③ "它们不仅是对来自欧洲宗主国理论的简单翻译,而尤其重要的是,是表达的媒介形式(mediated forms of expression)——它们负载着这些来自整体化西方的人民的经验"。④ 因此,刘禾断言:"在这样的前提下,来自西方的文学批评(literary criticism)遂成为一种合法性话语(a discourse of legitimation)。"⑤ "体制化批评"(institutionalized criticism)逐渐演变为20世纪中国的一种奇特建制,并走上前台,有关文化政治(cultural politics)、国族政治(national politics)的争论愈演愈烈,莫衷一是。⑥ 刘禾说:"现代批评实践的发轫期是在陈独秀、胡适、郭沫若、瞿秋白等人的书写中,高潮期则是在毛泽东对于现代文学文本和古典文学文本的诸多特殊阐释(idiosyncratic interpretations)中。"⑦ 不过,刘禾只说对了

---

① Lydia H. Liu, *Translingual Practice: Literature, National Culture, and Translated Modernity - China, 1900—1937*, Stanford, California: Stanford University Press, 1995, p.184.
② 曹顺庆:《中外比较文论史》,山东教育出版社1998年版,第247页。
③ Lydia H. Liu, *Translingual Practice: Literature, National Culture, and Translated Modernity - China, 1900—1937*, Stanford, California: Stanford University Press, 1995, p.184.
④ Ibid..
⑤ Ibid..
⑥ Ibid..
⑦ Ibid..

后半部分，前半部分说值得商榷，理由在于之前还有一个所谓"史前时期"，我们不能忽略。根据斯洛伐克著名汉学家玛利安·高利克的观点，"史前时期至少可追溯到1898年梁启超写出《译印政治小说序》之时。此《序》是为日本东海散士的小说《佳人奇遇》的汉译本而作的。1902年，梁启超又写一篇题为《论小说与群治之关系》的重要文章。接着，王国维写了许多篇文学批评与美学的论文，其中以1904年写的《红楼梦评论》最为著名。稍后，相对年轻的鲁迅于1908年写出《摩罗诗力说》"①。

整个20世纪，在中国精英知识分子对文化、国族性/民族性（nationality）、现代白话文、现代文学地位等问题侃侃而谈之际，合法性问题总伴随其中。

（一）国族文学与世界文学

针对詹姆逊的"所有'第三世界'文本都必须被读作'民族寓言'"这一矫枉过正的观点，刘禾作了严厉批评："可能是文学批评体制，而非'第三世界'文学，将一部分文本作为'本真的民族经验'（authentic national experience）予以经典化，并向西方译出。"② 她目光犀利，直击詹姆逊"痛处"，令人拍案。刘禾进一步指出："我时刻牢记的中介因素（mediating factor）是现代文学批评体制，它承担着在国族文学范围内和与跨国权力关系（transnational relations of power）粘连的关系内，生产经典、生产文本的责任。"③ 这种"跨国权力关系"实则是一种强势对弱势的"指手画脚"，或骑在弱

---

① ［斯洛伐克］玛利安·高利克：《中国现代文学批评发生史（1917—1930）》，陈圣生、张林杰等译，社会科学文献出版社1997年版，第8页。
② Lydia H. Liu, *Translingual Practice: Literature, National Culture, and Translated Modernity - China, **1900—1937***, Stanford, California: Stanford University Press, 1995, p. 186.
③ Ibid..

势头上的"作威作福",来自第一世界精英学术圈的詹姆逊对"第三世界"文学/文化的阐释、批评便是如此这般"跨国权力关系"的体现。不过,刘禾同时认为,詹姆逊的"多国资本主义的全球化倾向"(the globalizing tendencies of mulitinational capitalism)一定程度上有益于深层探讨19世纪初歌德提出的"国族文学/民族文学"(national literature)和"世界文学"(Weltliteratur/world literature)话语。在她看来,"'世界文学'并不意味着多元共生的各国国族文学/民族文学丧失其个性;而正好相反,它通过应允各国国族文学/民族文学进入全球化经济—象征/符号交换系统的等级森严关系网(the hierarchical relation of a global system of economic and symbolic exchange),来构筑各国国族文学/民族文学"①。换言之,"世界文学"通过全球性交换,就可建构起"国族文学/民族文学"。反之,没有"国族文学/民族文学",便没有"世界文学"。二者之间"亲如一家",似有"荣辱与共""肝胆相照"之味。这一点已隐含"市场"因子,隐含了比较文学学科基本理路:"各民族文学在形成过程中和形成后,相互影响,相互促进,这是文学发展的客观规律之一。"②在这一点上,刘禾对比较文学学科作出了重要贡献。刘禾进一步说道:"'世界文学'与'世界市场'(Weltmarket)犹如孪生兄弟,'不分伯仲'。弗里兹·斯特里奇(Fritz Strich)……认为'世界文学'是一场智识层面的'以货换货'交换(an intellectual barter),一种国家/民族之间思想层面的往来交通(a traffic in ideas),一个世界各国将彼此精神产品送出去进行交换的供文学专用的世界市场(a

---

① Lydia H. Liu, *Translingual Practice: Literature, National Culture, and Translated Modernity - China, 1900—1937*, Stanford, California: Stanford University Press, 1995, p. 187.
② 卢康华、孙景尧:《比较文学导论》,黑龙江人民出版社1984年版,第85页。

literary world market)。"① 歌德为了阐述自己的思想,酷爱使用来自商业贸易领域的语言意象(images),② 如"理解并研习德语者,他发现自己身处各个国族分别提供各自商品的市场上,而他扮演着翻译者的角色,相应地他可以丰富自己","每一名翻译者都应被视为一名调解者,力图推进这种普遍的精神交换,并以之为责任,使这种一般化的贸易再进一步"③ 等。当然,它们隐含着一种日耳曼民族的自我优越感及霸权思想,值得警惕。但歌德等人有关"市场经济"的构想直接或间接地促成了他的同胞马克思和恩格斯在1848年提出"世界的文学"构想:"资产阶级,由于开拓了世界市场,使一切国家的生产和消费都成为世界性的了。……过去那种地方的和民族的自给自足和闭关自守状态,被各民族的各方面的互相往来和各方面的互相依赖所代替了。物质的生产是如此,精神的生产也是如此。各民族的精神产品成了公共的财产。民族的片面性和局限性日益成为不可能,于是由许多种民族的和地方的文学形成了一种世界的文学。"④ 真是"英雄所见略同"!

刘禾同时指出:"'国族文学/民族文学'、'世界文学'的汉语翻译务必与一组彼此剧烈竞争的理论、话语一起捆绑思考。……这些剧烈竞争的立场包括众所周知的'为艺术而艺术'论、人生派、平民文学、阶级文学、无产阶级文学等。……使用这些译介过来的

---

① Lydia H. Liu, *Translingual Practice*: *Literature*, *National Culture*, *and Translated Modernity – China*, ***1900—1937***, Stanford, California: Stanford University Press, 1995, p. 187.
② Ibid..
③ 转引自[美]刘禾《跨语际实践——文学,民族文化与被译介的现代性(中国,1900—1937)》,宋伟杰等译,生活·读书·新知三联书店2008年版,第261页。
④ 《〈共产党宣言〉全文》(http://www.181855.com/xuanyan/002.htm)。

理论，在民族斗争的不同阶段呈现不同的意义。"① 郑伯奇、鲁迅、郭沫若等均"初露锋芒"，发起或参与了这些讨论，或批判，或赞赏，嬉笑怒骂，红脸、白脸随处可见。

至于"文化建构"（culture building），郭沫若认为它"是更为伟大的'国族建构'事件的不可或缺的'先驱'（a necessary precursor）"②，并强调"文学是实现这一目标的特别有效的方法"③。刘禾对郭沫若的工作作了详细论述："他在论及20世纪初期中国的混乱以及普通民众生活中艺术文化的总体衰亡时，号召艺术家、作家塑造人们的崇高精神风貌，多方动员他们投身于更伟大的事业。在这个层面上，他发现当时的中国的国家和政府，与大多数欧洲政府为它们国家提供的核心领导层相比，完全缺乏对'文化建构'的担当，因为这样的领导层需要承担以下职责：举办艺术活动、提供文学奖项、设立美术馆及国家大戏院，等等。"④ 对郭的评价极高，自不待言。不过，刘禾也看到郭的"软肋"："郭沫若有关艺术家和作家职能的观点，主要来源于他的比较视角——在这一视角下，中国的'国族文学—文化/民族文学—文化'如不以显性或隐性方式涉入国际舞台或'世界文学'，那就不能获得承认。"⑤ 不过，郭沫若的这种"比较"式的"涉入"，更多地富于"阶级斗争"色彩。1927年发表的《文艺家的觉悟》集中体现了这一点："中国的革命对于外国的资本家是生死关头，对于本国的资本家也是生死关头，他们的利害是完全共通的，要他们这样的人才是没有祖国的，他们的国际就是一个无形的

---

① Lydia H. Liu, *Translingual Practice: Literature, National Culture, and Translated Modernity – China, 1900—1937*, Stanford, California: Stanford University Press, 1995, p. 188.
② Ibid., p. 191.
③ Ibid..
④ Ibid..
⑤ Ibid..

资本主义王国。只要他们的资本家的地位能够保持,中国会成为怎样,中国人会成为怎样,他们是视而不见的。"① 因此,刘禾说:"阶级斗争理论给郭沫若提供了无产阶级世界主义(proletarian cosmopolitanism)的华丽语言(a flamboyant language),这种语言应该有助于重新界定与全球资本主义、帝国主义相对抗的中国现代文学功能。"②

(二)性别与批评

刘禾着力关注"体制化批评的性别化场景(gendered situation of institutionalized criticism)和民国时期国族建构过程中的相关话语实践(discursive practices)"③。她特别援引美国华裔女性主义批评家周蕾(Rey Chow)的《妇女与中国现代性》,作为主要研究方法,以此展开对鸳鸯蝴蝶派(简称"鸳蝴派"或"鸳蝶派")小说及部分现代小说的讨论与批评。

刘禾说:"周蕾在《妇女与中国现代性》中讨论有关鸳鸯蝴蝶派小说的研究成果时,强力批判男性中心的文学批评(male-centered literary criticism)。她对鸳鸯蝴蝶派小说的解读采取了对抗性路径(oppositional approach),成功揭示出文学表征(literary representation)、体制化批评(institutionalized criticism)二者共有的性别化政治(gendered politics)。"④ 鸳鸯蝴蝶派亦被称作"'礼拜六'派"。周蕾的"对抗性路径"就是批评性路径,她之所以批评沈雁冰、郑振铎、夏征农、柳存仁、夏志清等男性化的研究,"是因为女性问题

---

① 转引自〔美〕刘禾《跨语际实践——文学,民族文化与被译介的现代性(中国,1900—1937)》,宋伟杰等译,生活·读书·新知三联书店 2008 年版,第 267 页。
② Lydia H. Liu, *Translingual Practice: Literature, National Culture, and Translated Modernity – China, 1900—1937*, Stanford, California: Stanford University Press, 1995, p. 192.
③ Ibid., p. 195.
④ Ibid..

未能对他们成为一个断裂点，一个能进入一种'差异化'阅读的开放之门。女性可能会被提及，但仅仅置于历史、社会、传统等方面的所谓'更大'标题之下"①。周蕾饶有兴致地指出："举例来说，对于鸳蝶派文学的描述一律表示其中包含了多愁善感的故事内容，内容围绕着才子佳人间无法获得完满的爱情。这些故事可以总结如下：'男女相遇，两人陷入热恋，却因残酷的命运而分离，让两人心碎而亡。'因此，整个过程的核心被不假思索地认为是'恋人间浪漫关系的平衡对等（balanced reciprocity）'。然而，其中让人感到奇怪而无法解释的细节是许多女性角色的戏剧性死亡，这些女性角色的死亡往往含糊地被归结成'悲剧收场'。其中忽略了这些故事中的'爱情'往往不只是未曾蒙面的配偶订约，或也不只是履行既定婚约之前丈夫一方的早夭，也不只是热恋男女私下定情却被拆散了大半辈子。多数的例子中，这些故事不只是关于爱情关系的'平衡对等'，而是关于道德议题、贞洁议题与抗拒个人热情的社会化要求，尤其是从其中女性的观点来看是如此。极少有批评家指出，这也是为何这些'爱情'故事往往发生于女性所爱之人于其中缺席的原因，女性所爱之人仅以身体虚弱、生病、死亡、远行或不为儒家文化所影响的外国人身份来'参与'故事。"②刘禾认为"她的观察及时而重要，因为它向我们展示了这一点：女性主义性别批评不只是关于真实女性及性特征（sexuality）……还是一种介入主流理论实践与批评实践的阅读—干涉方法（a way of reading and intervention）"③。我

---

① Lydia H. Liu, *Translingual Practice*: *Literature*, *National Culture*, *and Translated Modernity – China*, **1900—1937**, Stanford, California: Stanford University Press, 1995, p. 195.
② [美]周蕾：《妇女与中国现代性 西方与东方之间的阅读政治》，蒋青松译，上海三联书店2008年版，第79—80页。
③ Lydia H. Liu, *Translingual Practice*: *Literature*, *National Culture*, *and Translated Modernity – China*, **1900—1937**, Stanford, California: Stanford University Press, 1995, p. 195.

们可从周蕾随后的话语中更加清晰地理解她的"阅读—干涉方法"到底指涉何物:"我们所需要关切不仅仅局限于指出女性的议题往往在诸如革新与革命之类'更大的'关怀之下受到忽略或'常理化'(normalized),即使是在中国知识分子与学者之间,这般忽略及常理化仍然是普遍的情况。关键之处在于'女性'必须用来作为形式上分析的工具,而能撼动'传统'本身这般观念。在鸳蝶派文学的例子中,'女性'让普遍认知下'文学'与历史事实间的关系形成了根本上的差异。鸳蝶派文学创造出阅读领域本身的社会斗争,无论情愿与否,这场斗争让此类型文学与其作者(皆为男性)归类于'女性'位置之下,与大中国传统相对立。"① 为实现这一切,周蕾特别推崇琼·史考特的性别研究思路:"女性主义历史学家琼·史考特(Joan W. Scott)认为性别(gender)除了'建立在两性可见差异上而形成之社会关系的构成元素',性别也是'显示出权力关系的主要方式'。虽然性别能够作为结构分析的工具,而此分析中所谓的差异是就性别来定义,但是重点如同史考特的定义中所指出,对性别的关注让我们觉察出纯然结构是如何利用'权力关系'的意义。因此,聚焦于'女性'成为突显出所谓结构的、系统的差异中的政治权力意涵⋯⋯其方式是借突显出位于男性/女性二元对立中地位较低的一方所处的被压迫存在。'女性'作为形式分析的方式,不只是处理性别,也处理涉及文化解读的富含权力意味的阶层化(hierarchization)与边缘化(marginalization)过程。"② 实际上,对权力的关注,对边缘的关注,不应该是史考特的"发明",而是福柯的"专利",

---

① [美]周蕾:《妇女与中国现代性 西方与东方之间的阅读政治》,蒋青松译,上海三联书店2008年版,第80—81页。

② 同上书,第81页。

史考特的观点应该由福柯演变而来。

刘禾还说:"性别与性特征的喻说既主宰着鸳鸯蝴蝶派小说,又主宰着'五四'一代文人对鸳鸯蝴蝶派小说的批评。"① 据记载,1921年,鸳鸯蝴蝶派小说或"'礼拜六'派"出版人在上海一家报纸刊登广告:"宁可不娶小老婆,不可不看《礼拜六》。"② 它将阅读与性特征"不知羞耻地"等同起来(unabashed equation)。③ 一向反对文学低级趣味的文学研究会重要成员叶圣陶公开反对这一淫秽之语:"这实在是一种侮辱,普遍的侮辱,他们侮辱自己,侮辱文学,更侮辱他人。"④ 因此,存在不同政治取向及办刊取向的"鸳蝴派"《礼拜六》与文学研究会《小说月报》之间在读者群、性别政治、意识形态、国族建构四方面展开了激烈争论,阵势极大,"狼烟四起","吓到蓬间雀"。仅举鲁迅一例。他就对属于此范畴的"才子佳人"小说有过"过分的"挖苦:"他们发现了佳人并非因为'爱才若渴'而做婊子的,佳人只为的是钱。然而佳人要才子的钱,是不应该的,才子于是想了种种制伏婊子的妙法,不但不上当,还占了她们的便宜,叙述这各种手段的小说就出现了,社会上也很风行,因为可以做嫖学教科书去读。"⑤ 无疑,鲁迅将"才子佳人小说"等同于存在购销关系的卖淫"业务"。而朱自清则对"鸳蝴派"评价甚高:"鸳鸯蝴蝶派的小说意在供人们茶余酒后的消遣,倒是中国小

---

① Lydia H. Liu, *Translingual Practice: Literature, National Culture, and Translated Modernity – China, 1900—1937*, Stanford, California: Stanford University Press, 1995, p. 196.
② 转引自[美]刘禾《跨语际实践——文学,民族文化与被译介的现代性(中国,1900—1937)》,宋伟杰等译,生活·读书·新知三联书店2008年版,第272页。
③ Lydia H. Liu, *Translingual Practice: Literature, National Culture, and Translated Modernity – China, 1900—1937*, Stanford, California: Stanford University Press, 1995, p. 196.
④ 转引自[美]刘禾《跨语际实践——文学,民族文化与被译介的现代性(中国,1900—1937)》,宋伟杰等译,生活·读书·新知三联书店2008年版,第272页。
⑤ 同上书,第273页。

说的正宗。"① 陈平原也认为,"最能说明其小说倾向的一个字是:'俗'。其俗在骨,倒不在乎'言情'还是'黑幕','骈文'还是'白话'"②。它们"无关风化",更多地体现了当时广大读者的阅读要求。③ 吴福辉同样认为,"普遍说来,'鸳派'言情小说理所当然被认为具有浪漫缠绵哀感玩艳的倾向。但《礼拜六》言情小说却十分严肃而写实,不但不缠绵浪漫,也不风花雪月,反而充分反映了当时社会普遍关切的婚恋问题。其问题意识之醒觉清晰,令人吃惊;与新文学阵营'问题小说'的前卫与关怀相较,差异不大"④。所以,刘禾的以下观点就建立在以上这些"持不同政见"者的"政见"之上:"将'鸳蝴派'小说看作'文学卖淫'(literary prostitution),是一种性别化建构,并非如众所周知的那样,肇始于其对手(opponents)手中,而是肇始于其自己的性别政治(sexual politics)逻辑。将'小老婆/妓女'(concubine)等同于'鸳蝴派'小说的'娱乐消费逻辑'(the logic of entertainment consumption),显示了一种充满'女性特质'(femininity)的意识形态建构(a kind of ideological construction),它迥异于文学研究会的意识形态建构,但绝非没有一点问题。"⑤

与此同时,在刘禾眼里,性别/身体参与着国族主义话语(na-

---

① 陈平原:《中国现代小说的起点——清末民初小说研究》,北京大学出版社2005年版,第115页。
② 同上书,第114页。
③ 同上书,第113页。
④ 转引自赵孝萱《"鸳鸯蝴蝶派"新论·自序》,兰州大学出版社2004年版,第6页。
⑤ Lydia H. Liu, *Translingual Practice*: *Literature*, *National Culture*, *and Translated Modernity - China*, **1900—1937**, Stanford, California: Stanford University Press, 1995, p. 196.

tionalist discourses)，① 如男作家萧军小说《八月的乡村》（1935）中，农村寡妇李七嫂，抗战中失去夫君、情人、孩子，而更为痛苦的是，身体遭受日军蹂躏，尔后加入了受辱群体的行列，很多中华民族儿女深受她们故事的感染，纷纷走上革命道路。因此，刘禾作了这样的解读："作为象征/符号交换之象征/符号（sign），她的女性身体（female body）被国族主义议程所取代，并被剥夺了其具体的女性经验之意义（the meaning of its specifically female experience），因为中华民族决定着女性身体的意义：作为女性（woman）的中国正在遭受日本强暴者的侮辱。"② 不过，与此同时，"国族革命/民族革命的性别政治在一些女性作家作品那里遭致强烈抵抗"③，如丁玲在小说《我在霞村的时候》中塑造的人物贞贞：她被日军蹂躏，后被抗日组织挽救，并为其刺探日军情报。于是，贞贞的身体成为敌我双方争斗的象征性/符号性战场，充塞着浓郁的性别政治。敌我双方对其褒贬不一。但无论褒贬，"对贞贞本人来说都无所谓，因为她拒绝被解读为'遭致强暴的受害者'（a rape victim），最终决定离开生她养她的故土，去追求接受教育、接受知识的权力，去追求个人存在价值得以认同的权力"④。显然，作品指涉丁玲内心深处的一个意图："拒绝应允'强暴'这一隐喻，象征（signify）中国正在'受害'之现状（the victimization of China）的现状。"⑤ 萧红的小说《生死场》也如此。

---

① Lydia H. Liu, *Translingual Practice*: *Literature, National Culture, and Translated Modernity - China, 1900—1937*, Stanford, California: Stanford University Press, 1995, p. 198.
② Ibid..
③ Ibid..
④ Ibid., p. 199.
⑤ Ibid..

(三）女性身体与民族主义话语：走进《生死场》

对于萧红的著名作品《生死场》（1934），刘禾说，"围绕它的接受与评价，一直遭遇民族主义阅读策略（a nationalist reading）的主宰——这种'主宰'企图消解萧红对民族主义的矛盾心理和对男性挪用女性身体（female body）这一事件的颠覆行为（subversion）。大多数批评家都将之作为民族主义寓言（a national allegory），作为一部充满爱国主义精神（patriotic spirit）的反帝作品，予以'祝福'，'喝彩'"[1]。这一切滥觞于鲁迅和胡风，造成了学界对该作品的片面理解，对作品艺术性的片面认识。刘禾质疑道："对于《生死场》这部小说，除去鲁迅和胡风奠定的固定的民族主义的解读外，是否可能有不同的阅读？"[2] 所以，她的阅读，"聚焦作为意义抗争（contestatory meanings）之重要场所的'农妇身体'（the body of peasant woman）"[3]。

刘禾说："小说中女性身体的界限主要通过农村妇女生育、疾病、性经验（sexuality）、衰老（aging）、死亡等方面来界定。"[4]

刘禾说："过度的生育加剧了村子的贫困化，同时也使女性身体受到严重伤害。"[5] 如此段叙述："赤身的女人，她一点不能爬动，她不能为生死再挣扎最后的一刻。"[6] 这是分娩的场景，叙事者的同情之心跃然纸上。它使我们自然想起海明威于 1924 年发表的短篇小说《印第安营地》的相关段落："她现在正在忍受的叫阵痛。婴孩

---

[1] Lydia H. Liu, *Translingual Practice*: *Literature*, *National Culture*, *and Translated Modernity‐China*, ***1900—1937***, Stanford, California: Stanford University Press, 1995, p. 200.

[2] ［美］刘禾：《跨语际实践——文学，民族文化与被译介的现代性（中国，1900—1937）》，宋伟杰等译，生活·读书·新知三联书店 2008 年版，第 279 页。

[3] Lydia H. Liu, *Translingual Practice*: *Literature*, *National Culture*, *and Translated Modernity‐China*, ***1900—1937***, Stanford, California: Stanford University Press, 1995, p. 201.

[4] Ibid., p. 203.

[5] Ibid..

[6] 萧红：《生死场》，黑龙江人民出版社 1980 年版，第 53 页。

要生下来,她要把婴孩生下来。她全身肌肉都在用劲要把婴孩生下来。方才她大声直叫就是这么回事。"[1] 真是惊人地相似,很难说二者之间没有继承与被继承的关系。《生死场》中,生孩子的场景随处可见:金枝的分娩因丈夫在分娩前一晚还要求房事而变得更为艰难,后在王婆帮助下,生下一个女婴,但被丈夫摔倒在地,一命呜呼。即是说,当她在极度痛苦与屈辱中生下女婴时,她的丈夫剥夺了这小生命的生存权。[2] 二里半的傻媳妇,也在分娩的世界里挣扎。不难看出,女性身体在这里被使用,被咒骂,被毁坏,以及被扼杀。[3] 原本属于人与人之间最欢愉的关系——男女关系——因这女性身体的变化及诅咒被罩上巨大阴影,而这一切的最直接承受者,则是身体的主人——金枝或其他女性。[4] 此外,特别具有讽刺意味的是,"叙事者频繁地将人的性和生育与动物的交配连在一起"[5],如"房后草堆上,狗也在生产。大狗四肢在颤动,全身抖擞着。经过一个长时间,小狗生出来"[6],"有的母猪肚子那样大,走路时快要接触着地面,它多数的乳房有什么在充实起来"[7],"窗外墙根下,不知谁家的猪也正在生小猪"[8],"牛或是马在不知觉中忙着栽培自己的痛苦。夜间乘凉的时候,可以听见马或是牛棚做出异样的声音来"[9],"在乡村,人和动物一起忙着生,忙着死……"[10] 等。

---

[1] 海明威《印第安营地》(https://www.douban.com/grouphopic/10453788/)。
[2] 参见萧红《生死场》(http://www.baike.com/wiki/生死场)。
[3] 同上。
[4] 同上。
[5] Lydia H. Liu, *Translingual Practice*: *Literature*, *National Culture*, *and Translated Modernity–China*, *1900—1937*, Stanford, California: Stanford University Press, 1995, p. 204.
[6] 萧红《生死场》,黑龙江人民出版社1980年版,第52页。
[7] 同上。
[8] 同上书,第57页。
[9] 萧红《生死场》,黑龙江人民出版社1980年版,第56页。
[10] 同上。

刘禾说："如果生存与生育相对妇女而言是恐怖现实，那么死亡几乎不可能是令人期望的他者（a desirable alternative）。"① 无数的"死亡"充斥于小说中，如杀婴（infanticide）、绝症（fatal diseases）、战争（war）、瘟疫（epidemics）等。女性时常屈从于死神的威胁。这些"遇难者"中，有王婆早逝的三岁女儿小钟、长大成人的女儿冯丫头、金枝被摔死的小女儿、与孙女一同上吊的北村老婆婆、死于瘫痪而无人照看的美女月英，以及死于战火的二里半妻子、孩子。在对她们的描写中，作者特别突出身体受挫之后的变形，如月英，这个曾经村里最美丽的女人，瘫痪后，丈夫嫌弃，无人照顾，身体下半部分浸泡在粪便里②——"她的眼睛，白眼珠完全变绿，整齐的一排前齿也完全变绿，她的头发烧焦了似的，紧贴住头皮。她像一头患病的猫儿，孤独而无望。……她的腿像两双白色的竹竿平行着伸在前面。她的骨架在炕上正确的做成一个直角，这完全是用线条组成的人形，只有头宽大些，头在身子上仿佛是一个灯笼挂在杆头"③。从前的美人被折磨成如此"怪物"，令人咋舌！这隐含着对男权制的无情控诉与批判。但这种状态或许是身体的真理状态，一种"令人期望的他者"，因为"我已被疼痛折磨得几乎可以说人事不知，脑子里除了对于疼痛的恐惧外什么都没有，像一片收割过的庄稼地，过去的一切统统不留痕迹"④。换言之，"是疼痛，让我们回到了身体，尽管此时它正被疾病左右"⑤。

刘禾说："小说中女性身体的'不安全'（precariousness）还体

---

① Lydia H. Liu, *Translingual Practice: Literature, National Culture, and Translated Modernity - China, 1900—1937*, Stanford, California: Stanford University Press, 1995, p. 204.
② Ibid..
③ 萧红：《生死场》，黑龙江人民出版社1980年版，第39页。
④ 葛红兵等：《身体政治》，上海三联书店2005年版，第151页。
⑤ 同上。

现在农村妇女的性经验（the experience of sexuality）中，与'怀孕'经验密切相关。"① 这表明，她们的一切身体体验不能为自己做主，"男权决定着欲望和贞洁的意义"。如金枝"未婚先孕"的一个段落："金枝过于痛苦了，觉得肚子变成个可怕的怪物，觉得里面有一块硬的地方，手按得紧些，硬的地方更明显。等她确信肚子有了孩子的时候，她的心立刻发呕一般颤嗦起来，她被恐怖把握着了。奇怪的，两个蝴蝶叠落着贴落在她的膝头。金枝看着这邪恶的一对虫子而不拂去它。金枝仿佛是玉米田上的稻草人。"② 笔者十分赞赏刘禾对此的精彩分析："怀孕的意义……必须根据一套通过干涉女性身体对女性行为进行控制的社会符码（the socialcodes）来决定。金枝将'婚前孕'看作'身体畸变'（或称'怪异'）（a bodily deformation）（monstrosity），将'非法胎儿'（illegal fetus）看作'外来入侵者'（an alien intruder）。一对蝴蝶的自由交配（the free copulation），借助相互映衬手段，展现出妇女在人类社会里时常面临的走投无路绝境（the impasse）：男权渴望她的身体，要求她的贞洁，惩罚她的越轨行为（transgressive acts）。她的身体如同稻草人（a scarecrow），被抽空实际内容，被化约至一个充满诸多预定性功能的能指符号（a signifier of predetermined functions）。"③ 九九归一。法国当代批评家皮埃尔·布尔迪厄（Pierre Bourdieu）也说过："男性统治将女人的存在（esse）视作一种被感知的存在（percipi）的象征客体，它的作用是将女人置于一种永久的身体不安全状态，或更确切地说，一种永

---

① Lydia H. Liu, *Translingual Practice: Literature, National Culture, and Translated Modernity – China, 1900—1937*, Stanford, California: Stanford University Press, 1995, p. 205.
② 萧红：《生死场》，黑龙江人民出版社1980年版，第23页。
③ Lydia H. Liu, *Translingual Practice: Literature, National Culture, and Translated Modernity – China, 1900—1937*, Stanford, California: Stanford University Press, 1995, p. 206.

久的象征性依赖状态……父亲的话有一种任命和创造性指定的神奇作用，因为这些话直接指向身体。"① 布尔迪厄的话更加简洁、畅快，特别是"身体不安全状态"一语将"性别政治"问题"烘托"得"酣畅淋漓"。

刘禾说："在小说塑造的众多乡村妇女形象中，王婆值得特别关注，因为她命令村里妇女尊重她，命令丈夫尊重她的不可小觑的智慧、能说会道的权力（verbal power）、一往无前的勇气、我行我素的心智。"② 特别是她"能说会道的权力"，确实令读者为之一振，如她讲述的有关她三岁女儿被摔死的故事："'……啊呀！……我把她丢到草堆上，血尽是向草堆上流呀！她的小手颤颤着，血在冒着汽从鼻子流出，从嘴也流出，好像喉管被切断了。我听一听她的肚子还有响；那和一条小狗给车轮轧死一样。我也亲眼看过小狗被车轮轧死，我什么都看过。'……'我的孩子小名叫小钟呀！……我接连着熬苦了几夜没能睡，什么麦粒？从那时起，我连麦粒也不怎样看重了！就是如今，我也不把什么看重。那时我才二十几岁'。"③ 绘声绘色。刘禾认为，"这是充塞着流血的鼻子、嘴、喉咙、小手、肚子的女性死亡的描写，王婆有'切肤之痛'般的深切体验，由此真正'领教'了'人类身体不安全'，正是这一点赋予了她一种强悍

---

① [法]皮埃尔·布尔迪厄：《男性统治》，刘晖译，海天出版社2002年版，第90—98页。但需要说明的是：引文中的"男性统治将女人的存在（esse）视作一种被感知的存在（percipi）的象征客体"（第90页）一句系引者修改过的译文，因为原译"男性统治将女人视为其存在（esse）是一种被感知的存在（percipi）的象征客体"，有语病，不通顺。改译译文如有不当，引者承担责任。

② Lydia H. Liu, *Translingual Practice: Literature, National Culture, and Translated Modernity – China, 1900—1937*, Stanford, California: Stanford University Press, 1995, p. 206.

③ 萧红：《生死场》，黑龙江人民出版社1980年版，第8—9页。

(*a strong character*)，一种恻隐之心（*a compassionate heart*)"①。但是，刘禾还认为，她最后被男权"收编"，因为"在日本人侵入满洲时，王婆投身男人的行列，为民族危亡厮杀、流血"②。

不过，令人诧异的是，刘禾"别开生面"的解读也难逃"民族主义"之咎，她的一番"不打自招"——"我打算证明，女性身体给批评界提供了一种有效观察民族/国家兴亡的视角，以此将作品的解读向前推进一步"③——使其陷入矛盾之境。她的一番为萧红"慷慨激昂"的辩解——"的确，萧红没有表现出胡风'赐予'她的那种民族主义狂热；事实上，抗战后期，她几乎没有介入过全国作家抗战协会所组织的任何反战宣传活动"④——更显苍白无力。

---

① Lydia H. Liu, *Translingual Practice: Literature, National Culture, and Translated Modernity – China, **1900—1937***, Stanford, California: Stanford University Press, 1995, p. 207.
② Ibid..
③ Ibid..
④ Ibid., p. 211.

第二章　第二阶段:"语际书写"

第一节　"语际书写"概念:基本指涉与创新价值

刘禾于 1999 年通过在祖国大陆出版的中文著作《语际书写——现代思想史写作批判纲要》,首次将"语际书写"(Cross – Writing)概念引入中国。她这样阐述该概念的基本指涉:它指的"不是技术意义上的翻译,而是翻译的历史条件,以及由不同语言间最初的接触而引发的话语实践。……考察……新词语、新意思和新话语兴起、代谢,并在本国语言中获得合法性的过程,不论这过程是否与本国语言和外国语言的接触与撞击有因果关系。也就是说,当概念从一种语言进入另一种语言时,意义与其说发生了'转型',不如说在后者的地域性环境中得到了(再)创造。在这个意义上,翻译已不是一种中性的、远离政治及意识形态斗争和利益冲突的行为。相反,它成了这类冲突的场所,在这里被译语言不得不与译体语言面对面遭逢,为它们之间不可简约之差别决一雌雄,这里有对权威的引用和对权威的挑战,对暧昧性的消解或对暧昧的创造,直到新词或新意义在译体语言中出现。"① 字面看来,"语际书写"(Cross-Writing)似乎与俄裔美国语言学家罗曼·雅各布逊的"'语际'翻译"("interlingual" translation)相类似。其实不然,"'语际'翻译"作为所谓"翻译正宗"("translation proper")②,意指"通过其他一些语言对言词符号(verbal signs)进行的阐释"③,仅局限于传统意义上语言之间的简单转换层面;"语际书写"则在语言之间的简单转换层面之外,在比较文学学科大背景下,挖掘语言背后应该呈现的历史文化因子,更多地强调外来文化在本土文化中的历史性重塑、抗争,并通过某种"合法性"策略,创生新的本土文化,隐含着话语的生产、流通、交换等问题。方法上更多地汲取了马克思主义政治经济学、福柯"知识考古学"等,兼涉利奥塔"后现代"话语等。

"语际书写"标志着刘禾"新翻译理论"首次进入中国,她本人也因"在思维能力、热情和性格方面,在多才多艺和学识渊博方面"④(恩格斯语),为许多比较文学研究者和翻译研究者开辟一片豁然开朗的新世界,从此传播开来,以致于在21世纪初的我国人文社会科学界形成"蔚然大观",出现诸多刘禾"粉丝"。

与此同时,我们应该看到,"语际书写"的基本指涉与1995年提出的"跨语际实践"几乎可以说是"异曲同工",因为后者的基本指涉——"探讨汉语同欧洲语言、文学(通常以日语为中介)之间的深度接触/冲撞(the wide-ranging Chinese contact/collision with

---

① [美]刘禾:《语际书写——现代思想史写作批判纲要》,上海三联书店1999年版,第36页。

② R. Jacobson. "On linguistic aspects of translation"(1959), in L. Venuti ed. *The Translation Studies Reader*. London and New York: Routledge, 2000, p. 114.

③ Ibid..

④ "文艺复兴",互动百科,(http://www.baike.com/wiki/文艺复兴)。

European languages and literatures），特别关注19世纪和20世纪之交直到抗日战争（1937年）初期这一阶段"①——同样是探讨"本国语言和外国语言的接触与撞击"，都是聚焦中国的现代性生成，早就预设了"语际书写"的一切，刘禾甚至有时二者不分，将"语际书写"分别称作"跨语际实践"或"跨语言实践"②。所以说，"语际书写"是"跨语际实践"的"缩写版""精华版"或"改写版"，一点不为过，只是略有差异而已："语际书写"更多地聚焦"新词语、新意思和新话语兴起、代谢，并在本国语言中获得合法性的过程"。正是因为如此，另一著名美籍华裔学者李陀认为，"语际书写"与"跨语际实践"，"相互发明，相互补充"，③二者均一致"分析、研究中西方文化之间'相互认识'的理论前提和历史内容，对当代语言哲学理论、文化批评及后殖民理论提出一些批评和质疑"④。同时，他还补充道，"语际书写"建构在"互译性"（mutual translatability）命题之上："语言之间透明地互译是不可能的，文化以语言为媒介来进行透明地交流也是不可能的。不仅如此，词语的对应是历史地、人为地建构起来的，因此语言之间的'互译性'必须作为一种历史的现象去理解和研究。任何互译都是有具体的历史环境的，怎样译？如何译？都必然被一定的具体的条件和话语实践

---

① Lydia H. Liu, *Translingual Practice*: *Literature*, *National Culture*, *and Translated Modernity‐China*, ***1900—1937***, Stanford, California: Stanford University Press, 1995, preface (p. XVI).
② ［美］刘禾：《语际书写——现代思想史写作批判纲要》，上海三联书店1999年版，第35—36页。
③ ［美］刘禾：《语际书写——现代思想史写作批判纲要·序》，上海三联书店1999年版，第8页。
④ 同上。

所规定。"① 所以，我们可以毫不夸张地说，"跨语际实践"与"语际书写"犹如一对"恋人"，如胶似漆，不可分离。

刘禾认为，"语际书写"具有以下创新价值：

（一）对翻译透明观的批判

在传统意义上，"翻译是建立在西方哲学有关实在、再现以及知识的观念之上的。实在被视为是毫无疑问'存在那里'的东西，知识是关于这实在的再现，而再现则可不经中介，直达透明的实在"②。这里隐含的一个前提就是：语言透明，翻译透明，二者的转换，易如反掌，"不费吹灰之力"。而刘禾则通过"语际书写"，挥动板斧，左右开弓，解构传统的翻译透明观及语言透明观，不遗余力地进行批判。她认为，一种语言的概念、范畴、理论等不可能原封不动地以本来面目越界进入另一种语言和文化之中，很多语词的意义难以寻觅"配偶"。所以，"语词间的对应是历史地、人为地建构的"③。任何互译都有具体历史环境，怎样译？如何译？都必然被一定的具体条件和话语实践所规定。④ 如英语"culture"与汉语"文化"之间、英语"individualism"与"个人主义"之间、英语"democracy"与汉语"民主"之间，并无先天的本质的规定。因此，语言互译中词语间的"对等"，是一种人为的设定，或适应某种"合法性"的设定，隐含的很多"边界""灰色地带"值得考察。因此，"语际书写"这种跨语言、跨文化的思想史研究，旨在考察词与词之

---

① [美]刘禾：《语际书写——现代思想史写作批判纲要·序》，上海三联书店1999年版，第6页。
② [印]特贾斯维莉·尼南贾纳：《为翻译定位》，袁伟译，许宝强、袁伟选编《语言与翻译的政治》，中央编译出版社2001年版，第117页。
③ [美]刘禾：《语际书写——现代思想史写作批判纲要·序》，上海三联书店1999年版，第6页。
④ 参见同上书，第5—6页。

间、概念与概念之间的虚拟对等如何设定？在什么样的语境下？出于何种话语实践目的？此话语实践又与当时、当地的社会实践和历史运动有何联系？[1]刘禾的"语际书写"在北美批评界收获着阵阵掌声。刘再复"给予了很多的关注"[2]，李欧梵"时时激励"[3]，陈建华认为"标示出一个学术领域的发展空间，其研究对象……是翻译的历史条件及其语言行为，由此考察理论话语在不同文化之间翻译的种种关系和形态"[4]。

当然，也有学者不以为然，批评"刘禾的问题意识则实在过于陈旧和低级"[5]，因为"从根本上怀疑翻译的合理性和可能性，在人类的翻译理论史上，也并非新鲜……钱钟书的《林纾的翻译》……一开头，就介绍了汉代文字学者许慎在《说文解字》中关于翻译的训诂：'囮，译也……率鸟者系生鸟以来之，名曰"囮"，读若"讹"'，并称"'译'、'诱'、'媒'、'讹'、'化'，这些一脉通连、彼此呼应的意义……把翻译所能起的作用（'诱'）、难于避免的毛病（'讹'）、所向往的最高境界（'化'），仿佛一一透示出来了"[6]。即是说，在这位学者看来，这一切早已隐含着翻译"不透明"的表述，"语际书写"纯属"多此一举"。他还补充说："至于'翻译'的'翻'，钱钟书则引了释赞宁《高僧传三集》卷三《译经篇·论》

---

[1] 参见［美］刘禾《语际书写——现代思想史写作批判纲要·序》，上海三联书店1999年版，第7页。

[2] ［美］刘禾：《语际书写——现代思想史写作批判纲要·后记》，上海三联书店1999年版，第252页。

[3] 同上。

[4] ［美］陈建华：《"革命"的现代性——中国革命话语考论》，上海古籍出版社2000年版，第27页。

[5] 王彬彬：《以伪乱真和化真为伪——刘禾〈语际书写〉、〈跨语际实践〉中的问题意识》，《文艺研究》2007年第4期。

[6] 同上。

中的几句话:'翻也者,如翻锦绮,背面皆花,但其花有左右不同耳。'意思是说,翻译的'翻'等于把绣花纺织品的正面翻过去的'翻',让人看见的是它的反面。'这些都把翻译的'不透明性'说得很'透明'。"① 所以,他最终宣布:"被刘禾当作绝大问题的'问题',很大程度上是一个假问题。"② 此说有"矫枉过正"之处。实际上,钱锺书只是"说"了,并没有提供理性的认识方法和解决方案,而刘禾"语际书写"则可弥补理性的缺失。

(二) 对"以西释中"的质疑

改革开放初期,我国大量借鉴西方理论资源来言说和解决本土问题,但重蹈了20世纪20年代后期至40年代初期党内留苏的"二十八个半布尔什维克"式的历史覆辙,出现了生搬硬套的"教条主义",本土文化的发展及中西文化的正常交流、融合,深受其害。这就使得我们不得不思考一个问题:完全以西方知识传统来讨论中国甚至全球问题,是否可行?③ "全球化"压迫是否应该促使人们寻找新的立场和方法讨论文化交往和知识建构问题?④ 理论如何走出"象牙塔"来面对新的实践,解决新的问题?⑤ 是否应该考虑建立新的认识论的可能?⑥ 特别是在后殖民语境及后冷战语境里,理论的发展能否超越西方话语,提出问题?⑦ 能否在诸种文化、语言之间考虑

---

① 王彬彬:《以伪乱真和化真为伪——刘禾〈语际书写〉、〈跨语际实践〉中的问题意识》,《文艺研究》2007年第4期。
② 同上。
③ 参见 [美] 刘禾《语际书写——现代思想史写作批判纲要·序》,上海三联书店1999年版,第4页。
④ 同上。
⑤ 同上。
⑥ 同上。
⑦ 同上。

知识问题?① 能否在诸种文化交往、信息交换之间发现新的理论课题?② 所以，刘禾的"语际书写"给学界提供了解决以上思想史问题的千载难逢的契机。但这一视角与一般的思想史写作不一样，不是采用编年史方法对思想家们进行"列队评功"，如侯外庐的《中国思想史》、范文澜的《中国通史简编》（后扩展为《中国通史》10卷本）、周谷城的《中国通史》2卷本，而是"立足于语言和语言之间，特别是西方语言与汉语之间的相互碰撞、交融、冲突和翻译的历史过程中，试图以语言的'互译性'为基点，去为思想史写作寻找新的理论框架"③。这为当时站在21世纪门槛上的中国文化的现代化之路拉起了"警示牌"。所以，有学者曾针对"建设面向21世纪的中国文化"开出以下良方：

首先必须调整观念，抛弃非此即彼的中西文化对峙观。那种机械的东西文化乃至东西文化轮流"坐庄"的思维定式，都是站在文化本位主义的立场上的虚构。如果以此来设定一个国家或社会发展的目标，或从这个角度来理解"中国特色"，都将对21世纪中国社会的持续发展造成不利的影响④。

"其次要对中西文化进行具体的、真实的了解。"⑤ 因为"作为世界上伟大的文化传统，中西文化都包含着非常复杂的历史内涵，无论是价值目标和对于思维方式都有着明显的差异，也有着许多共同之处……都有着各自的优势和短处，这正是不同文化之间既冲突

---

① 参见［美］刘禾《语际书写——现代思想史写作批判纲要·序》，上海三联书店1999年版，第4页。

② 同上。

③ 同上。

④ 干春松：《现代化与文化选择——国门开放后的文化冲突》，江西人民出版社1998年版，第231—232页。

⑤ 同上书，第232页。

又融合的前提"①。

在这样的前提下，该学者建议两种基本的文化立场：（1）"文化的时代性和超时代性相结合"②，（2）"文化的民族性和世界性的结合"③。

这似乎回到了毛泽东同志的一个著名论断：把马克思主义的普遍真理同中国革命的具体实践相结合。我们因此深深地敬佩领袖身上所具有的高瞻远瞩的伟大政治家风范。

（三）对西方认识论的贡献

刘禾"语际书写"的价值远远超出了中国思想史范围，关乎认识论问题。众所周知，认识论又称知识论，专门探讨人类认识的本质、结构，认识与客观实在的关系，认识的前提和基础，认识发生、发展的过程及其规律，认识的真理标准等问题的哲学学说。④ 自古希腊罗马时期开始，哲学家们就开始研究认识论问题，以主、客二分为基础，聚焦认识与实践的关系问题。⑤ 但现当代思想家们却向这一"堡垒"展开猛烈炮击，福柯为其急先锋。他置主客二分之基础而不顾，重新提出康德当年提出的问题：认识如何可能？知识如何可能？他另辟蹊径，将两大问题归结于权力—知识关系。⑥ 此后，抽象谈论人的认识及人的认识能力，已显得极为不当。刘禾"语际书写"继承了当代思想家福柯的"衣钵"，力主语言先于主体，认识过程与权

---

① 干春松：《现代化与文化选择——国门开放后的文化冲突》，江西人民出版社1998年版，第232页。
② 同上。
③ 同上。
④ 参见《认识论——互动百科》，（http：//www.baike.com/wiki/认识论）。
⑤ 同上。
⑥ 参见［美］刘禾《语际书写——现代思想史写作批判纲要·序》，上海三联书店1999年版，第9页。

力机制密不可分，聚焦以下问题：人的认识与语言是何关系？① 人的认识在一种语言同另一种语言碰撞并进行意义交换时，会发生什么？② 甲文化"认识"乙文化时的内在机制如何？③ 语言互译在其中起何作用？④ 这些问题的认识是平等进行吗？⑤ 它们与资本主义、殖民主义、后冷战与后殖民时代有何关系？⑥ 之前的"跨语际实践"作了有效的回答。所以，作为其"缩写版"的"语际书写"对西方认识论问题作出了重要贡献，"或许为在当代语境中如何发展认识论开辟了一条新的思路"⑦。

（四）中西杂糅理念

"语际书写"的核心理念是：一个话语或译本的构建，既不单纯属于西方，也不单纯属于中国，而是"跨语际"的，是在二者之间的接触、碰撞之间展开的，是杂糅的（hybrid）。这一点，恰如某批评家所言，"文化不能仅仅从强势文化毁灭弱势文化角度去发挥功用……它是一个在社会层面上建构意义的永不停息的过程，文化总会适应、变形、演进为新的形式"⑧，"旨在通过消除自我与他者之间的对立，使后殖民的研究趋向摆脱僵化的模式，从而能够把握各种复杂细微的差别"⑨。这就意味着，文化之间的关系不是简单地将

---

① 参见［美］刘禾《语际书写——现代思想史写作批判纲要·序》，上海三联书店1999年版，第9页。
② 同上。
③ 同上。
④ 同上。
⑤ 同上。
⑥ 同上。
⑦ 同上书，第8页。
⑧ Elaine Baldwie, et al. *Introducing Cultural Studies*. Beijing: Peking University Press. 2005，p. 15.
⑨ ［美］刘禾：《跨语际实践——文学，民族文化与被译介的现代性（中国，1900—1937）》，宋伟杰等译，生活·读书·新知三联书店2008年版，第2页。

之固定在一个单一的文化内,而应该按照它如何适应栖身于不同文化网络之间的交叉点(the intersection between different cultural cultural networks)来看待。① 但这种"杂糅"实际上等于霍米·巴芭的"第三空间"(third space),它"使得其他立场的出现成为可能……替代了构建着它的诸多历史,建立了不可能通过现有智慧(received wisdom)得以理解的崭新权威结构(new structures of authority)、崭新政治动力(new political initiatives)"②。历史不易进入视野,更不易捕捉。而这种"杂糅"空间迸发出勃勃生机,铸造着历史,铸造着新的权威,新的动力,是一种所谓"灰色地带"。在这种多重背景和充分比较的过程中,问题研究就会走向深入。"杂糅"理念,能极大地推进比较文学的跨学科研究,如今已经带来了令人瞩目的学术成果,并且成为跨学科研究中最活跃、最具有开拓性的丰满一翼。

第二节 "互译性":"语际书写"的前提

刘禾提出"互译性",建基于语言和语言之间,特别是西方语言与汉语之间的相互碰撞、交融、冲突和翻译的历史过程中,为思想史写作寻找新的理论框架。③ 她进而宣称:"过去二三百年中的任何语词、思潮、理论的发生、发展和游走的过程,都必须放在一个更大的全球格局下,在彼此文化的互动关系之中(而不是以西方或者

---

① Elaine Baldwie, et al. *Introducing Cultural Studies*. Beijing: Peking University Press. 2005, p. 15.
② H. Bhabha. 'The Third Space', interview with Jonathan Rutherford ed. *identity: community, cuiture, oifference*. London: Lawrence & Wishart, 1990, p. 211.
③ 参见[美]刘禾《语际书写——现代思想史写作批判纲要·序》,上海三联书店1999年版,第4页。

东方作为唯一的参照系)才能呈现其复杂的历史面貌。"① 掷地有声。它是现代思想史写作的盲区,必须靠"语际书写"来补偿。"互译性"因此成为"语际书写"的前提,作为一个"光源",可以辐射至与非西方国家休戚相关的英语发展、后殖民批评、"西方中心主义"批判、西学学科批判等方面。现分别予以讨论:

(一)"皇家英语"遭遇践踏

自 20 世纪 70 年代后期以来,西方文化在非西方国家受到巨大冲击,使得西方已变得不那么纯粹和"正宗"。这点深深影响着西方学术资源的传播。英语本身的问题显而易见。互联网上五花八门的英语、遍布世界各地的英文广告、大作家拉什迪的作品等,无不时刻糟践着所谓"皇家英语",特别是拉什迪的小说《撒旦诗篇》里那位英语不好的印度人的话,给人印象极深:"The trouble with the Engenglish is that their hiss hiss history happened overseas, so they dodo don't know what itmeans."(英国……国人的麻烦是,他的隶……隶……历史发生在别处,所以他们不……不……不明白这历史的含义)② 这一事实表明,"皇家英语"遭到非正宗英语的"虐待"。"中国式英语"就是如此。有人认为,"从现有的人口分布和语言使用范围看,将汉语和英语这两种语言结合起来也许是真正的'世界语'的最佳组合。外国人学汉语存在的最大障碍就是辨识理解汉字……'Chinglish'恰恰解决了这个问题"③。它可看作是英语进化的一个新

---

① 参见 [美] 刘禾《语际书写——现代思想史写作批判纲要·序》,上海三联书店 1999 年版,第 5 页。
② [美] 刘禾《语际书写——现代思想史写作批判纲要》,上海三联书店 1999 年版,第 3 页。
③ 《"Chinglish"中式英语有可能成为真正意义上的"世界语"》,语际翻译公司(http://www.scientrans.com)。

版本。甚至有学者断言："Chinglish……把两种完全不同的语言融合在了一起形成了一种特殊语言。如果'Chinglish'能广泛使用……那么它就可以看作一种新的英语方言（English dialects）。"①

因此，研究"皇家英语"的历史必须是跨语际的，必须考虑非英语国家言说英语的历史。吊诡的是，虐待语言的历史与语言虐待的历史彼此难舍难分。

（二）后殖民理论及"东方主义"在国内的误读

刘禾认为，国内翻译的后殖民理论代表作之一，萨义德《东方主义》（Orientalism，1978），带来"令人不安的后果"②："无论是读过萨义德的书还是没有读过，国内参与评论萨义德的人近几年热情非凡。……有人……说萨氏对西方文化霸权的批评就是主张反西方……有些论者表现得尤其急躁武断……极力将萨义德和后殖民理论的立场庸俗化、漫画化。"③ 萨义德＝反西方主义＝民族主义，或后殖民理论＝西方理论④之类等式均为本质主义的，以偏概全，甚至是隔靴搔痒，无益于问题的最终解决。因此，刘禾的"语际书写"可以说是对此纠偏、"昭雪"的一剂良药。

1. 后殖民理论最为突出的贡献是学术史、学科史的写作

这种学术史、学科史的写作迥异于传统学术史的写作刘禾指出："由于不满足于就事论事地对学术史或学科史（年代、思潮、机构、人物、著作等）作'客观性'的描述，后殖民理论主张将'学科行

---

① 《"Chinglish"中式英语有可能成为真正意义上的"世界语"》，语际翻译公司（http：//www.scientrans.com）。
② [美]刘禾：《语际书写——现代思想史写作批判纲要》，上海三联书店1999年版，第4页。
③ 同上。
④ 同上书，第6页。

为'作为思想史的有机部分来研究,通过考查学术传统的来龙去脉,去检讨'学科行为'的历史作为和意识形态功能。毫无疑问,这里所说的功能也包括现代学科本身对知识'客观性'的诉求。"① 所以,萨义德的 *Orientalism* 被"误译"作《东方学》,有一定道理,因为 *Orientalism* 研究的学科对象是现代欧洲语文学(philology),涵盖汉学(Sinology)、伊斯兰学(Islamic Studies)等与东方相关的学科,它们的诞生与欧洲人在非欧洲的殖民历史之间的密切关系,是作者关注的重点,译名"东方学"正好突出了学科史背景,可谓"歪打正着"。②

此外,*Orientalism* 的研究对象还有历史学和人类学等,因为它们也生产着有关"东方"(the Oriental)的知识。③ 但两学科的历史内容在此语境下被抽空,显得"中立""公允",摆脱意识形态桎梏,因为它们对于所谓"客观性"的诉求,成为西方人假借"*Orientalism*"大旗,对东方国家实施文化侵略的"合法性"借口。④ 因此,我们说,萨义德钟情于"历史性"(historicity),不是旨在反西方,或倡导所谓民族主义,而是旨在沿着认识论思路,去追寻以下问题:人们何以取得他们所取得的知识?⑤ 这些知识背后的认识论前提是什么?⑥ 话语、知识怎样参与历史真实的创造?⑦ 但这些问题,不能仅在西方语境里提出,按萨义德思路,应该"把问题落实在东西方之

---

① [美]刘禾:《语际书写——现代思想史写作批判纲要》,上海三联书店1999年版,第6页。
② 同上。
③ 同上书,第7页。
④ 同上书,第7—8页。
⑤ 同上书,第8页。
⑥ 同上。
⑦ 同上。

间交往的历史之中,把这个现代史的症结充分地具体化,因此更有效地解答哲学家们关心的一个问题:怎样重新认识'学科行为'中的认识论机制"①?

2. 后殖民理论对西方文化霸权进行批判的主要方面是现代性反省

法兰克福学派曾对西方文化霸权进行了深刻的批判,特别是霍克海默和阿多诺,多次批判"文化工业"对人的异化问题。但刘禾认为,后殖民理论做到了该学派不能做到的一切,那就是"把现代性、民族国家、知识生产和欧美的文化霸权都同时纳入自己的批评视野,为我们提供一个不同于西方人的立场,不同于西方人的眼光,不同于西方人的历史角度"②。它的现代性批判是非本质主义的立场,并"不事先假定一个优于现代化的本位文化,而是着眼于有关的知识与权力生成的历史环境"③,如国粹、本位文化、现代化等概念,着眼的不是"是什么",而是"如何'是什么'",即"着眼于有关的知识与权力生成的历史环境"④。它们就不再是"需要个别地单独界说的客观事实,而是在知识与权力运作的过程中产生出来的一些相互关联并相互制约的历史概念"⑤。刘禾深切地感到,这一切的价值不在后殖民理论本身,而在一种全局性的"共同关怀":"有了它,不仅世界的文明发展史必然要重写,而且,人类向何处去?未来的文明又怎样构想?这类问题就不一定由现在的西方人说了算。东方、南方、北方都要有自己的声音。"⑥ "语际书写"式的思路,

---

① [美]刘禾:《语际书写——现代思想史写作批判纲要》,上海三联书店1999年版,第8页。
② 同上书,第16—17页。
③ 同上书,第17页。
④ 同上。
⑤ 同上。
⑥ 同上。

蕴含着何等远大胸怀！其结果，正如刘禾所说的那样，"在中国，这些概念由于实践的需要而共同进入现代性理论，并在不同的时期构成了不同的话语场，因此，围绕西学和国学的争论，实质上是不同派别为了各自的政治或其他目的所进行的争取话语权威的斗争"①。

以上两点对后殖民理论似有某种"以正视听"之用。有学者认为，之前后殖民理论被国人误读或忽视，"至少有一半原因要归之于詹姆逊"②，因为他一向认为，"第三世界的文本，甚至那些看起来好像是关于个人和利比多趋和的文本，总是以民族寓言的形式来投射一种政治"③。这是一种本质主义的观点，民族主义的观点，会"混淆视听"，所以，招致理论家艾贾兹·阿赫默德的批评："若把这术语从论战的语境中提升出来，将其阐明为产生理论知识的基础，假定其具有构造知识对象的某种严密性，那么这仅是对这一术语本身的误解，也是对其所指涉的世界的误解。"④ 阿赫默德还不无讽刺地说道："比起其他所有的当代美国批评家来说，詹姆逊更应该知道，一旦谈到世界理论，就不会有一个像'本质上的描述'这样一类的范畴；……'描述'在殖民化话语中一直是居于中心地位的。"⑤ 显然，詹姆逊思路中的本质主义导致二元对立，必然会导致狭隘民族主义。中国学者郑敏也曾提出类似批评："这种出于善意的错误导向，对于本世纪饱经外患的中国知识界却有一定煽动力。它很容易激发起狭隘的民族情绪，将土、洋、中、外放在对立的两极来看待，那种贯穿在文化大革命运动中的对资产阶级文化的敌视，

---

① ［美］刘禾：《语际书写——现代思想史写作批判纲要》，上海三联书店1999年版，第17页。
② 赵稀方：《翻译与新时期话语实践》，中国社会科学出版社2003年版，第188页。
③ 同上书，第189页。
④ 同上。
⑤ 同上。

对西方文明的排斥，也会复燃，并干扰我们文化的发展。"① 郑敏的批评非常及时、准确，敲响了狭隘民族主义的丧钟。

（三）"黑色的雅典娜"：西方中心主义批判的利器

步萨义德质疑西方、批判西方之后尘，美国康奈尔大学教授马丁·波纳尔（Martin Bernal）于 1987 年至 1991 年间，推出原已规划的四卷本著作《黑色的雅典娜：古典文明的亚非源泉》（Black Athena: The Afroasiatic Roots of Classical Civilization）中的前两卷②。它们以荡涤一切"污泥浊水"的气魄，挑战了亘古千年的"言必称希腊"的西方中心主义理念，似乎是对美国哈佛新人文主义教授欧文·白璧德（Irving Babbitt, 1865—1933）类似观点的呼应。这位美国新人文主义者早在 20 世纪初叶就对东方哲学，从佛教到孔、孟、老、庄等都有深入研究，主张如何在超越西方主流思想文化意识的同时，对东方经验，特别是中国经验进行细致的思想梳理和现代诠释，以发掘其对于西方乃至世界思想文化的意义与贡献。③ 它是在 19 世纪末、20 世纪初的西方经验和意义不断普及乃至全球化的历史语境中展开的。而这些工作和心愿，最终体现在了他的那些关于东西方人文传统的阐发和对于西方近现代主流思想文化的批判当中。④ 中国现代文化史上的"学衡"派人物梅光迪、吴宓等皆受其影响。

《黑色的雅典娜：古典文明的亚非源泉》作者马丁·贝尔纳（亦译"马丁·波纳尔"）既是一位颇有语言天赋的通晓古希腊文、

---

① 赵稀方：《翻译与新时期话语实践》，中国社会科学出版社 2003 年版，第 190 页。
② ［美］刘禾：《语际书写——现代思想史写作批判纲要》，上海三联书店 1999 年版，第 9 页。
③ 参见《欧文·白璧德》，百度百科（https://baike.so.com/doc/9820008-10166862.html）。
④ 同上。

埃及文、希伯来文、科普特文的杰出学者，又是一位撰有《刘师培与国粹》《中国的社会主义到一九〇七年》等著作的成就卓著的中国近现代史研究专家。《黑色的雅典娜：古典文明的亚非源泉》的写作开始于作者从考古学、词源学角度出发，全力投入闪米特文化、古埃及文化和古希腊文化研究的20世纪70年代。①刘禾早在1992年就对其予以极高评价，将之与萨义德《东方学》相提并论，在2000年明确将二者称为在"20世纪与诽谤和种族主义作斗争的指路明灯"②。萨义德本人生前也对《黑色的雅典娜》顶顶膜拜，称之为"一部纪念碑式的、开拓性的作品"③。

《黑色的雅典娜》第一卷，出版于1987年，荣获1990年度全美图书奖。它深刻反省了18世纪以来欧洲人文学术传统（1785—1985）。④作者在缜密考证大量史料后，破解了所谓"欧洲中心主义"神话，驳斥了佛里德利奇·奥古斯特·伍尔芙（Friedrich August Wolf）、乔治·葛罗特（George Gronte）、卡尔·布里根（Carl Blegen）、瑞思·卡本特（Rhys Carpenter）等人的错误观点——他们由于所谓"亚利安模式"（The Aryan Model）作祟，固执地坚持希腊文明起源于公元前14至前13世纪之间印欧语系的白人种族由北方的迁入，丝毫不承认非洲文化和闪米特文化对西方文明的影响。⑤贝尔纳娓娓道来："在英国，反犹主义与拥犹主义的传统并行，对腓尼

---

① ［美］刘禾：《语际书写——现代思想史写作批判纲要》，上海三联书店1999年版，第10页。
② 郝田虎：《译者后记》，［美］马丁·贝尔纳《黑色雅典娜：古典文明的亚非之根》第一卷，郝田虎等译，吉林出版集团有限责任公司2011年版，第458页。
③ 同上。
④ ［美］刘禾：《语际书写——现代思想史写作批判纲要》，上海三联书店1999年版，第10页。
⑤ 同上书，第11页。

基人相当推崇，因为他们的布匹贸易、探险和明显的道德正直对外国人和英国人来说，都几乎是维多利亚式的。"① "相反的观点——即认为腓尼基人和其他闪米特人奢侈、残酷、奸诈——总是存在，尤其在欧洲大陆居于支配地位。"② 后者可能是受了希腊人、罗马人的误导。据史料记载，腓尼基人是历史上一个古老的民族，自称为闪美特人，又称闪族人，生活在今天地中海东岸，即今天的黎巴嫩和叙利亚沿海一带，曾经建立过一个高度文明的古代国家。③ 公元前10世纪至公元前8世纪是腓尼基城邦的繁荣时期。④ 腓尼基人是古代世界最著名的航海家和商人，曾经驾驶着狭长的船只，威风凛凛，踏遍地中海的每一个角落。⑤ 由于腓尼基人早已消失在历史的烟波云海之中，有关他们的记载都出自曾经吃过腓尼基人苦头的希腊人和罗马人之手。⑥ 贝尔纳还说："腓尼基人被憎恨为既是'英国的'又是东方的，这一点在伟大的法国浪漫主义历史学家朱尔·米什莱（Jules Michelet）的著作里尤其显著。米什莱关于腓尼基人的观点在福楼拜极受欢迎的历史小说《萨朗波》（*Salammbo*）中广为传播。《萨朗波》1861年出版，内容包括对极其堕落的迦太基（从属于腓尼基）的生动描绘，这有力地加强了已经广为传播的反犹和反东方偏见。更糟糕的是福楼拜对用儿童祭献摩洛神（Moloch）进行了天才的、可怕的描写。这一令人厌恶的行为最终源自圣经，但公众坚定地认为它是迦太基人和腓尼基人所为，这使得支持腓尼基人变得

---

① ［美］马丁·贝尔纳：《黑色雅典娜：古典文明的亚非之根》第一卷，郝田虎等译，吉林出版集团有限责任公司2011年版，第26页。
② 同上。
③ 参见《腓尼基人》，百度百科（http://baike.baidu.com/item/腓尼基人）。
④ 同上。
⑤ 同上。
⑥ 同上。

非常困难。到 1870 和 1880 年代，腓尼基人的名声垂直下降，速度更甚于犹太人。"① 换言之，英法人士竭力抹杀腓尼基人、迦太基人对西方文明业已做出的贡献。贝尔纳继续说道："在 1890 年代，尤利乌斯·贝洛赫……萨洛蒙·雷纳克……都承认了缪勒先驱的地位，都声称希腊文明是纯粹欧洲的，而腓尼基人，除了传播辅音字母表外，对希腊文化并无任何贡献。"② 毋庸讳言，充满着"傲慢与偏见"。他又说道："雅利安模式的支持者关心的是种族等级和种族纯洁，埃及和腓尼基殖民的概念似乎总是令他们反感。"③ 贝尔纳进一步说道："库尔提乌斯确实承认，在早期时，腓尼基人曾在希腊进行贸易，并引进了某些新发明。但他坚持，他们很快就被更有活力的爱奥尼亚人赶跑了。而且他确信，'种族科学'业已证明了埃及和腓尼基殖民传说的荒谬：人们很难想象，严格意义上的迦南人，他们在希腊人所到之处无不胆怯地退却，尤其当他们与希腊人交往时，或远离故国时；他们作为一个民族被古希腊人如此鄙视，以致在像萨拉米斯或塞浦路斯这样人种混合的地区与他们通婚，也会被古希腊人视为耻辱；我们重申，人们很难想象，这样的腓尼基人曾在古希腊人中建立过公国。"④ 这里提到的"迦南人"，是巴勒斯坦的早期居民，讲闪族语系语言，血缘上与阿拉伯人和犹太人相近，曾击败希伯来人（犹太人）对巴勒斯坦的入侵，随后融入其他闪米特民族，属于闪米特民族的一支，与腓尼基人同宗同族。⑤ 库尔提乌斯的以上言说不打自招，完全解构了西方人一向貌似公正的神话。当然，

---

① ［美］马丁·贝尔纳：《黑色雅典娜：古典文明的亚非之根》第一卷，郝田虎等译，吉林出版集团有限责任公司 2011 年版，第 26—27 页。
② 同上书，第 27 页。
③ 同上书，第 300—301 页。
④ 同上书，第 305 页。
⑤ 参见《迦南人》，百度百科（http：//www.baike.com/wike/南迦人）。

与此同时，贝尔纳并未忘记"歌颂"英国这个老牌帝国主义国家的"丰功伟绩"："在英国，情况从未如此赤裸裸。即便如此，在接近19世纪末时，也出现了一种剥夺闪米特人对人类唯一贡献的愿望。首次出版于1891年的哈代《德伯家的苔丝》的主题之一就是，韦塞克斯（Wessex）心脏地带真正始终充满活力的撒克逊英格兰与颓废的法国征服者后裔之间的冲突。"① 总之，在西方人眼里，腓尼基人一无是处。贝尔纳补充道："人们可以从他（指米什莱——引者）对腓尼基人的议论看出这个类比背后隐藏的攻击的猛烈性：'迦太基人像他们的前身腓尼基人一样，似乎是一个冷酷、悲哀、好色、贪婪、有冒险精神但无英雄主义的民族'。……在迦太基，宗教也是残忍的，充满了可怕的仪式。"② 儒勒·米什莱（1798—1874）这位来自下层，钟情于祖国和人民的浪漫主义历史学家，居然会如此"发力"，如此"极端"，真是匪夷所思。不过，"不幸"中也有"万幸"，正如美国20世纪广受尊崇的文学/文化批评家埃德蒙·威尔逊（1895—1972）所言，米什莱"发现了维科"③，期盼"能够全然领悟人类社会的有机特性，同时了解到透过历史重新去诠释组成人类生活的各种力量和要素的重要性"④。

总之，在第一卷里，用刘禾的话说，贝尔纳证明了这一点："原来我们所熟悉的那个'言必称希腊'的西方文明发展史，实际上是18世纪以来的欧洲学者尤其是德国和法国的语文学家编出来的一个

---

① ［美］马丁·贝尔纳：《黑色雅典娜：古典文明的亚非之根》第一卷，郝田虎等译，吉林出版集团有限责任公司2011年版，第318页。
② 同上书，第321页。
③ ［美］埃德蒙·威尔逊：《到芬兰车站》，刘森尧译，广西师范大学出版社2014年版，第3页。
④ 同上书，第5页。

欧洲中心主义的故事。"① 不过,"他们生产出来的'知识'却顽固地影响着后人对人类文明发展史的认识"②。"以其昏昏使其昏昏",祸害千年!

第二卷出版于1991年,刘禾称"作者在这本长达700多页的厚书里全力做了一件事:运用大量具体而又翔实的考证,去推翻他所批评的那种'亚利安模式'"③。作者因此"发现了大量被人们有意或无意忽略的亚非文明曾塑造希腊文明的证据"④,比如"希腊语有一半以上的词汇来自埃及语或闪米特语"⑤。贝尔纳还"举出了语言、建筑、科技、艺术等方面的大量证据,说明公元前2100至公元前1100年,也就是希腊文明形成期间,非洲文明是一个重要的文化源头"⑥,所以,"雅典娜是黑色的"⑦。作者的以上观点,在当时掀起轩然大波。《纽约时报》《新闻周刊》等报刊作者口诛笔伐,其中一个叫艾米丽·弗默尔(Emily Vermeule)的学者,在1992年3月为《纽约书评》撰文《颠倒乾坤》(*The World Turned Upside Down*),对贝尔纳进行人身攻击:"一个有名望的中国专家跑到地中海研究领域来干什么?"⑧她还引用弥尔顿《失乐园》中撒旦的诗句,挖苦他是"花言巧语的魔鬼撒旦"⑨。反讽的是,她引用的撒旦诗句并非出自撒旦之口,而出自小魔鬼毕利奥(Belial)之口。这些人的愤怒可

---

① [美]刘禾:《语际书写——现代思想史写作批判纲要》,上海三联书店1999年版,第10—11页。
② 同上书,第11页。
③ 同上。
④ 同上书,第12页。
⑤ 同上。
⑥ 同上。
⑦ 同上。
⑧ 同上书,第1页。
⑨ 同上书,第12页。

以理解，因为"波纳尔的书严重地亵渎了西方文明"①。不过，他们的"义愤填膺"，正中贝尔纳"下怀"，因为实现了他要"煞一煞'欧洲人在文化上的跋扈心态'"②之初衷，并起到了为后殖民批评大潮"推波助澜"作用。

刘禾认为，"后殖民理论是后结构主义介入文化批评之后产生的一个最重要的学术动向"③。深受福柯影响的萨义德、帕特·察特杰（Partha Chatterjee），均将东西方文化比较理论看作是知识和权力运作的场所，④ 如斯皮瓦克将德里达的《书写学》译为英文，霍米·巴芭用拉康的后精神分析理论来重读范农（Fanon），寻求在东西方文化冲突中建立新的主体意识的可能性。⑤ 值得一提的是，这些学者都不是白人，而是从西方之外的"五湖四海"走到一起来的。他们的研究之所以引起欧美学界的高度重视，正好是因为他们对以西方为中心的学术传统提出了尖锐挑战。⑥ 后殖民理论已在美国影响多种学科和领域，包括历史学、人类学、社会学、文学理论、女性主义理论、少数族裔研究及其他所有冠以文化批评之名的学术研究，目前，代表这些学科最前沿的研究成果往往都有后殖民理论的渗透。⑦ 对后结构主义的挪用，更加使得后殖民学者们如鱼得水，因为它"对知识与权力的关系的重视，在萨义德和其他后殖民批评家的研究

---

① ［美］刘禾：《语际书写——现代思想史写作批判纲要》，上海三联书店1999年版，第12页。
② 同上。
③ 同上书，第13页。
④ 参见同上。
⑤ 参见同上。
⑥ 参见同上书，第14页。
⑦ 同上。

中得到了淋漓尽致的发挥"①。他们"不仅关注某一个文化如何生产关于另一个文化的知识,并如何通过这样的知识实行文化霸权,而且还对生产这些知识的具体学科、学术、研究范畴以及学者本人的立场(文化的、种族的、阶级的、性别的,等等)保持高度警觉,做出了大量的反省"②。《黑色的雅典娜》第一卷似乎是一面"光辉的旗帜"。当然,刘禾十年前的警醒言犹在耳:"对西方文化霸权的批判……必须超越苦大仇深的境界,才能趋向成熟。"③

(四)对人类学(民俗学)霸权的警醒

西方人类学及民俗学的研究对象是那些未开化、半开化的民族及未受教育的(uncivilized, semi-civilized, uneducated)人们的传统信仰、风俗、习惯、故事、神话、传说、歌谣、谚语、歌诀、谜语、童谣、儿歌等。英国民俗学家还将欧洲的民俗残存物和未开化部族之民俗残存物作为研究对象。④ 西方人类学及民俗学于20世纪初进入中国及日本、韩国等许多非西方国家,"民俗学"一词,由日语译至汉语,约在1922年,进入中文出版物。⑤ 但作为"语际书写"之"作",这一套西洋学术话语在各地游走过程中,是否产生新的意义?⑥ 是否在不同的地方扮演不同的历史角色?⑦ 这些问题必须考虑。如英国民俗学学会学者夏洛特·索菲亚·贝恩(Charlotte Sophia Burne)的 *The Handbook of Folklore* 在20世纪20年代传入中国后,

---

① [美]刘禾:《语际书写——现代思想史写作批判纲要》,上海三联书店1999年版,第14页。
② 同上。
③ 同上书,第15页。
④ 同上书,第20页。
⑤ 同上书,第19页。
⑥ 参见同上书,第20页。
⑦ 参见同上。

对中国民俗学产生广泛影响：中山大学《民俗》周刊曾于1928年安排相当的篇幅予以介绍，何思敬（1896—1968）在《民俗学的问题》一文中，大量引述贝恩的观点来阐述这一历史事实：英国自工业革命以来，工商业迅猛发展，大都会随之膨胀、殖民地版图随之扩大。① 因此，英国的都会、乡村之间，殖民地的支配者、被支配者之间，发生道德、信仰、思想、感情上的种种冲突，基督教不再至高无上，土著民思想又不能被同化。② 在此语境下民俗学应运而生，以便统治者了解所谓"陋民"、乡民、土著民、蛮人的思想，从他们的风俗传说中掌握他们的心理。③ 对其功利层面，何思敬借用贝恩的原话，毫不掩饰地宣称："统治者对于隶属民族可以从此得到较善的统治法。"④ 显然，何思敬先生，我国无产阶级革命家、外交战线的杰出领导人黄华同志的岳父，是我国早期人类学/民俗学引介的先驱者。实际上，中国民俗学一开始就在修辞、图像和理论概念上，在少数民族文化与原始野蛮部落之间划等号，⑤ 如《民俗》周刊第5期至第15、16期两期合刊，刊载大量有关世界各地土著居民（清一色有色人种）的照片，这些照片与《民俗》周刊上的两粤山歌、台湾歌谣、潮州民歌等文章一起，彰显了编者的"全球意识"。⑥ 人类学/民俗学进入中土的例子说明，20世纪中国学术史很难与西方学术史截然分开。这不单是一个中国人简单接受西方理论的历史，而更重要的是一个发生在语言和语言之间，共创民俗学理论、实践的一

---

① ［美］刘禾：《语际书写——现代思想史写作批判纲要》，上海三联书店1999年版，第20页。
② 参见同上。
③ 参见同上。
④ 同上。
⑤ 参见同上。
⑥ 参见同上。

段历史,是比较研究的历史。① 刘禾说得好:"这种跨语际书写的历史……不单纯属于西方,也不单纯属于中国,而是跨语际的,是在两者的接触、碰撞之间展开的。"②

不过,人类学/民俗学毕竟是背负着沉重殖民包袱的学问,消极层面难以抹去。对此,刘禾的批评同样一针见血:"西方的文化霸权不难批评,难的是如何认清和解开人文研究、社会科学的学科本身的历史包袱,尤其是当这些学科诉求于'客观性'的时候。"③ 人类学就是这样"包袱累累"的学科。萨义德的同时代人、文化人类学家约翰尼斯·费边(Johannes Fabian)在专著《时间与非我:人类学如何构建其对象》中认为,人类学及民俗学一直建立在时间进化论式的构想上。这种构想将"非我"置于历史场合之"原始"一端,以确立现代"我类"之端的先验文明优越感。④ 他还说,人类学在时间上对"非我"拒斥(temporal distancing),促使"时间空间化"(spatialization of time),体现于人类学家、民俗学家时常深入他处,从事职业化"田野调查"(fieldwork)的行动之中。而做这一"调查"的前提是将"他们"作为"我们"人类的过去来研究,而非关注"他们"存在的现实意义。"他们"的现实状况必须翻译为"我们"的过去,才能获得真实内涵。⑤ 这种"时间空间化"行为,为学术"客观性"提供认识论基础,使得人类学、民俗学获得自己

---

① 参见[美]刘禾:《语际书写——现代思想史写作批判纲要》,上海三联书店1999年版,第21页。
② 同上。
③ 同上书,第20页。
④ 参见同上书,第15页。
⑤ 参见同上书,第18页。

知识上的权威。① 但是，由于研究对象"非我"不能踏入与研究主体同样的时间和空间，遂不能以主体的身份，参与真正的对话或争辩。② 就是说，"非我"是缺席者，是被压抑者，永远不能崭露头角。人类学/民俗学建构了新一轮的"不对称权力关系"。

对于以上"当代理论"（涵盖后殖民批评、人类学等——引者），刘禾说得好："它对中国学人提出的挑战，大大超出了'西方理论'是否适合中国语境的老问题，更不是要不要反西方的问题；它真正的挑战是：中国学人处在当今剧烈变动中的全球文化格局里，应承担何种角色？或不承担何种角色？在跨语言、跨文化的学术和学科史研究中，中国学人能做出怎样的独特贡献？"③

（五）生成于殖民地的"英国文学"学科

据哥伦比亚大学的印度裔学者维丝冈内森（Gauri Viswanathan）在《征服的面具》（*Masks of Conquest*）一书中考证，作为世俗学科建立的英国文学，最初不是在英国，而是在殖民地印度，是大英帝国内部的世俗化运动与其在殖民地的统治需要相结合的产物。④《征服的面具》不仅对重写英国文学的学科史做出了独特贡献，也启发了比较文学学科对新的问题的探讨。⑤

一个不争的事实是，"英国文学"学科首先发轫于英国本土之外的殖民地。在刘禾看来，印度总督威廉·班汀克（William Bentinck）于1835年颁布的《英国教育法令》（*The English Education Act*），标

---

① 参见［美］刘禾《语际书写——现代思想史写作批判纲要》，上海三联书店1999年版，第19页。
② 参见同上。
③ 同上书，第24页。
④ 参见同上书，第21页。
⑤ 参见同上。

志着"英国文学"这门世俗学科正式进入政府学校课堂,成为印度学生的必修课。① "文学史家公认的英国文学经典作家,如 Goldsmith, Gray, Addison, Pope, Shakespeare, Bacon, Milton 等,恰是先在 19 世纪中叶殖民地的世俗文学教育中初具规模,后来被正统化,在英国本土成为本土经典。"② 不过,"殖民地的世俗文学教育的宗旨……是殖民政府希望用潜移默化的方式,疏离当地文化精英与他们自己的文学传统、梵文经典,以及印度教的联系"③。颇具讽刺意味的是,这种英国殖民教育遗留下来的传统,却在 20 世纪后期造就了拉什迪那样的印裔英文作家。④ 英国本土于 1871 年开始将"英国文学"作为一门正式学科引入国民教育。英国当代马克思主义批评家特雷·伊格尔顿(Terry Eagleton)明确指出:"'英国文学'被构成为一个学科,……从维多利亚时代起继续承担……意识形态任务。"⑤ 而这一切发生在"宗教逐渐停止提供可使一个动荡的阶级社会借以融为一体的社会'黏合剂'、感情价值和基本神话的时候"⑥。即是说,"英国文学"是在宗教"逐渐"让位后,才得以"乘虚而入"本土的。在这个意义上,它是对宗教的"解构"和"反拨"。马修·阿诺德是"英国文学"本土化的奠基,缘起于他"认识到,最迫切的社会需要是教养或使粗鄙的中产阶级'希腊化',因为他们已经证明自己无力以一种适度丰富和精致的意识形态

---

① 参见[美]刘禾《语际书写——现代思想史写作批判纲要》,上海三联书店 1999 年版,第 23 页。
② 同上。
③ 同上。
④ 参见同上。
⑤ [英]特雷·伊格尔顿:《二十世纪西方文学理论》,伍晓明译,北京大学出版社 2007 年版,第 23 页。
⑥ 同上书,第 22—23 页。

来从根本上巩固他们的政治和经济权力"①。在他看来，英国文学具有救赎功能，早期的牛津大学英籍教授乔治·戈登（George Gorden）就明确说过："英国文学……首先……应该拯救我们的灵魂和治疗这个国家。"② 此前，古典文字（古希腊文、拉丁文）和宗教经典（圣经及其阐释）一直是英国教育的正宗。③ 贵族学校主要围绕古希腊文、拉丁文设计课程，教会管辖下的平民学校（Charity School 或 Sunday School）则围绕圣经及基督教文学设计课程。④ 当时的英国国内宗教势力强大，给世俗人文教育运动造成很大阻力。不过，"三十年河东，三十年河西。"在18世纪末19世纪初的殖民地，尽管莎士比亚能否进入学校教材引起过争议，尽管有人批评莎剧中某些用词染上异教色彩，违反新教精神，但英国教会的正统势力难以形成"气候"，无力与东印度公司的世俗力量一比高下，世俗人文教育运动乘势开展起来。⑤ 东印度公司制定相关政策限制西方人的文化传播活动。⑥ "英国文学"犹如被压抑的女性，所以，"适合'女人'……和［……］成为教员的第二、第三等人……英国文学的'软化'和'人性化'的结果……属于现存的、明显属于女性的意识范畴"⑦。

毋庸赘言，"英国文学"是富于浓郁的意识形态色彩的学科。这

---

① ［英］特雷·伊格尔顿：《二十世纪西方文学理论》，伍晓明译，北京大学出版社2007年版，第23页。
② 同上书，第22页。
③ ［美］刘禾：《语际书写——现代思想史写作批判纲要》，上海三联书店1999年版，第22页。
④ 同上。
⑤ 同上。
⑥ 同上书，第23页。
⑦ ［英］特里·伊格尔顿：《当代西方文学理论》，王逢振译，中国社会科学出版社1988年版，第50页。

来源于整体意义上的文学事业,因为"文学在好几个方面都是……意识形态事业的适当候选人"①。它"可以为政治上的偏执与意识形态上的极端提供一副有力的解药"②。"英国文学……有助于'增进所有阶级之间的同情和同胞感'"③。所以,英国文学"非常宜于完成宗教留下的意识形态任务"④。在科学家、哲学家、政治理论家困扰于枯燥乏味的论证活动中时,"文学研究者却占据了更可贵的感情和经验领域"⑤。此外,文学"还在另外一种意义上便利于意识形态事业"⑥。那就是"经验",伊格尔顿说道:"如果你没有金钱和闲暇去访问远东,除非也许是作为受雇于大英帝国的战士,那么你总还是可以通过阅读康拉德(Conrad)或吉卜林(Kipling)的作品去间接地'经验'它"⑦;并且,"人民大众实际上贫乏……的经验可由文学来补足:代替为了改变这种状况而进行的工作……你可以交给他们《傲慢与偏见》(*Pride and Prejudice*),从而使他们在想象中满足自己对于更充实的生活的渴望"⑧。因此,"英国文学实际上就是穷人的古典文学——它是为处于英国公学和牛津剑桥这些迷人的小圈子之外的人提供最便宜的'人文'(liberal)教育的一种方法"⑨。对其研究,特别"强调"各社会阶级之间"'道德'(moral)价值标准的传播"⑩。这一点"至今仍是英国的文学研究的突出标

---

① [英]特雷·伊格尔顿:《二十世纪西方文学理论》,伍晓明译,北京大学出版社2007年版,第24页。
② 同上。
③ 同上。
④ 同上书,第25页。
⑤ 同上。
⑥ 同上。
⑦ 同上。
⑧ 同上书,第26页。
⑨ 同上。
⑩ 同上。

志"①，当然，"也是使其他文化中的知识分子目瞪口呆的一个经常原因"②。

第三节 "个人主义"话语译介：历史学与福柯"知识考古学"实践化（2）

如在上一章讨论"国民性"话语译介那样，历史学和福柯"知识考古学"是刘禾打通"语际实践"的重要通道，特别是福柯"知识考古学"是刘禾用来强烈推进"问题意识"的更为重要通道。因此，在讨论"个人主义"话语译介时，刘禾仍然认为知识是"话语"，坚决反对任何关于历史进程的简单化理论，摒弃"宏大"，关注"细节"及背后的权力运作，因为"权力制造知识……权力和知识是直接相互连带的；不相应地建构一种知识领域就不可能有权力关系，不同时预设和建构权力关系就不会有任何知识"③。如以下例子：

> 我想提出以下问题："个人主义"在本世纪初进入汉语时，怎样作为一种话语策略参与了中国近代民族国家理论的创造？它如何在被翻译、引述、重复、争论，也就是在一次又一次地被合法化和非法化的过程中，取得其特定的历史意义？
> 我的论点是，"个人主义"的话语自入中土以来，从来就没

---

① ［英］特雷·伊格尔顿：《二十世纪西方文学理论》，伍晓明译，北京大学出版社2007年版，第26页。
② 同上。
③ 同上书，第29页。

有一个稳定的定义。它在现代民族理论内部所扮演的角色极其关键，但同时又十分暧昧。因此这里研究的重点不在于汉语的译名"个人主义"对英文 individualism 之本义究竟有多少"偏离"，而在于"个人主义"在跨越彼此语境时——即在建构语言之间"对应关系"的过程中——做了一些什么事？意义是如何给定的？被谁给定的？这个译名与我们熟悉的其他现代性的范畴，如民族、社会、国家之间都有哪些复杂的互动关系？这种"跨语际实践"为我们揭示了一种怎样的历史想象？它对我们解释中国近代思想史的演变和中西理论之间的关系，能够提供哪些新的思路？

……

"个人主义"本是用来帮助解决现代的自我观和民族观的冲突的概念之一……在 19、20 世纪之交介绍到中国来后，这个词很快变成了现代中国有关自我的话语领域的特定标志。为了理清个人主义在中国语境中的内涵，我想先比较一下在个人主义及其中国化问题上的两种不同看法。1916 年载于《东方杂志》上一篇题为《个位主义》的文章可以代表第一种看法。作者家义写道："我国人惟不知个人本位主义。故其于社会也，惟现一片笼统。只见有家族，有地方，有国家，有其他社会，而不见有个人。"另一种看法正相反。1921 年，罗素在《中国问题》(*The Problem of China*) 一书中提出，"个人主义在西方已经死亡了，但在中国却存活着，不论这存活的结果是好还是坏"。……令家义感到危机的是中国的日益贫困化，而令罗素感到危机的是战后的欧洲局势。……这种不同揭示出，任何寻找某种本质主义的，固定的"个人"及"个人主义"意义的努力都是徒然的。真正有意义的与其说是定义，不如说围绕"个人""自我""个人主义"等一些范畴展开的那些话语性实践，以及这些实践中的政治运作。

……

中心是考察民国早期最引人注目的几场关于个人主义的论争。……

……

创办于1904年的《东方杂志》是商务印书馆最早也最有影响的刊物之一……杜亚泉发表于《东方杂志》1914年6月号的一篇题为《个人之改革》的文章却是以杂志文体呼吁新生的共和国注意人之改造问题的初试之作。他在文中指出，过去几十年里进行的数种社会改革仅仅关涉在宏观层次的政治体系，教育制度及商业经济方面，而没能对个人或个性的改造给予适当的注意……其结果，即使新共和国取代了旧帝制，原有的官僚体系和官僚阶层并没有受到多少触动。……他强调真正的改革必须由个人始，其中包括那些自诩的新人物。有意思的是，杜亚泉重视个人在改革进程中的重要作用并不意味着他全盘接受了启蒙主义式的个人主义观念。相反，他提出的恰恰是启蒙主义所无视的个人的局限性。

……

《个人之改革》可以说是民国成立后首先把个人的概念引入公共讨论的杂志文章之一。但杜亚泉所作的仍不外是把个人改造作为社会改革首当其冲的出发点，这使他与梁启超又很接近。不过在发表于1916年第1期的一篇署名民质的文章中，"我"即个人开始显示了某种绝对的价值。作者以一种敏锐的现代历史感倡导人的自立性,虽说这种历史感是由中国古典哲学的语言来表述的。民质的理论出发点是古代世界的倾塌。……

……

接下来一期的《东方杂志》(1916 年第 2 期)刊登了一篇题为《个位主义》的文章,作者是前面所提的家义。他在文中明确提倡一种西方启蒙式的个人观,并认为个人主义是治疗中国痼疾的特效药。……

……

1917 年,杜亚泉在《东方杂志》发表了另一篇文章《个人与国家之界说》,具体讨论了个人与国家的关系问题。他认为,在个人与国家之间应该小心划分一条界线,以便双方都不致侵害对方的利益。我们在家义文章中看到的那种修辞方式如今在杜亚泉笔下以一种模棱两可、自相矛盾的形式得到重现。……

……

高一涵 1915 年发表于《青年杂志》上的文章《国家非人生之归宿论》从一种类似的角度批判了民族国家思想。……不过我觉得他论点中很特别的一点倒不是"人民"这个概念,而是他对个人 individual 一词的译法——"小己"。……

……

《新潮》创刊号(1919)的第一篇文章就把个人在社会中的位置作为一个重要论题提了出来。文章作者傅斯年一上来便宣布了西方科学和人文知识对于几大中国知识传统——儒、道、佛——的优越性,因为这三者没有一个体现人类生活的真理。……

傅斯年的自由派加人道主义的理念,很快就被一种左翼意识形态取而代之，个人主义遭到了深刻质疑，个人与社会的冲突也被强化了。1921年，《新潮》发表了王星拱的《物和我》一文，力图向个人的自主性发出挑战。……

……

陈独秀对个人主义的批评走得更远。在《虚无的个人主义及自然主义》的一篇随想中，他攻击个人主义没有社会责任感，是一种虚无主义的概念。陈独秀没有像王星拱那样把个人主义读做消极的儒家思想，而是读出了其中的道家根源。……①

这里，对"个人主义如何进入中国"这一问题的研究，仍然首先是一种历史学研究。刘禾充分运用史料学资源来予以讨论，因为对于"任何历史的研究，掌握第一手资料是最基本的前提"②。她运用了分别发表于《东方杂志》《青年杂志》《新潮》创刊号上的文章《个人主义》《个人之改革》《个人与国家之界说》《国家非人生之归宿论》《物与我》及著作《中国问题》等"书报史料"，并由此发现新的结论："真正有意义的与其说是定义，不如说围绕'个人'、'自我'、'个人主义'等一些范畴展开的那些话语性实践，以及这些实践中的政治运作。"③ "有意思的是，杜亚泉重视个人在改革进程中的重要作用并不意味着他全盘接受了启蒙主义式的个人主义观念。相反，他提出的恰恰是启蒙主义所无视的个人的局限性。"④ "他（家义——引者）在文中明确提倡一种西方启蒙式的个人观，

---

① ［美］刘禾：《语际书写——现代思想史写作批判纲要》，上海三联书店1999年版，第29—57页。
② 荣孟源：《史料和历史科学》，人民出版社1987年版，第9页。
③ ［美］刘禾：《语际书写——现代思想史写作批判纲要》，上海三联书店1999年版，第41页。
④ 同上书，第46页。

并认为个人主义是治疗中国痼疾的特效药。"① "我们在家义文章中看到的那种修辞方式如今在杜亚泉笔下以一种模棱两可、自相矛盾的形式得到重现。"② "我觉得他论点中很特别的一点倒不是'人民'这个概念，而是他对个人 individual 一词的译法——'小己'。"③ "傅斯年的自由派加人道主义的理念，很快就被一种左翼意识形态取而代之，个人主义遭到了深刻质疑，个人与社会的冲突也被僵化了。1921 年，《新潮》发表了王星拱的《物和我》一文，力图向个人的自主性发出挑战。"④ "陈独秀对个人主义的批评走得更远。在《虚无的个人主义及自然主义》的一篇随想中，他攻击个人主义没有社会责任感，是一种虚无主义的概念。"⑤ 不难发现，所有的材料绝非静态地停滞在那里，而经过刘禾的生花妙笔和敏锐得以激活，得以熠熠生辉，"物质"层面背后居于"共同"与"相异"之间的精神得以彰显。这一切确实应验了美国史学家费利克斯·吉尔伯特的一句话："确立历史史实是史学家至高无上的职责。"⑥

其次，刘禾女士绝非去追问"是否忠实"之类的问题，主要从福柯"知识考古学"出发，关注遭遇"权力"宰制之后的这一话语所牵扯的一系列"交错于个别之中、亦足以构成难以拆解的网结的痕迹"。她首先指出：个人主义"怎样作为一种话语策略参与了中国近代民族国家理论的创造？它如何在被翻译、引述、重复、争论、

----

① [美]刘禾：《语际书写——现代思想史写作批判纲要》，上海三联书店 1999 年版，第 48 页。
② 同上书，第 49 页。
③ 同上书，第 51 页。
④ 同上书，第 56 页。
⑤ 同上书，第 57 页。
⑥ [美]费利克斯·吉尔伯特：《历史学：政治还是文化 对兰克和布克哈特的反思》，刘耀春译，北京大学出版社 2012 年版，第 22 页。

也就是在一次又一次地被合法化和非法化的过程中，取得其特定的历史意义？"画线的"话语策略"（discursive strategy）一语无疑就是那种牵扯进"体制"（institutions）之内的"策略"，是"一个为知识确定可能性的系统"，"一个用来理解世界的框架"，"一个知识领域"，是典型的福柯话语。① 而"合法化与非法化"系法国批评家让弗朗塞斯·莉奥塔话语中的"合法性"／"非法性"变体。"合法性"系指"在某个'理论的双重捆绑物'内不断悬置的核心问题，因此也确实是那些相关的为达到特殊目的而采用的适当方法"②，"非法性"系其反面。刘禾女士如此这般地从"话语"的"合法化与非法化（illegitimacy）"层面去讨论："'个人主义'的话语自入中土以来，从来就没有一个稳定的意义。它在现代民族理论内部所扮演的角色极其关键，但同时又十分暧昧。因此这里研究的重点不在于汉语的译名'个人主义'对英文 individualism 之本义究竟有多少'偏离'，而在于'个人主义'在跨越彼此语境时——即在建构语言之间'对应关系'的过程中——做了一些什么事？意义是如何给定的？被谁给定的？这个译名与我们熟悉的其他现代性的范畴，如民族、社会、国家之间都有哪些复杂的互动关系？这种'跨语际实践'为我们揭示了一种怎样的历史想象？它对我们解释中国近代思想史的演变和中西理论之间的关系，能够提供哪些新的思路？"③ 即是说："'个人主义'在跨越彼此语境时——即在建构语言之间'对应关系'的过程中——做了一些什么事？意义是如何给定的？被谁给

---

① ［英］阿雷恩·鲍尔德温等：《文化研究导论》，陶东风等译，高等教育出版社2005年版，第31页。
② Edgar, Andrew and Peter Sedgwick. *Cultural Theory: The Key Concepts*. London and New York: Routledge, 1999, p. 184.
③ ［美］刘禾：《语际书写——现代思想史写作批判纲要》，上海三联书店1999年版，第29页。

定的?这个译名与我们熟悉的其他现代性的范畴,如民族、社会、国家之间都有哪些复杂的互动关系?这种'跨语际实践'为我们揭示了一种怎样的历史想象?它对我们解释中国近代思想史的演变和中西理论之间的关系,能够提供哪些新的思路?"①——就是刘禾"针对作为建树的话语"②,"要确定的……服从于某些规律的实践"③,或者是某些"为达到特殊目的而采用的适当方法"④。它充满暗礁,充满"地雷阵",展示出一系列"微妙的、独特的、隐藏于个别之下的各种各样的痕迹,交错于个别之中、亦足以构成难以拆解的网结的痕迹"⑤。

刘禾还主张采用霍米·巴芭所称的充满"杂糅性"的"第三空间"来深化这一切。但"第三空间"有何"作为"?"这个'第三空间'……建立了新的权威体制、新的政治创造性(political initiative)——新的权威体制、新的政治创造性通过已有的智慧(received wisdom)得到不恰当的理解"⑥。对于这一"第三空间"话语,笔者还是用得着刘禾多次说过的一句话:"它不单纯属于西方,也不单纯属于中国,而是跨语际的,是在两者的接触、碰撞之间展开的。"⑦ 这一点又使我们想起马克思在《资本论》中提出的"量上可

---

① [美]刘禾:《语际书写——现代思想史写作批判纲要》,上海三联书店1999年版,第29—30页。
② [法]福柯:《知识考古学》,谢强等译,生活·读书·新知三联书店1998年版,第177页。
③ 同上。
④ Edgar, Andrew and Peter Sedgwick. *Cultural Theory: The Key Concepts*. London and New York: Routledge, 1999, p.184.
⑤ 孙歌:《前言》,许宝强、袁伟选编《语言与翻译的政治》,中央编译出版社2001年版,第6页。
⑥ H. Bhabha. "The third space", interview with Jonathan Rutherford. J. Rutherford. *Identity: Community, Culture, Difference*. London: Lawence and Wishart. 1990, p.211.
⑦ [美]刘禾:《语际书写——现代思想史写作批判纲要》,上海三联书店1999年版,第21页。

以通约"的"既非小麦也非铁的某第三者"一句话。① 在这一前提下,"个人主义"与近代中国文化的接触、碰撞,在一个永不停息的社会地创造意义的过程中,适应、变化和变异成了新的形式,即"第三空间"话语——具有特定内涵、指涉的"中国化个人主义",恰如"中国化的马克思主义"。据刘禾考证,"'个人主义'本是用来帮助解决现代的自我观和民族观的冲突的概念之一……像许多其他新创的词语一样,个人主义这个概念早先被明治时代的日本知识分子创造出来,以翻译西方自由派和民族主义理论意义上的 individualism 的。在 19、20 世纪之交介绍到中国来后,这个词很快变成了现代中国有关自我的话语领域的特定标志"②。它置身于诸多"权力"网络中,出现充满"差异"的话语的流动:(1)在家义发表于 1916 年《东方杂志》上的文章《个位主义》里,中国无"个人主义",而罗素的观点与之相反;(2)在杜亚泉发表于《东方杂志》1914 年 6 月号的文章《个人主义》——"民国成立后首先把个人的概念引入公共讨论的杂志文章之一"——里,"个人主义"牵涉到人之改造的问题。但杜亚泉所做的仍不外是把个人改造作为社会改革首要的出发点,这使他与梁启超又很接近;(3)1916 年第 1 期一篇署名民质的文章中,"我"即"个人"开始显示某种绝对的价值。作者以一种敏锐的现代历史感倡导人的自立性,虽说这种历史感是由中国古典哲学的语言来表述的。民质的理论出发点是古代世界的倾塌;(4)家义在《东方杂志》1916 年第 2 期刊登了一篇题为《个人主义》的文章,他在文中明确提倡一种西方启蒙式的个人观,认

---

① 参见费小平《刘禾的"交换的符码"翻译命题与马克思主义政治经济学》,《外语研究》2014 年第 1 期。
② [美]刘禾:《语际书写——现代思想史写作批判纲要》,上海三联书店 1999 年版,第 40 页。

为个人主义是治疗中国痼疾的特效药；（5）杜亚泉在1917年《东方杂志》发表的另一篇文章《个人与国家之界说》中认为，个人与国家之间应该小心划分一条界线，以便双方都不致侵害对方的利益，即家义文章中看到的那种修辞方式如今在杜亚泉笔下以一种模棱两可、自相矛盾的形式得到重现；（6）高一涵在1915年发表于《青年杂志》上的文章《国家非人生之归宿论》里将"个人"译为"小己"；（7）傅斯年在1919年的《新潮》创刊号上的一篇文章中，为西方科学和人文知识喝彩，异常突出个人在社会中的位置；（8）王星拱在1921年《新潮》发表的《物与我》一文中大力挑战个人的自主性；（9）陈独秀在1920年第4期《新青年》上发表的《虚无的个人主义及任自然主义》一文里对"个人主义"的批评走得更远，指责个人主义没有社会责任感，是虚无主义。显然，在"五四"时期的理论家们手中，"个人主义"话语在中国的译介是一个动态地不断建构的过程，绝非一蹴而就之事，包含更多的非连续性、复杂性和脆弱性[①]及彼此间的差异性。话语彼此之间的张力产生于各自历史内涵的不稳定性，同时也源于它们之间的互相渗透，互相盘结。即是说，"个人主义"在跨越中西语境时，意义是被家义、民质、杜亚泉、高一涵、傅斯年、王星拱、陈独秀等人给定的，与民族、社会、国家等现代性范畴之间呈现着诸多复杂的互动关系，为我们揭示了一种历史想象，对于解释中国近代思想史的演变和中西理论之间的关系提供了新的思路。

"个人主义"在跨语际实践中得到了创造或重造，在新的历史语境里服务于新的政治目标，翻译的政治痕迹得以凸显起来。"个人主

[①] Elaine Baldwien. et al. *Introducing Cultural Studies*. Beijing: Peking University Press, 2005, pp. 280 – 281.

义"在汉语语境中的翻译在中国近现代历史上催生了一系列重要事件的历史事件,作为一种话语行为,在这一动态过程中,通过"合法性"手段,能昭示我们所有人为的"东西方鸿沟"都在复杂的历史、现实关系及对于权力关系的解构中暴露其虚伪性和遮蔽性,并同时告诉我们"个人主义"的翻译在建构第一世界与第三世界的权力关系时,究竟扮演什么角色?在东西方相互遭遇的过程中,各种语言碰到一起时究竟发生了什么?语言之间的权力关系是否无一例外地化约为统治与抵抗模式?①

第四节 "不透明的内心叙事"的译介与变形

在"语际书写"的总体思路下,刘禾说:"早期五四白话小说的文体标志主要是各式各样的翻译体。新的小说观念,特别是心理现实主义,是随着翻译体的进入,开始逐渐渗透汉语小说写作的(晚清林纾等人的文言翻译无疑是推动这一过程的先行者)。"② 心理写实主义作为一种叙事策略,旨在重新阐释文学之于"人"的意义,给中国文学带来强制性变化及转型。这是一种以性格为结构中心的小说,即以人物心理描写为结构中心的小说。③ 不过,这样的译介在"五四"作家的大量西方小说结构译介中似乎是"异军突起",令人"莫名惊诧",因为以情节为结构中心一向是中国古典小说的基本模

---

① 参见[美]刘禾《语际书写——现代思想史写作批判纲要》,上海三联书店1999年版,第20页。
② 同上书,第111页。
③ 参见陈平原《中国小说叙事模式的转变》,北京大学出版社2003年版,第103页。

式。① 沈雁冰如是说："最近因为人物的心理描写的趋势很强,且有以为一篇小说的结构……乃不足注意者。"② 因此,在当时,"把'牺牲了动作的描写而移以注意于人物心理变化的描写'作为近代小说发展的大趋势;把'情感的成长变迁,意识的成立轻重,感觉的粗细迟敏,以及其他一切人的行动的根本动机等',作为小说研究的中心"③,其意义对整体中国小说的发展非同寻常,"使小说结构重心的转移不至于停留在小说三要素的表面的加减乘除,而有可能促使中国小说的整体特征发生翻天覆地的变化"④。

刘禾特别提醒我们必须"充分了解藏在这些变化后面的那些论说前提和历史条件:心理写实主义如何帮助五四文学取得历史的——即'现代化'的——合法地位?汉语的写作和阅读行为由此产生了怎样的实质性变化?心理写实主义对'人'的意义做出怎样的再解读?'内心叙事'何以成为汉语小说的主导叙事之一?翻译体给汉语小说的文体和叙事模式带来了什么意义上的转变?所有这一切意味着什么?"⑤ 娓娓道来,新见迭出,高瞻远瞩,似有刘彦和所称的"悄焉动容,视通万里"⑥之气魄,对于深入探讨翻译问题与中国现代文学之间的因缘关系,价值不同凡响。

刘禾还指出:"19世纪欧洲小说家发明的各种'内心叙事'策略,替新兴的精神分析学准备了大量的'叙事'语言,以及随之而来的那一份对认知行为自信,因为精神分析的大前提是不让你怀疑

---

① 参见陈平原《中国小说叙事模式的转变》,北京大学出版社2003年版,第103页。
② 同上。
③ 同上。
④ 同上。
⑤ [美]刘禾:《语际书写——现代思想史写作批判纲要》,上海三联书店1999年版,第112页。
⑥ 周振甫:《文心雕龙今译》,中华书局1986年版,第248页。

内心世界的可知性和可言说性——虽然'无意识'这类概念分明把精神分析的语言推向另一个不可言说的极限。"[1] 所言极是。不过，"19世纪欧洲小说家发明的各种'内心叙事'策略"之说值得商榷，因为作为"欧洲心理小说先声"的奥古斯丁的《忏悔录》早在公元400年就"发明"出所谓"内心叙事"策略。[2] "它描写作者本人皈依基督前夕所经历的那场'肉体与精神相争，精神与肉体相争'的双重战争，几乎写尽了一个人的心理状态处于高峰期的各种表现形式。"[3] 但何为"内心叙事"？具有哪些文体特征？为何在现代汉语小说里，与翻译体结下不解之缘？刘禾选用了一个极好的例子：英国翻译家大卫·霍克斯（David Hawkes，1923—2009）在20世纪七八十年代推出的《红楼梦》英译本。较之杨译，霍译长处自不待言。原著第三回如是说："黛玉一见，便吃一大惊，心下想道：好生奇怪，倒好像在哪里见过一般，何等眼熟到如此！"[4] 霍克斯译文如是说："Dai-yu looked at him with astonishment. How strange! How very strange! It was as though she had seen him somewhere before, he was so extraordinarily familiar."[5] 两相对比，不难看出，译文文气流畅，系标准的现代英语。译文采用现代英语读者熟悉的"自由间接文体"（free indirect style），即"自由转述体"，有意省掉原著的直接引语标记"心下想到"，对黛玉的内心独白采取现代英语读者熟悉的"自

---

[1] [美] 刘禾：《语际书写——现代思想史写作批判纲要》，上海三联书店1999年版，第116—117页。
[2] 参见胡日佳《俄罗斯文学与西方 审美叙事模式比较研究》，学林出版社1999年版，第525页。
[3] 同上书，第529页。
[4] [美] 刘禾：《语际书写——现代思想史写作批判纲要》，上海三联书店1999年版，第117页。
[5] 同上。

由间接文体"(free indirect style，或 style indirect libre)，将原著中的"引述"转化为自由"转述"模式，或者说，将原著中的直接引语转化为间接引语。① 虽然译文会背负"篡改原文"之罪，但效果似乎"更上一层"。这是一种文体上的革新。这里需要特别指出的是，从源头上说，自由转述体，系法国 19 世纪作家福楼拜最早发明，首次现身于《包法利夫人》中，如中卷第六章一个段落："包法利夫人愿意一个人看守她的孩子，没有下楼用饭。她看她睡熟了，这才一点一点放下心来。这么丁点小事，她方才乱了半晌，回想起来，觉得自己又善良，又好笑。的确也是，白尔特已经不哭了。"② 第九章一个段落："她三番两次自言自语道：'我有一个情人！一个情人！'她一想到这上头，就心花怒放，好像刹那之间，又返老还童了一样。她想不到的那种神仙欢愉、那种风月乐趣，终于就要到手。她走进一个只有热情、销魂、酩酊的神奇世界，周围是一望无涯的碧空，感情的极峰在心头明光闪闪，而日常生活只在遥远、低洼、阴暗的山隙出现。"③ 自此以后，欧洲文学在叙事模式上开始经历一场深刻的文体革命。自由转述体逐渐被人认识、接受、模仿、使用、翻译，一跃成为小说正统。它的出现打破了文体界限，在"直接引语"和"间接报道"之间做了意义重大的调和，叙述人可以不必借助直接引语，依旧能够用人物自己的口吻说话。霍克斯的译文正好取得"福楼拜式"效果。译文开篇是叙述人设计的黛玉"看"宝玉的一句话："Dai-yu looked at him with astonishment." 它系普通的直观

---

① 参见 [美] 刘禾《语际书写——现代思想史写作批判纲要》，上海三联书店 1999 年版，第 117—118 页。
② [法] 福楼拜：《包法利夫人》，李健吾译，人民文学出版社 1979 年版，第 114 页。
③ 同上书，第 161 页。

心理描写，译者采用自由转述体，"模仿"黛玉语气译出："How strange! How strange! It was as though she had seen him somewhere before, he was so extraordinarily familiar." 带感叹号的句式显然是黛玉内心独白，但译者并未将之作为直接引语处理，而是将第三人称、过去时态维持于整段叙述中，① 相当于叙述人用自己的语法去"模仿"别人语气说话，既迥异于直接引语，又迥异于传统的"间接报道"，后者一旦开始"模仿"人物语气说话，就转化为自由转述体。与弗朗兹·库恩（Franz Kuhn）较早的亦步亦趋忠实原文叙事模式的德语译文相比较，霍克斯译本改写了原文叙事模式，"创造出较之'忠实性翻译'更加流畅，更加接近现代英语读者品味的文体效果（a stylistic effect）"②。这似乎"是在现代英国文学传统的文体视野中'改写'着18世纪中国小说"③。在热拉尔·热奈特看来，"与讲述话语相比，这种形式有较强的模仿力，而且原则上具有完整表达的能力，但它从不给读者任何保证，尤其不能使读者感到它一字不差地复述了'实际'讲的话……叙事者事先得到允许，不仅把话语转换成从属句，而且对它加以提炼，并与自己的话融为一体，从而用自己的风格进行解释"④。或许正是因为霍克斯的杰出贡献，他在2009年7月31日病逝后，人们称他"一生最闪耀之处，是在人类历史上，第一个翻译出《红楼梦》的英文全译本"⑤，他因此成为"英

---

① 参见［美］刘禾《语际书写——现代思想史写作批判纲要》，上海三联书店1999年版，第120页。
② Lydia H. Liu, *Translingual Practice: Literature, National Culture, and Translated Modernity - China, 1900—1937*, Stanford, California: Stanford University Press, 1995, p. 105.
③ Ibid..
④ ［法］热拉尔·热奈特：《叙事话语 新叙事话语》，中国社会科学出版社1990年版，第115—116页。
⑤ "大卫·霍克斯"，互动百科，（http://www.baike.com/wiki/大卫·霍克斯）。

国著名汉学家、红学家，《红楼梦》最伟大的英文翻译家"①。

霍克斯译文也许偏离原文，但有趣的是，或许是这种偏离，能促使我们对现代汉语小说的叙事文体进行有效的研究。② 并且，现代中国文学对传统汉语文体的改造，颇似霍克斯译文的二次汉译，是西方现代文体"自由间接地"对传统汉语文体的改造。③ 外国文学，尤其是欧洲文学，根本上动摇了汉语的文学传统，影响巨大，可以说几乎波及现代汉语的每个角落，如写作观念、叙事文体、语言风格、语法结构、遣词造句等方面。但这不是简单的比较文学影响问题，因为它滋生了一种"翻译体"。④ 这种"翻译体"涉及的不是甲简单地影响乙的问题，而是"介乎于甲和乙之间的一种不伦不类的东西"；⑤ 加之，当"翻译体"作用于译体语言时，不能不同时受到译体语言的改造。⑥ 这是一种极端复杂的跨文化、跨语言的问题现象，值得中国现代文学学者高度重视。

正因为如此，刘禾这样评述这一中英小说关系事件："霍克斯通过现代英语对《红楼梦》进行的文体转型（stylistic transformation），可用来象征性地表述20世纪初期中国小说在文体层面所发生的一切。在这两种情形中，人们面对的是发生在两种不同小说传统的不同文学习俗（literary conventions）之间的'跨语际实践表征模式'

---

① "大卫·霍克斯"，互动百科，百度百科（http://www.baike.com/wiki/大卫·霍克斯）。
② 参见［美］刘禾《语际书写——现代思想史写作批判纲要》，上海三联书店1999年版，第120页。
③ 同上。
④ 同上书，第121页。
⑤ 同上。
⑥ 同上。

(*translingual modes of representation*)。"① 不过，笔者认为，刘禾对霍克斯的翻译似乎评价过高，不能"象征性地表述 20 世纪初期中国小说在文体层面所发生的一切"，因为"20 世纪初期中国小说在文体层面所发生的一切"早就在我国的鲁迅、郭沫若、冰心、庐隐、许地山、倪贻德、蒋光慈、石评梅等"五四"作家手中"发生"着②，他们才最有资格"象征性地表述 20 世纪初期中国小说在文体层面所发生的一切"。鲁迅的《狂人日记》就是最早表现现代小说技巧的作品，此后，"加上个性主义思潮和民主自由意识的萌现，'独白'（包括日记体、书信体小说）几乎成了'五四'作家最喜欢采用的小说形式"③。除前面提到的作家外，郁达夫、王统照、成仿吾、郑振铎、丁玲等，都采用过这种小说形式，几乎可以说是"空前"的。④

并且，老舍的小说创作一开始就在英语和汉语之间运作，特别是 18 世纪英国小说对其影响甚大。从现代汉语叙事角度去认识这些"影响"，别具风采。《离婚》如此描写"邱太太"的门牙："一槽上牙全在唇外休息着。"⑤ 这里，拟人化动词"休息"显然是从英文词"to rest"仿制而来，整句话的英译文就可能是：her teeth rested on the lower lip。动词 rested 除具有"休息"之义外还具有"待在某处"之义。英文读者心里，此句英文之义大约是她的门牙总是"呆在某处"，而非"休息"。正因为如此，英文句式就不可能有原文句式特

---

① Lydia H. Liu, *Translingual Practice: Literature, National Culture, and Translated Modernity–China, 1900—1937*, Stanford, California: Stanford University Press, 1995, p. 105.
② 陈平原：《中国小说叙事模式的转变》，北京大学出版社 2003 年版，第 124—125 页。
③ 同上。
④ 同上书，第 125 页。
⑤ 老舍：《离婚》，《老舍文集》卷二，人民文学出版社 1981 年版，第 240 页。

有的那种修辞效果。老舍对英文一词多义的运用或仿用，可谓"歪打正着"，将翻译体变成一种戏仿（parody），且是汉语对英语的戏仿。① 不过，他在英、汉语言之间独创的作为"内心叙事"翻译体之一种的"自由转述体"，可谓"歪打正着"。《骆驼祥子》就是一例。其中，叙述人的"自由转述体"是贯穿作品的主线："祥子没有个便利的嘴，想要说的话很多，可是一句也不到舌头上来。他呆呆地在那里，直到脖子咽吐沫。"② 这里，作者将祥子刻画成一个少言寡语的人，祥子咽下的话，犹如变戏法，在叙述人的巧妙经营下，化作滔滔不绝的"内心叙事"。这些"叙事"，型塑着主人公独特的语言世界，以及祥子和其他人物之间的深刻的文体界沟。这个人物的吸引力不在于他的职业形象，而在于他对那形象的超越——这种超越既是梦对现实的超越，又是文学对真实的超越。它是通过祥子的内心独白来实现的："到城里来了几年，这是他努力的结果，就是这样，就是这样！他连哭都哭不出声来！车，车，车是自己的饭碗。买，丢了；再买，卖出去；三起三落，像个鬼影，永远抓不牢，而空受那些辛苦与委屈。没有，什么都没了，连个老婆也没了！"③ 祥子的内心独白更像舞台上的戏剧独白；他对自己一生的超然把握和洞见，也颇像古典悲剧中的崇高人物。④ 因此，内心独白必不可少，没有它，悲剧就会失去自己的语言灵魂，人物内心也会失去戏剧化见证。⑤ 从叙事学角度讲，祥子之所以能超越普通洋车夫形象，恰是

---

① 参见［美］刘禾《语际书写——现代思想史写作批判纲要》，上海三联书店1999年版，第122页。

② 同上书，第1页。

③ 老舍：《骆驼祥子》，人民文学出版社1962年版，第181—182页。

④ 参见［美］刘禾《语际书写——现代思想史写作批判纲要》，上海三联书店1999年版，第124页。

⑤ 同上。

因为他被赋予了一个比其他任何人物都充分的内心语言世界,① 但这是一个怎样的内心语言世界？回答是"双重幻觉机制",即写实主义小说制造故事幻象的同时,要为读者装上某种阅读上的幻觉机制,以便让人觉得小说中幻象并非幻觉,而是真实生活的拷贝。② 比如,当我们想弄清某篇小说的人物刻画是否真实时,我们就受到双重幻觉机制的捉弄。同时,自由转述体一边制造内心叙事的幻象,一边积极抹去使这一幻象得以形成的文体痕迹。③

刘禾认为,"老舍小说的内心叙事,特别是自由转述体,跟他熟悉的英国小说和汉语的翻译体有密切关联"④。但这并不意味着老舍的自由转述体是对英语 free indirect style 的直接翻译,因为有许多东西翻译不了,也不必翻译,如区别直接引语及自由转述体的英语时态,促使叙事模式转换的英语人称,等等。《骆驼祥子》中的另一段落可作重要例证：

门外有些脚印,路上有两条新印的汽车道儿,难道曹太太已经走了吗？

不敢过去敲门,恐怕又被人捉住。左右看,没人,他的心跳起来,试试看吧,反正也无家可归,被人逮住就逮住吧。轻轻推了推门,门开着呢。顺着墙根子走了几步,看见了自己屋中的灯亮儿,自己的屋子！他要哭出来。弯着腰走过去,到窗外听了听,屋内咳嗽了一声,高妈的声音！他拉开了门。⑤

---

① 参见［美］刘禾《语际书写——现代思想史写作批判纲要》,上海三联书店1999年版,第124—125页。
② 同上书,第125页。
③ 同上书,第127页。
④ 同上书,第127—128页。
⑤ 老舍：《骆驼祥子》,人民文学出版社1962年版,第104页。

吉恩·M. 詹姆斯（Jean M. James）的译文如下：

There were footprints in front of the doorway and new tire tracks on the street. Could Mrs. Ts'ao possibly have left already? Why hadn't that fellow Sun arrested her（此句系译者所加——引者注）. He did'nt dare push at the door; he was afraid someone would grab him again. He looked around and saw no one. His heart began to thump. Try taking a look. There's no other house to go to. Anyway, if someone arrests me, then I'm arrested. He pushed gently at the front door and it opened. He took two steps in, staying close to wall, and saw the light on in his room. In his own room! He felt like crying. He crept up to the window to listen and heard a cough. It was Kao Ma's voice. He opened the door.①

原文描写祥子第二次遭遇命运的捉弄，全部盘缠被人抢走，狼狈回到曹家的情景。由于人称代词的省略，自由转述体同不加引号的直接引语，几乎没有任何区别，甚至同省去主句的间接报道十分相似。较之原文，英文翻译体的叙事模式之间的界限异常微妙，转而极大加强了内心叙事的透明效果。② 有了它，汉语内心叙事一方面会变得更加流畅自如，另一方面又不会失去直接引语给读者带来的那种逼真感。③ 由于时态、人称的介入，汉语的优势几乎荡然无存。④ 原文仅使用人称代词"他"三次，译本却使用十二次，包括

---

① ［美］刘禾：《语际书写——现代思想史写作批判纲要》，上海三联书店1999年版，第129—130页。
② 同上书，第129页。
③ 同上。
④ 同上书，第130页。

主格、宾格和所有格。此外，译文使用第一人称代词 I 及宾格 me，将有些句子作为不带引号的直接引语处理，并选择现在时，而汉语原文则维持模棱两可状态。① 假如我们用戏仿方式将英文倒译回汉语，会发生什么？"他不敢过去敲门，他怕自己又被人捉住。他左右看没人，他的心跳起来，试试看吧，反正我也无家可归，被人逮住就逮住吧。他轻轻推了推门，门开着呢。他顺着墙根子走了几步，看见了自己屋中的灯亮儿，他自己的屋子！他要哭出来。他弯着腰走过去，到窗外听了听，屋内咳嗽了一声，高妈的声音！他拉开了门。"② 两相对比，英文显得笨拙、拗口。

综上所述，"五四"以来，心理写实主义对"人"的种种假设，通过文学对内心叙事的不断复制，成为人们常识的一部分。③ 但我们在充分肯定其贡献时，应充分看到其缺点：现代小说观念长期以来塑造、限制着我们的阅读视野。心理写实主义小说只能代表一段时期的写作尝试，不一定比以前的写法更高明。

---

① ［美］刘禾：《语际书写——现代思想史写作批判纲要》，上海三联书店 1999 年版，第 130 页。
② 同上书，第 130—131 页。
③ 同上书，第 131 页。

第三章 第三阶段:"交换的符码"

第一节 "交换的符码"概念:基本指涉与逻辑起点

刘禾在1999年通过出版英文文集 *Tokens of Exchange: The Problem of Translation in Global Circulations*(《交换的符码:全球化流通中的翻译问题》),提出"交换的符码"(tokens of exchange)这一概念。其基本指涉何如?刘禾女士通过借鉴马克思主义政治经济学指出:"我……采用'符码'(token)一词,旨在捕捉我们'集体性事业'(collective enterprise)的范围。'符码'作为隐喻,不仅包括'言语性—象征性交换',也包括'物质性流通'。它喻指:众客体正像'言语性符号'一样同样构成表征,并且它们的有形的物质存在参与'指意'(signification),而不是置身其外。在全球化的指意层面,我将翻译看作是以促使交换为己任而着力铸造'符码'的强有力的中介,它在众多语言、市场之间将'意义'作为'价值'来予以生产和流通。在这个意义上,'符码'及'交换价值'代表着我谈论的符号、文本、艺术作品、商品、哲学、科学、教学方法、社会实践得以流通的方式。"① 这里,我们不难"探测"出"交换的符码"之含义:"符码"(token)一词,属于"集体性事业"。它是一个隐喻,既涵盖"言语性—象征性交换",也涵盖"物质性流通";它喻指众多客体犹如"言语性符号"一样构成表征,同样参与"指意";在全球化意义上,"翻译"作为重要中介,以"交换"为主要责任,铸造着"符码";"符码"横跨不同语言和市场,将"意义"作为"价值"来予以生产和流通。在刘禾看来,"符码"及"交换价值"体现了符号、文本、艺术作品、商品、哲学、科学、教学方法、社会实践得以流通的方式。显然,"交换的符码"负载着浓郁的马克思主义"社会生产关系"理念,而所谓生产关系就是指人们在物质资料生产过程中相互之间结成的社会经济关系,② 是人们在社会生产和再生产过程中建立在一定生产资料所有制形式基础上的生产关系体系,包括生产、交换、分配、消费各环节发生的生产关系及其相互之间的联系。③ 以上四个环节中,生产起决定作用,它必然涉及商品(产品)问题,④ 而价值和使用价值是商品的两个基本属性:价值是凝结在商品中无差别的一般人类劳动,即人类脑力和体力的耗费,是商品特有的社会属性;使用价值是指商品能满足人们某种需要的属性,是商品的自然属性;交换价值是指物物交换过程中两种使用价值进行交换的量的关系或比例。价值和交换价值的

---

① Lydia H. Liu, ed. *Tokens of Exchange: The Problem of Translation in Global Circulations*, Durham and London: Duke University Press, 1999, p. 4.
② 参见任祖耀等《马克思主义政治经济学原理》,重庆大学出版社1999年版,第12页。
③ 同上书,第13—14页。
④ 同上书,第13页。

关系是：价值是交换价值的基础，交换价值是价值的表现形式。① 商品按价值进行交换，实际上是商品生产者之间互相交换劳动，通过商品交换使不同的商品生产者在经济上联系起来。② 所以，价值是商品的社会属性，体现着商品生产者之间互相交换劳动的社会生产关系。商品是价值和交换价值的对立统一体，只有经过交换，商品的使用价值和价值才能得以实现。③ 在这一大前提下，以"翻译"为中介的"交换的符码"绝非空穴来风，而是体现着一定"社会生产关系"中价值的表现形式。被"交换的""符码"，流通中的"符码"，体现了一种被本土文化权力"生产""交换""分配""消费"的"意义"，它促使价值走向使用价值。

全面说来，"交换的符码"几乎隐含了刘禾在此前后提出的"跨语际实践""语际书写""衍指符号"（Super-Sign）等概念及相关的任务、目标。可以说，没有"交换的符码"，便没有"跨语际实践""语际书写""衍指符号"三概念的一切。正是因为如此，"交换的符码"是刘禾"新翻译理论"的逻辑起点。具体理由如下：

（一）"交换的符码"规定了"新翻译理论"所有概念的基本指涉

刘禾在"交换的符码"的总体理路之下如是说："'民族'历史与世界历史必须通过对诸多类型的当然的认识论层面可译性的绝对关注，来予以探寻④"；"我们……必须尽力去重新捕捉那些……被

---

① 参见马克思《资本论》第一卷（影印本），郭大力、王亚南译，上海三联书店2006年版，第1—4页。

② 参见任祖耀等《马克思主义政治经济学原理》，重庆大学出版社1999年版，第31页。

③ 同上书，第31—33页。

④ Lydia H. Liu, ed. *Tokens of Exchange*: *The Problem of Translation in Global Circulations*, Durham and London: Duke University Press, 1999, p. 14.

建构的……语言对等词和非对等词的根本的历史性。……对'意义价值'（meaning-value）的尝试性重估将促使我们看到，'充满争议的可译性概念'（the much contested notion of translatability）时常是一种针对历史性语言中的'意义价值'的'交互性'（reciprocity）而进行的'被移植的全球化斗争'（a displaced global struggle）……为抵抗此类形而上学式的移植并对作为理论问题和历史问题的'可译性'进行卓有成效的研究，我们需要思考两个问题：（1）文化之间的偶然性相遇（circumstantial encounter）如何生产、抗争语言之间意义价值的交互性？（2）在异常明显的不平等的'全球化交换'成为此种'交换'的物质性条件的主要特征时，'交互性'如何作为一个智识性议题而令人深思？鉴于意义价值的'历史性分布/重新分布'｛the historical (re) distribution｝构成全球化流通的主要层面，我认为，通过与另一种语言相对应的一种语言来关注'意义价值'交互性的'应允'（granting）与'阻隔'（withholding），就显得不同寻常的重要"[1]。刘禾在此表述的观点是，"可译性概念"充满争议，是一种针对历史性语言中的"意义价值"的"交互性"而进行的"被移植的全球化斗争"[2]。这种移植是形而上学的，需要抵制。作为理论问题和历史问题，"可译性"需要研究。我们需要关注文化碰撞如何生产、抗争着语言之间"意义价值"的"交互性"。在不平等成为"全球化交换"主要特征的情况下，"交互性"问题发人深省。意义价值的"历史性分布/重新分布"构成全球化流通的主要方面，因此通过与另一种语言相对应的一种语言来观察"意义价值"

---

[1] Lydia H. Liu, ed. *Tokens of Exchange: The Problem of Translation in Global Circulations*, Durham and London: Duke University Press, 1999, p. 14.

[2] Ibid..

交互性的"应允"与"阻隔"十分重要。以上观点,作为"一个最基本、最简单的质的规定"①,几乎规定了刘禾"新翻译理论"所有概念的基本指涉。她的"跨语际实践"有着如此表述:"旨在探讨汉语同欧洲语言、文学(通常以日语为中介)之间的深度接触/冲撞(the wide-ranging Chinese contact/collision with European languages and literatures),特别关注19世纪和20世纪之交直到抗日战争(1937)初期这一阶段……将语言实践与文学实践置于中国现代经验(China's experience of the modern)的中心地位中,尤其置于四面楚歌的中西方关系(much troubled relationship with the East)的中心地位中,予以考察。如果说中国现代文学破土而出,成为这一时期一个重要事件,那么,这与其说是因为小说、诗歌以及其他文学形式均是忠实记录历史的脉搏的透明的自我表现工具,不如说是因为阅读、书写以及其他的文学实践,在中国的国族建设及其关于'现代人'想象的/幻想的(imaginary/imaginative)建构过程中,均被视为一种强有力中介(potent agents)。"② 这表明,中国文学的现代性想象必须置于与欧洲语言文学之间发生的阅读、书写及其他文学实践等媒介形式的广泛接触/冲撞之中,即是说,置于全球化的语境之中。这一核心命题几乎是上述引文中"'民族'历史与世界历史必须通过对诸多类型的当然的认识论层面可译性的绝对关注,来予以探寻"③,"我们……必须尽力去重新捕捉那些……被建构的……语

---

① 吴鸿雅:《朱载堉新法密率的科学抽象和逻辑证明研究》,《自然辩证法研究》2004年第10期。

② Lydia H. Liu, ed. *Tokens of Exchange: The Problem of Translation in Global Circulations.* Durham and London: Duke University Press, 1999, p. XVI (preface).

③ Ibid., p. 14.

言对等词和非对等词的根本的历史性"① 等话语的复写。当然，研究方法仍然有所差异，"跨语际实践"更多地采用了后殖民理论及霍米·巴芭的"混杂性"来推进问题论证，因为"后殖民理论家的著述发人深省……他们的研究方法所开启的新思路使我们获益匪浅……霍米·巴芭的（Homi Bhabha）的《文化的定位》（The Location of Culture）一书精心阐述的'混杂性'（hybridity）一词，通过消除自我与他者之间的对立，使后殖民研究路径能够把握各种细致入微的差别"②。不过，刘禾只说对了大半，对这一"混杂性"，巴芭早在1990年就开始"精心阐述"。翻译既为"混杂"，就理所当然地会出现冲撞、谈判、协商、争斗。她的"语际书写"也同样如此：研究的"不是技术意义上的翻译，而是翻译的历史条件，以及由不同语言间最初的接触而引发的话语实践。考察新词语、新意思和新话语兴起与代谢，并在本国语言中获得合法性的过程……在这个意义上，翻译……成了这类冲突（指政治及意识形态斗争和利益冲突——引者注）的场所，在这里被译语言不得不与译体语言面对面遭逢，为它们之间不可简约之差别决一雌雄……并协助我们解释包含在译体语言的权力结构之内的传导、控制，操纵及统驭模式。"③ 两相对比，不难发现，此段论述的核心概念的基本指涉几乎早已被"交换的符码"中的有关话语规定着，如"充满争议的可译

---

① Lydia H. Liu, ed. *Tokens of Exchange*: *The Problem of Translation in Global Circulations*. Durham and London: Duke University Press, 1999, p. 14.

② Lydia H. Liu, ed. *Translingual Practice*: *Literature, National Culture, and Translated Modernity - China, 1900—1937*, Stanford, California: Stanford University Press, 1995, p. XⅥ (preface).

③ [美]刘禾：《语际书写——现代思想史写作批判纲要》，上海三联书店1999年版，第35—36页。

性概念"①、"'意义价值'的'交互性'"②、"被移植的全球化斗争"③、"文化之间的偶然性相遇"④、"生产、抗争语言之间意义价值的交互性"⑤及"'应允'与'阻隔'"⑥等。然而,"语际书写"更多地采用了莉奥塔的"合法性"、福柯的"权力"等话语来推进概念基本指涉的讨论,视角更加新颖,洞察力更加深刻。"合法性""非法性"均由福柯的"权力"话语决定着。福柯一直热衷于从权力(话语)与知识、主体之间变化着的斗争性的联系方式来探讨权力如何运作。并且,作为一个反历史的历史学家,他"强烈反对任何关于历史进程的简单化理论,而强调许多历史变迁的非连续性和脆弱性"⑦。他的理论话语遂将"交换的符码"由所谓"现代"范式嫁接到了所谓"后现代"范式上,原政治经济学视角在问题讨论上的"宏大叙事"可以由后现代的"权力叙事""边缘叙事""充满抗争的变化叙事""裂缝叙事"或"差异叙事"来予以推进。这或许是我国当下翻译研究应该汲取的重要研究范式。刘禾跟随"交换的符码"的思路接着说:"'民族'历史与世界历史必须通过对诸多类型的当然的认识论层面可译性(epistemological translatability)的绝对关注,来予以探寻"⑧。"我们……必须尽力去重新捕捉那些……被建构的……语言对等词和非对等词的根本的历史性。……我……

---

① Lydia H. Liu, ed. *Tokens of Exchange*: *The Problem of Translation in Global Circulations*. Durham and London: Duke University Press, 1999, p. 14.

② Ibid..

③ Ibid..

④ Ibid..

⑤ Ibid..

⑥ Ibid..

⑦ [英]阿雷恩·鲍尔德温等:《文化研究导论》,陶东风等译,北京大学出版社2004年版,第288页。

⑧ Lydia H. Liu, ed. *Tokens of Exchange*: *The Problem of Translation in Global Circulations*. Durham and London: Duke University Press, 1999, pp. 4–5.

仅仅特别关注那些与不平等交换密切相关的合著、流通、争执以及对等、交互逻辑等问题。"① 换言之，在刘禾看来，关注各类认识论层面的可译性问题，有助于我们追寻民族历史与世界历史。不同语言之间的对等或不对等是历史建构的，是文化问题，我们必须尽力去捕捉这种历史性。

（二）"交换的符码"规定了"新翻译理论"的任务、目标

"交换的符码"如是说："我……仅仅特别关注那些与不平等交换密切相关的合著、流通、争执以及对等、交互逻辑等问题……我们有必要深入调查某个特殊的符号或对象在流通过程中是如何被转变为某种其他东西的等价物的，并且在理论层面上，这种翻译行为是如何明确表述不平等交换的条件的。"② 她同时担心"意义交互性总是能在语言之间得以保证吗？"③ 由此可见，"交换的符码"的任务、目标是研究跨国界、跨民族、跨学科的语言符号如何被翻译为假定的等值关系（hypothetical equivalence），以及伴随其中的不平等交换如何得以实现的问题，"意义交互性"系其"重中之重"。作为"一个研究对象的基本单位"④，这一任务、目标同样规定了刘禾"新翻译理论"的整体任务、目标。她随后提出的"衍指符号"，"扮演的是（在语言和语言之间进行）转喻思维的角色，它引诱、迫使或指示现存的符号穿越不同语言的疆界和不同的符号媒介进行

---

① Lydia H. Liu, ed. *Tokens of Exchange: The Problem of Translation in Global Circulations*. Durham and London: Duke University Press, 1999, pp. 4–21.
② Ibid., p. 27.
③ Ibid..
④ 吴鸿雅：《朱载堉新法密率的科学抽象和逻辑证明研究》，《自然辩证法研究》2004年第10期。

移植和散播"①，其基本特征之一的"交互逻辑……似乎是所有衍指符号诞生的基础……从事翻译的人依赖的正是类似的交互逻辑，以此生产出两种语言之间存在着公度性这一事实"②。这里的"衍指符号"隐性地重述和深化了前一段引文之基本内核，具体讨论跨文化的语言符号如何流通、传播，最终形成等价物的这一任务、目标，但讨论问题的学理前提有所不同。"衍指符号"更多地采用了美国哲学家、逻辑学家皮尔斯的符号学理论。皮尔斯是具有开创性的"符号学家"，他认为，所有的思想，所有的经验，都借助于符号，最突出的特点是符号之间的对立统一及其推动人类认知向广度和深度发展的巨大力量。皮尔斯这样定义符号："符号——或曰表征——就是一种能够在某些方面代表某物的东西。它把意思传达给某个人，也就是在那个人头脑中创造出一个等值的符号，或者也可能是一个更复杂的符号。这个被创造出来的符号，我把它称作是对第一个符号的符释（interpretant）。这个符号所代表的东西即是其对象（object）。它并不是在所有方面都代表那个对象，而只是指向某一种概念，这个概念我称之为解释的基础。"③ "跨语际实践"也以间接的话语方式重复了"交换的符码"中提出的跨国界、跨民族、跨学科的语言符号如何被翻译为假定的等值关系，以及伴随其中的不平等交换如何得以实现的这一重大任务、目标："不同的语言之间真的不可公约（incommensurate）吗？倘若如此，人们如何在不同词语和意义之间建立并维持虚拟等值关系（hypothetical equivalences）？在人们

---

① Lydia H. Liu, *The Clash of Empires: The Invention of China in Modern World Making.* Cambridge, Massachusetts, and London, England: Harvard University Press, 2004, p. 13.
② Ibid., p. 36.
③ ［美］刘禾：《帝国的话语政治：从近代中西冲突看现代世界秩序的形成》，杨立华等译，生活·读书·新知三联书店 2009 年版，第 10 页。

共同认可的等值关系（commonly perceived equivalences）基础上，如果将一种文化翻译成另一种文化的语言，那意味着什么？比如，倘若不使一种文化经验服从于（subjecting）另一种文化的表述（representation）、翻译或者诠释，我们还能不能讨论——或者干脆闭口不谈——跨越东西方界限的'现代性'问题？这二者之间的界限是由谁确定和操纵的？这些界限是否易于跨越？我们有没有可能在普遍的或者超越历史的立场上提出一些可信的比较范畴？我……提出'跨语际实践'（translingual practice）的概念，旨在重新思考存在于东西方之间的跨文化诠释（cross-cultural interpretation）和语言文字交往形式（forms of linguistic mediation）的可能性。"① 可以看出，"跨语际实践"更多地借鉴了后殖民批评方法，"虚拟等值关系"②、"将一种文化经验服从于（subjecting）另一种文化的表述（representation）、翻译或者诠释"③、"东西方之间的跨文化诠释（cross-cultural interpretation）和语言文字交往形式（forms of linguistic mediation）的可能性"④ 等明显充塞着后殖民批评痕迹，因为后殖民主义就是研究"帝国文化""对抗帝国主义的抵抗文化""解殖民地化国家的文化""第一世界大都会文化与第三世界的文化间的关系"等领域⑤，尽管这样的"借鉴"就中国而言或许有几分牵强，因为中国从未经历过真正意义上的"殖民化"，至多只能是"半殖民化"。

---

① Lydia H. Liu, *Translingual Practice: Literature, National Culture, and Translated Modernity – China, 1900—1937*, Stanford, California: Stanford University Press, 1995, preface (p. XV).

② Ibid..

③ Ibid..

④ Ibid..

⑤ ［英］阿雷恩·鲍尔德温等：《文化研究导论》，陶东风等译，北京大学出版社2004年版，第196页。

"语际书写"同样体现了"交换的符码"之音:"现代思想史的写作能否落实在语言和语言之间所建构的'互译性'之初（如 A 语言中的某词何时等同于 B 语言中的另一词），落实在语言和语言之间相互碰撞、交融、冲突和翻译的历史过程中去研究？如果现代汉语本身即是这样一个过程的产物，现代思想史的写作亦然，那么，我们就不能不问：汉语和其他语言之间的所谓'互译性'是如何历史地建构起来的？"① 当然，它对"交换的符码"进行了深化，上升到认识论层面——"为在当代语境中如何发展认识论开辟了一条新的思路"②。它能促使我们在福柯的泽被之下思考以下问题：如果语言先于主体，如果认识过程与权力机制密不可分，那么认识问题不得不在比主客二分更复杂的层面上讨论吗？③ 人的认识和语言是何种关系？④ 人的认识在一种语言与另一种语言相碰撞并发生意义交换时是怎么回事？⑤ 一种文化"认识"另一种文化的内在机制如何？⑥ 语言的"互译"在其中起何种作用？这种"认识"是平等进行的吗？⑦ 与具体的资本主义、殖民扩张、后冷战与后殖民时代又是何种关系等。⑧

（三）"交换的符码"奠定了"新翻译理论"的"否定之否定"的论证范式

笔者曾称，"刘禾论述'语际书写'／'跨语际实践'问题的思

---

① ［美］刘禾：《语际书写——现代思想史写作批判纲要》，上海三联书店 1999 年版，第 24—25 页。
② 刘禾：《语际书写——现代思想史写作批判纲要·序》，上海三联书店 1999 年版，第 8 页。
③ 同上书，第 9 页。
④ 同上。
⑤ 同上。
⑥ 同上。
⑦ 同上。
⑧ 同上。

路中隐含的那种'否定的辩证法'思路能给译界带来颇大启示。"[1] 实际上，这一论证/话语范式最早来源于刘禾的"交换的符码"概念。"交换的符码"如是说："索绪尔指出：一个'特殊的概念仅仅是一个来源于与同类的其他符号之间形成的关系的价值。如果其他这些价值消逝，这一意义也可能消逝'，因此，将意义等同于价值。不过，在同一空间内他否认了自己，坚持认为价值与意义不是同义术语……但是，如果价值不同，意义能保留同一吗？……索绪尔将翻译中的意义看作是'给定的'并从中推演出一个极端的价值论，但是，它是一个依赖于直觉翻译（intuitive translation）的传统意义论。他的指向无处不在的分析方法，直接参与了他所说的有关符号、结构语言学的一切，但是它们又未因此作为符号、结构语言学来予以显示。"[2] 画线部分的"否定之否定"话语范式，承载着黑格尔"否定的辩证法"的遗迹。黑格尔继承费希特的"衣钵"，将否定置于辩证法的核心，作为精神的能动性与创造力的表现，通过否定的辩证法试图重新肯定精神的无限性，在此基础上统一此岸和彼岸。[3] 其中的肯定恰恰是否定的最初根据，肯定必须使紧随其后的自我否定，具有发生的可能性和必然性。自我否定作为第二环节随之展露出来。紧接着是再次否定，将第二环节当作肯定，从而导致更高阶段的肯定。[4] 绝对精神的整个演进过程就是一个不断否定的过程。刘禾在此通过"否定之否定"话语风格，深刻论证了索绪尔的语词意

---

[1] 费小平：《"语际书写"/"跨语际实践"：不可忽略的文化翻译研究视角》，《中国比较文学》2010年第1期。

[2] Lydia H. Liu, ed. *Tokens of Exchange: The Problem of Translation in Global Circulations.* Durham and London: Duke University Press, 1999, pp. 26–27.

[3] 参见赵海峰《阿多诺"否定的辩证法"研究》，黑龙江人民出版社2003年版，第16—17页。

[4] 同上书，第17页。

义与价值不一致的"普通语言学"问题——"我们只看到词能跟某个概念'交换',即看到它具有某种意义,还不能确定它的价值;我们还必须把它跟类似的价值,跟其他可能与它相对立的词比较"①。逻辑严密、步步为营,促使问题讨论不断走向深入。"跨语际实践"承继了这一话语范式:"相比之下,梁启超原先倡导的政治小说倒显得气魄不足了。然而,在这样做的同时,五四文学恰恰把国民性的话语转化成一种超越自身历史的话语,而且做得极其成功。事到如今,说起五四文学和改造国民性,谁都看成是天经地义。可是,在'自然'的表象下,现代文学与国族建设的历史姻缘究竟是如何缔结的,这个问题始终无人问津。"② 划线部分无疑是典型的"否定之否定"话语,魅力四射,令人神往。"衍指符号"中的下划线部分仍然是"交换的符码"的"灵魂转世":"对于英国人来说,衍指符号'英夷/English barbarian'证明了中国人对外国人的蔑视……但每当英国人指责满清官吏在语词上对他们不敬的时候,这些官吏无一例外地表示惊讶,并竭力否认'夷'字带有英国人所说的那些贬义。《南京条约》签署10年之后……中英就签署了《天津条约》,从那时起,所有外交往来文书的英文版本,都被视定为原始的和正确的版本。但在此之前很长一段时间内,针对'夷'字的问题,两国之间往来的外交照会中出现过多次英方指责和中方否认的僵局……果真如此吗?如果一个英国人觉得这个字可以侮辱他,那么,'夷'字肯定不是无关大体的。"③ 这里,刘禾始终如一地扬起"穷追猛打"

---

① [瑞] 索绪尔:《普通语言学教程》,高名凯译,商务印书馆1982年版,第161页。
② [美] 刘禾:《跨语际实践——文学,民族文化与被译介的现代性(中国,1900—1937)》,宋伟杰等译,生活·读书·新知三联书店2008年版,第77页。
③ 转引自 [美] 刘禾《帝国的话语政治:从近代中西冲突看现代世界秩序的形成》,杨立华等译,生活·读书·新知三联书店2009年版,第85页。

之大旗来展开追问，抽丝剥茧、层层过滤。纵而观之，"否定之否定"的话语范式"贯穿于理论发展全过程"，①贯穿于刘禾"新翻译理论"发展全过程。

第二节 "交换的符码"与马克思主义政治经济学

有学者称"刘禾女士通过借鉴马克思主义政治经济学理论论述'交换的符码'"②。刘禾本人也承认"将意义作为'价值'来予以研究，意味着将翻译问题置于符号的政治经济学（the political economy of the sign）之中"③。如果说"交换的符码"是刘禾"新翻译理论"的逻辑起点，那么，马克思主义政治经济学则是"交换的符码"的逻辑起点，是"起点"中之"起点"，是"王中"之"王"。

"交换的符码"与马克思政治经济学之关联，体现于以下三方面。

（1）由母语译为外语的思想为了流通和交换所呈现出的"稍好一点的类似物"表现于"语言异质"之上。作为小标题的黑体字系从刘禾的英文著作转译，似乎有几分"欧化"，但意思是清晰无误的：不同语言翻译/交换中的"语言异质"不同凡响，应予突出。否则，"稍好一点的类似物"（a somewhat better analogy）就无法实现。刘禾指出："马克思在《政治经济学批判大纲》（*Grundrisse*）中说：'语言并没有转换思想，其结果是思想特质被分解，社会性作为独立

---

① 吴鸿雅：《朱载堉新法密率的科学抽象和逻辑证明研究》，《自然辩证法研究》2004年第10期。

② 费小平：《"交换的符码"：刘禾"新翻译理论"的逻辑起点》，《解放军外国语学院学报》2012年第1期。

③ Lydia H. Liu, *Tokens of Exchange: The Problem of Translation in Global Circulations*. Durham and London: Duke University Press, 1999, p. 22.

的统一体,随着这些思想一起被溶化,正像伴随诸多商品的价格一样。思想没有独立于语言而存在。为了流通,为了交换,那些不得不首先从母语译为外语的思想,呈现出一种稍好一点的类似物,但是这种类似物不在语言本身之上,而在语言异质(foreign quality)之上'。"[1] 这表明,"语言异质"应该在翻译中予以突出,否则,"稍好一点的类似物"无法实现。但何为语言异质?刘禾回答道:"语言异质(德语称 Fremdheit)描述了存在于翻译与经济交易二者之中的'共享流通过程'(a shared process of circulation)。这一'共享流通过程'在言语符号或商品与对言语符号或商品本身而言颇具'异质性'的某种事物进行交换之际,生产出意义。……马克思的分析做出了不利于纯粹政治经济学理论建构的证明,这一建构不为其他社会思考所触及。通过同一符号,我们再也不能想象一个未被经济交换模式污染的纯语言交换理论。"[2] 这一观点认为翻译活动与经济贸易"似曾相识",所以"殊途同归",均有一个"共享流通过程",其中必然牵涉"异质性",而"异质性"就产生"在言语符号或商品与对言语符号或商品本身而言颇具'异质性'的某种事物进行交换之际"[3]。这一"异质性"或许就是美国译论家韦努蒂(Lawrence Venuti)于 1995 年提出的"异化"(foreign)观念的源头。后者明确"认为异化方法是一种施加在目的语文化价值上的'偏离我族中心主义的压力(ethnodeviant pressure),可以此记载外来文本的语言—文化差异'……并能以此遏制翻译的我族中心主义暴力'

---

[1] Lydia H. Liu, *Tokens of Exchange: The Problem of Translation in Global Circulations.* Durham and London: Duke University Press, 1999, p. 22.
[2] Ibid..
[3] Ibid..

(ethnocentric violence of translation)"①。刘禾在2004年提出的"衍指符号"仍然承继着马克思的观点,理由在于:它"指的……是异质文化之间产生的意义链(a hetero-cultural signifying chain),它同时跨越两种或多种语言的语义场,对人们可辨认的那些语词单位的意义构成直接的影响。……衍指符号如此横踞在不同语言的巨大鸿沟之间,并跨越语音和表意的差异以在不同语言之间的夹缝之中偷生。这些语词单位可以包括本土词汇、外来词,也可以包括语言学家在某个语言的内部或不同的语言之间可加辨别的其他言说现象。由于衍指符号是异质文化之间产生的意义链,这就意味着,它要完成任何特定的言说现象的指意过程,都必须依靠超过一种以上的语言系统。因此……它引诱、迫使或指示现存的符号穿越不同语言的疆界和不同的符号媒介进行移植和散播。"②里的"异质文化""跨越外来词"等关键词无疑隐含着马克思的"语言异质"说,而"移植""传播"更加清楚无误地昭示着一条语言翻译中的政治经济学之路。比如,衍指符号"夷/i/barbarian"就类似经济交易,均有一个"共享流通过程"——19世纪鸦片战争和其他中外之间的外交、军事冲突——并生产出意义,"语言异质"——"barbarian"——随之出现,"稍好一点的类似物"——"夷/i/barbarian"——最终产生。汉字"夷"被置于罗马拼音"i"与英译词"barbarian"之间,三者之间形成牢不可破的三位一体的语义单位。"这一中英文交叉的衍指符号不动声色地将中文和英文的词源汇聚其间,并将其公度性锁

---

① Jeremy Munday. *Introducing Translation Studies*. London and New York: Routledge, 2001, p. 147.
② [美]刘禾:《帝国的话语政治:从近代中西冲突看现代世界秩序的形成》,杨立华等译,生活·读书·新知三联书店2009年版,第13页。并参阅原著 Lydia H. Liu, *The Clash of Empires*: *The Invention of China in Modern World Making*. Cambridge, Massachusetts, and London, England: Harvard University Press, 2004, p. 13.

定，形成一个不可思议的语义整体。"① 在中英彼此互动的社会生产关系中，意义价值因此实现。所以，语言交换不能脱离经济交换。实际上，这种交易行为何止发生在语言交换领域，在当代文学批评领域也如此。美国"读者反应论"学者路易斯·M. 罗森勃兰特（Louise M. Rosenblatt）就曾将读者与文本之间发生的阅读行为称作"交易式体验"（transanctional experience）②："文本扮演一种能够释放存留于读者心灵深处的来自过去的不同体验、思想、观念的刺激物角色。……同时，文本建构着读者的各种体验，选择、限制、主宰着能够最大限度地与文本和谐'共处'的观念。通过此番交易式体验，读者与文本共同生产了一个全新的创作（a new creation）。"③这似乎能导引着我们创立一门"阅读政治经济学"学科。

不过，这个与语言翻译"血肉相连"的"经济交换"必然涉及与对等词"情同手足"的普遍等价物（universal equivalent）概念。但这一普遍等价物绝非空隙来风，它发生于社会文化层面，正如与马克思观点遥相呼应的马克·谢尔（Marc Shell）所说："货币交换行为犹如语言翻译行为，依赖于社会层面上认同的普遍等价物，这种等价物似乎能使每件事情均匀对称，或能将每件事情化约为公分母（common denominator）。"④ 当然，这里的"普遍等价物"是指"从商品中分离出来的充当其他一切商品的统一价值表现材料的特殊商品"。"均匀对称"与"公分母"几乎同义，因为后者也含有促成

---

① ［美］刘禾:《帝国的话语政治：从近代中西冲突看现代世界秩序的形成》，杨立华等译，生活·读书·新知三联书店 2009 年版，第 43 页。
② Charles E. Bressler. *Literary Criticism: An Introduction to Theory and Practice*. Prentice-Hall, Inc. 1994, p. 66.
③ Ibid..
④ Marc Shell. *Money, Language, and Thought: Literary and Philosophic Economics from the Medieval to the Modern Era*. Baltimore: Johns Hopkins University Press, 1993, p. 107.

"均匀对称"的"共同特性""一般标准"等要素。① 至于"等价物"这一概念，刘禾有如下论述："金子在这种商品开始具有估量或购买所有他者（allthe others）的权力之际，便通过社会行为成为普遍等价物。在这一过程中，他者的异质性（foreignness）必须被征服，为了他者能在市场上具备交换价值。（在这一方面，20世纪后期英语或许能成为19世纪金子的最近类似物）。"② 换言之，在商品交换中，只有通过一般等价物才能克服交换中的商品异质性，否则交换/交易难以完成。如"individualism"的汉译就类似货币交换行为。它"自入中土以来，从来就没有一个稳定的意义。它在现代民族理论内部所扮演的角色极其关键，但同时又十分暧昧"③。它犹如货币，在与中国本土诸方进行"交易"的过程中，最终获得"个人主义"译名，该译名就是一种"依赖于社会层面上认同的普遍等价物"，使当时纷繁复杂的、彼此冲突的各种争论"均匀对称，并化约为公分母"，大量异质性也伴随其中。因此，我们务必关注以下问题：" '个人主义'在跨越彼此语境时——即在建构语言之间'对应关系'的过程中——做了一些什么事？意义是如何给定的？被谁给定的？这个译名与我们熟悉的其他现代性的范畴，如民族、社会、国家之间都有哪些复杂的互动关系？这种'跨语际实践'为我们揭示了一种怎样的历史想象？它对我们解释中国近代思想史的演变和中西理论之间的关系，能够提供哪些新的思路？"④ 不过，在上文有关"等价物"的说法上，刘禾仍然只说对了一半，因为"他者的异

---

① 《新英汉词典》编写组：《新英汉词典》，上海译文出版社1978年版，第313页。
② Lydia H. Liu, *Tokens of Exchange: The Problem of Translation in Global Circulations*. Durham and London: Duke University Press, 1999, p. 22.
③ ［美］刘禾：《语际书写——现代思想史写作批判纲要》，上海三联书店1999年版，第29页。
④ 同上。

质性（foreignness）必须被征服，为了他者能在市场上具备交换价值"①之说与上文"这种类似物不在语言本身之上，而在语言异质"②之说相矛盾，也有悖马克思的原意。后者的理由在于任何交换必须是与"直接与他种商品相交换"③，与"异质"相交换，与"公分母"相交换。否则，交换就不能实现，价值更不能实现。中西之间的翻译行为就不可能，特别是后发国家的现代性，就根本无法实现。

由以上分析，我们可以推断：无论是商品流通还是思想流通，交换的价值在于异质性，交换即是与"异质"相交换，呈现为"稍好一点的类似物"。缺乏异质性，交换就不会发生，价值就不能实现，文化之间的翻译行为也不可能发生。

（2）交换中的两种商品间存在"等量的某种共通物"并建构一个"既非小麦也非铁的某第三者"。马克思在《资本论》里如是说："拿两种商品来说，例如小麦与铁。无论它们的交换比例如何，这比例总可由一个等式来表示。在这个等式中，一定量小麦与若干量铁相等，例如 1 卡德小麦 = X 百磅铁。这个等式有什么意义呢？它告诉我们，在这两种不同的东西里面，即一卡德小麦和 X 百磅铁中，存有等量的某种共通物。故此二者，必等于既非小麦也非铁的某第三者。小麦与铁，只要同时是交换价值时，必定可以同样还原为这第三者。"④ 首先，这里的"等量的某种共通物"提供了交换价值的条件，它"不能是商品之几何学的，物理学的，化学的，或任何种

---

① Lydia H. Liu, *Tokens of Exchange: The Problem of Translation in Global Circulations*. Durham and London: Duke University Press, 1999, p. 22.

② Ibid..

③ 马克思：《资本论》第一卷（影印版），郭大力、王亚南译，上海三联书店 2006 年版，第 19 页。

④ 同上。

自然的性质"①，而是"一种同质从而在量上可以通约的东西"②，即"公分母"，是"一般的、无差别的人类劳动，即生产它们时耗费了人们的体力和脑力"③。其次，我们要问："与 1 卡德小麦 = X 百磅铁这一等式相等值或与潜在的无限数量商品相等值的这个第三者或公分母是什么呢？"刘禾认为"答案就在产生交换价值的抽象劳动中"④，并以一以贯之的穷追猛打的口吻论述道："马克思将这一交换价值确定为要求用来生产一单元给定商品的社会必要劳动时间量。……马克思将商品贸易看作'劳动时间'贸易。他的社会必要劳动时间概念，通过将人类行为及对象化引入资本主义社会的商品交换分析之方法，阐明了平等交换概念。"⑤并且，"社会必要的劳动量，或生产一个使用价值社会所必要的劳动时间，决定使用价值的价值量。就这个关系说，各个商品，都是同种商品的平均的样品"⑥。"达尔文进化主义"之所以能在 19 世纪 90 年代的中国得以译介，就是基于以下原因：①它与中国"存有等量的某种共通物"——"与中国社会政治改革、历史观念和文化运动密切相关，因为它具有了'宇宙观'、'世界观'（'道'）的功能，而在此前的世界观或道，仍然主要来自中国传统本身"⑦。②英国生产的"Darwinian Evolution"与中国生产的汉译"达尔文进化主义"，二者是

---

① 马克思：《资本论》第一卷（影印版），郭大力、王亚南译，上海三联书店 2006 年版，第 3 页。
② 任祖耀等：《马克思主义政治经济学原理》，重庆大学出版社 1999 年版，第 31 页。
③ 同上。
④ Lydia H. Liu, *Tokens of Exchange: The Problem of Translation in Global Circulations*. Durham and London: Duke University Press, 1999, p. 23.
⑤ Ibid..
⑥ 马克思：《资本论》第一卷（影印版），郭大力、王亚南译，上海三联书店 2006 年版，第 5 页。
⑦ 王中江：《进化主义在中国的兴起》，中国人民大学出版社 2010 年版，第 29 页。

"一种同质从而在量上可以通约的东西",均有共通的"社会必要劳动时间"。其结果是,最后的达尔文主义或许就是一个既非英国,又非中国的"第三者",一种新的杂糅的(hybrid)文化形式,最重要的理由是"文化是一个永不停息的社会地创造意义的过程……它会适应、变化和变异成新的形式"①。不过,应该强调的是,这种"变异"并非意味着"完全失去它的那些最基本的东西而变成另一种思想,从而不再有任何公分母或可通约性"②。我们还是应该"依赖于对那种思想'本身'的认定"③。同理,五四时期中国对俄罗斯文学的译介,也"存有等量的某种共通物":俄罗斯文学反映十月革命前的俄国人民深受封建农奴制的压迫,迫切要求推翻专制统治之现实,当时的中国人民经历了深重的灾难后,受十月革命的启发,也强烈要求变革社会现实。因此,中国的知识精英们振臂一呼,大力译介俄国文学作品,以唤起民众救亡图存。④ 同时,俄罗斯文学原著与汉译作品二者之间仍然耗费了共通的"社会必要劳动时间"——一个凝结着体力和脑力的平均的劳动量,决定着抽象劳动,决定着价值。所以,在这样的前提下生产出来的俄罗斯文学或许也是一个既非俄罗斯,又非中国的"第三者","适应不同文化网络之间的交叉点"⑤。当然,它还是保留了原初最基本的思想特质。

与此同时,从理论上说,马克思的这个经过"量上可以通约"的"既非小麦也非铁的某第三者"话语,似乎是刘禾"语际书写"

---

① [英]阿雷恩·鲍尔德温等:《文化研究导论》,陶东风等译,高等教育出版社 2004 年版,第 1 页。
② 王中江:《进化主义在中国的兴起》,中国人民大学出版社 2010 年版,第 2 页。
③ 同上。
④ 参见曹顺庆《比较文学教程》,高等教育出版社 2006 年版,第 143 页。
⑤ [英]阿雷恩·鲍尔德温等:《文化研究导论》,陶东风等译,高等教育出版社 2004 年版,第 1 页。

的源头，因为后者一直"念兹在兹"的就是中西两种语言碰撞、交融、冲突后滋生的"不单纯属于西方，也不单纯属于中国"① 的"第三空间（言语/译语）"，是"跨语际的"。这个"第三者"也是后学语境里巴芭"杂糅"（hybrid）话语的源头。这是不同文化的符码彼此交换后不得不遭遇的宿命。

（3）商品生产与交换中核心问题之一的作为社会价值的经济价值预示着符号政治经济学批判的诞生。刘禾指出："马克思关注的中心问题是作为社会价值的经济价值问题，即一个充塞着商品生产与交换专门领域的意指问题。准确地说，这就是我们时代的批判性符号学理论家介入之处，以此重新将符号研究作为符号政治经济学的批判。"② 在她看来，"马克思关注的……中心问题是作为社会价值的经济价值问题"这一观点为法国当代批评家鲍德里亚"弘扬光大"，衍生了"符号政治经济学批判"。鲍氏说："物远不仅是一种实用的东西，它具有一种符号的社会价值，正是这种符号的交换价值（valeur d'echange signe）才是更为根本的——使用价值常常只不过是一种对物的操持的保证（或者甚至是纯粹的和简单的合理化）。"③ 换言之，他通过对商品使用价值、交换价值、人的需要和商品拜物教的否定，从而否定了马克思的政治经济学，而走向所谓"符号拜物教"。在鲍氏看来，今天的社会中，"商品"不再作为一种使用价值而存在，同时，"物"也不再作为商品而存在，而是作为一种"符号"存在，充斥整个世界的不是"商品"而是"符号"。

---

① Lydia H. Liu, *Tokens of Exchange: The Problem of Translation in Global Circulations*. Durham and London: Duke University Press, 1999, p. 21.
② Ibid., p. 23.
③ ［法］让·鲍德里亚：《符号政治经济学批判》，夏莹译，南京大学出版社2009年版，第2页。

鲍氏的观点对于理解翻译的社会文化意义举足轻重，因为符号"表面'平等'的语言交换中的不平等问题直接影响到发生于翻译过程中的诸多历史语言之间的意义作为价值的交互性问题（reciprocity）"①。"交互性"指二者之间的一种"交互作用"，几乎是"交换"的同义语。刘禾女士从提出"交换的符码"构想的那一刻起就反复讨论"交互性"问题，指向一个"充满抗争的可译性概念"，如本章第一节所示。"国民性"这一符号移译至中国，就是此类"交互性"例子。"国民性"（national character/national characteristic）于19世纪末20世纪初，由梁启超等晚清知识分子从日本引入中国，用来发展中国的现代民族国家理论，即刻与中国知识界产生互动，"被译的'national character'"一词"不得不与译体语言面对面遭逢"②："1911年前后出现的主要报章杂志，无论是进步的还是保守的，都程度不同地被卷入了有关国民性的讨论"③，并"为它们之间不可简约之差别决一雌雄，这里有对权威的引用和对权威的挑战，对暧昧性的消解或对暧昧的创造，直到新词或新意义在译体语言中出现"④。具体轨迹是：1917年初，光升在《新青年》发表了题为《中国国民性及其弱点》的文章。他将"国民性"界定为"种性""国性"和"宗教性"的集合体；并认为，容忍性使中国人丧失了个性和独立自由的精神，造成了极其薄弱的法制和民主观念。然而，到了陈独秀倡导的新文化运动时期，特别是后来的五四运动时期，正

---

① Lydia H. Liu, *Tokens of Exchange: The Problem of Translation in Global Circulations*. Durham and London: Duke University Press, 1999, p.23.
② 费小平：《"语际书写"/"跨语际实践"：不可忽略的文化翻译研究视角》，《中国比较文学》2010年第1期。
③ ［美］刘禾：《语际书写——现代思想史写作批判纲要》，上海三联书店1999年版，第77页。
④ 同上书，第36页。

好相反,"国民性"话语开始向我们所熟悉的那种"本质论"过渡。陈独秀在《东西民族根本思想之差异》和《我之爱国主义》两文中将"国民劣根性"的批判与传统文化的批判相提并论。唤醒和教育国民的责任因此自然落在了包括他们自己在内的一小部分知识分子精英的肩头上。与此同时,"文学,随着'改造国民性'的这一主题的凸现,也开始受到中国'现代性'理论的青睐,被当作实现国民改造之宏图的最佳手段"[①]。不难看出,"这些……被中国人翻译阅读……进入中文有关国民性的论战"[②],均建立在语言的"交互性/互译性"之上,它们能告诉我们:在东西方相互遭遇的过程中,各种语言碰到一起时究竟发生了什么?语言之间的权力关系是否无一例外地化约为统治与抵抗的模式?[③] 很显然,"国民性"译介因此昭示出商品生产与交换中的作为"社会价值的经济价值问题"[④]。它"远不仅是一种实用的东西,它具有一种符号的社会价值"[⑤],即"符号的交换价值","是更为根本的"[⑥]。与此密切相关的"交互性/互译性"逻辑持续于她后来的"衍指符号"的内在理路中:"交互逻辑(logic of reciprocity)……是所有衍指符号诞生的基础。假如甲的意义被判定等同于乙的意义,那么就可以理解为乙可以翻译甲,反之亦然。……从事翻译的人依赖的正是类似的交互逻辑,以此生产出两种语言之间存在着公度性这一事实。……新的衍指符号一方面在

---

① [美]刘禾:《语际书写——现代思想史写作批判纲要》,上海三联书店1999年版,第79页。
② 同上书,第88页。
③ 同上书,第89页。
④ Lydia H. Liu, *Tokens of Exchange: The Problem of Translation in Global Circulations*. Durham and London: Duke University Press, 1999, p. 23.
⑤ [法]让·鲍德里亚:《符号政治经济学批判》,夏莹译,南京大学出版社2009年版,第2页。
⑥ 同上。

翻译的交互逻辑下应运而生，另一方面又把这个过程的痕迹片甲不留。"① 马克思主义政治经济学色彩仍难掩其间。可以说，"交互性"是刘禾"交换的符码"之魂，并能再次昭示一个事实："西方语言与汉语之间的相互碰撞、交融、冲突和翻译的历史过程中……透明地互译是不可能的，文化以语言为媒介来进行透明地交流也是不可能的。不仅如此，词语的对应是历史地、人为地建构起来的。"② 因此，"语言之间的'互译性'也必须作为一种历史的现象去理解和研究。刘禾的"语际书写"理念几乎不折不扣地实践了这一切。

所以说，马克思主义政治经济学是打开刘禾"交换的符码"之门的钥匙，揭橥了刘禾"新翻译理论"之秘诀。其中，"交换对于马克思而言是'一个充满意指（signification）、表达（expression）、替换（substitution）的重大事件'"③。它是商品实现价值的必经通道。二者间的关系是：价值是交换价值的基础，交换价值是价值的表现形式。商品按价值进行交换，实际上是商品生产者之间互相交换劳动，通过商品交换使不同的商品生产者在经济上联系起来，体现了价值的社会属性。因此，翻译过程中被"交换的符码"，是一种作为"使用价值"的语言符码与另一种作为"使用价值"的语言符码相交换的量的关系或比例，体现文化价值的社会属性，建立在一种彼此认同的"公度性"或"公约性"之上。

---

① Lydia H. Liu, *The Clash of Empires*: *The Invention of China in Modern World Making*. Cambridge, Massachusetts, and London, England: Harvard University Press, 2004, p. 36.

② ［美］刘禾《语际书写——现代思想史写作批判纲要·序》，上海三联书店1999年版，第4—6页。

③ Lydia H. Liu, "The Question of Meaning-Value in the Political Economy", in Lydia H. Liu, ed. *Tokens of Exchange*: *The Problem of Translation in Global Circulations*. Durham and London: Duke University Press, 1999, p. 24.

第三节 "交换的符码"与索绪尔"普通语言学"

以价值交换为推动力的"交换的符码"与"现代语言学之父"索绪尔的"普通语言学"存在诸多"姻缘"。刘禾女士以行家的眼光,对现代语言学"娓娓道来",甚至"指手画脚",足可见出一位大批评家的风采。

第一,索绪尔尽管一直在捕捉政治经济学与符号学二者之间的寓意性对等(figurative equivalent),而又与马克思有所区别。刘禾如是说:"索绪尔在建构结构主义语言学之际一直在从与马克思相迥异的方向上追寻着这种'寓意性对等'的理由。虽然他像马克思那样,均将政治经济学及符号学一致理解为彼此相嵌的价值—意指系统(mutually systems of value and signification),但倒置了马克思对经济学、语言学予以概念化的秩序。"[①] 这一点可以索绪尔的言说为证:"如果交换是一个充满意指和替换的重大事件,那就完全有可能将经济学层面的意指系统纳入一团相应的意指系统(the fold of parallel system of signification)之中,如语言和其他符号系统,等。毕竟,使用价值和交换价值均意指社会价值诸多层面——在那里,存在于不同的价值言说(different articulations of value)之中的'寓意性对等'的理由可以被抽象化和理论化,不管它是商品价值,还是语言价值,

---

[①] Lydia H. Liu, "The Question of Meaning-Value in the Political Economy", in Lydia H. Liu, ed. *Tokens of Exchange: The Problem of Translation in Global Circulations*. Durham and London: Duke University Press, 1999, pp. 24 – 25.

或其他。"①

第二,索绪尔在《普通语言学教程》的前面部分指出:"语言是一种社会制度……语言是一种表达观念的符号系统……因此,我们可以设想有一门研究社会生活中符号生命的科学。"②刘禾对此回应:"在《普通语言学教程》中,索绪尔开篇就将语言特征界定为社会体制,将符号学(语言、符号象征仪式、习俗等)想象为一种旨在将符号作为社会生活部分来予以研究的科学。……作为社会体制,语言必须用同一程度的精确度(rigor)来分析,后者实施于法律、经济学等社会科学中和政治体制史中。索绪尔特别强调政治经济学与语言学的亲缘关系,因为'正如在政治经济学里一样,人们都面临着价值这个概念。它在这两种科学里都是涉及不同类事物间的等价系统,不过一种是劳动和工资,另一种是所指和能指'。"③因此,在刘禾看来,(1)索绪尔的符号是"社会生活部分",与体制密切相关;(2)"价值"是一个"涉及不同类事物间的等价系统"的大问题,政治经济学与语言学均一致关注"价值",但二者的区别在于:前者关注"劳动和工资",后者关注"所指和能指"。追根溯源,虽然索绪尔在这一问题上的观点"与马克思在《资本论》中分

---

① Qt. Lydia H. Liu, "The Question of Meaning-Value in the Political Economy", in Lydia H. Liu, ed. *Tokens of Exchange: The Problem of Translation in Global Circulations*. Durham and London: Duke University Press, 1999, pp. 24 – 25.
② [瑞]费尔迪南·德·索绪尔:《普通语言学教程》,高名凯译,商务印书馆1982年版,第37—38页。
③ Lydia H. Liu, "The Question of Meaning-Value in the Political Economy", in Lydia H. Liu, ed. *Tokensof Exchange: The Problem of Translation in Global Circulations*. Durham and London: Duke University Press, 1999, p. 25. 索绪尔著作译文转引自[瑞]费尔迪南·德·索绪尔《普通语言学教程》,高名凯译,商务印书馆1982年版,第118页。

析交换价值的方法很接近"①,但又有所区别:"对马克思来讲,交换价值可以在抽象劳动和劳动时间层面予以分析和量化,而索绪尔则看到所指与能指之间的完全任意关系。语言价值对他来讲就是一件语言共同体里的内部关系的大事。"② 并且,在索绪尔看来,"为了建立价值,共同体是必需的"③,"价值只依习惯和普遍同意而存在,所以要确立价值就一定要有集体,个人是不能确定任何价值的"④,即是说,语言互译中的价值的实现,双方必须要有一个彼此均能感悟的"语言共同体"(或"文化共同体")/"集体"。

第三,刘禾批评"索绪尔时常求助于现场'翻译'(on-the-spot 'translation'),并在促使文本操作'理论化'方面又屡屡失败,这对结构主义语言学来说,产生了逻辑上的死胡同"⑤。"这在他力争对意义与价值二者做出某些层面的区别时,就导致了程度不小的混乱。"⑥ 比如,他"将意义等同于价值,声称一个'特殊概念仅仅是源生于与同类的其他价值之间建立的关系的价值。如果其他那些价值消失,意义或许可能消失'"⑦。"不过在同一空间,他声称价值、意义不是同义语,一个代表一种与共同价值之间建立的区别性关系的水平式秩序,另一个(意义)代表了伴随所指、能指的垂直箭头

---

① Lydia H. Liu, "The Question of Meaning-Value in the Political Economy", in Lydia H. Liu, ed. *Tokens of Exchange: The Problem of Translation in Global Circulations*. Durham and London: Duke University Press, 1999, pp. 24 – 25.

② Ibid..

③ Ibid., p. 25.

④ [瑞]费尔迪南·德·索绪尔:《普通语言学教程》,高名凯译,商务印书馆1982年版,第159页。

⑤ Lydia H. Liu, "The Question of Meaning-Value in the Political Economy", in Lydia H. Liu, ed. *Tokens of Exchange: The Problem of Translation in Global Circulations*. Durham and London: Duke University Press, 1999, p. 27.

⑥ Ibid..

⑦ Ibid..

的概念。"① 这确实是赤裸裸的"逻辑上的死胡同",是"程度不小的混乱"。此番慧眼一般只能是语言学家的"专利",不足为外人道也,但文化批评家及文学学者的刘禾却能"蚕食"此番"专利",语言学家们情何以堪!

第四,刘禾批评索绪尔的"差异"说。索绪尔明确说过"语言中只有差别"②,并且这一差别更多的是指"一系列声音差别和一系列观念差别。"③ 刘禾指出:在这方面,"索绪尔所用的一个著名例子是法语词'mouton'及英语对应词'sheep'。通过翻译,他决定两词可有同一意义,但没有同一价值。他认为价值上的差异依赖于这样一个事实:英语中有另外一个词'mutton'来指代羊肉,而法语中的'mouto'却包含着二者。英语中的'sheep'和'mutton'的差异性关系因此将不同的价值分配给了英语中并存的每个词"④。刘禾心生质疑:"如果价值充满差异,意义能保持一样吗?在声音模式和其他语言特征从属于差异关系原则(the law of differential relations)时,为什么意义应该是因果意义上的固定范畴?直到我们通过选择性翻译(selective translation)将二者等同为止,我们如何知道法语词'mouton'与英语词'sheep'具有相同意义,英语词'sheep'与法语词'mouton'具有相同意义?意义交互性(the

---

① Lydia H. Liu, "The Question of Meaning-Value in the Political Economy", in Lydia H. Liu, ed. *Tokens of Exchange: The Problem of Translation in Global Circulations*. Durham and London: Duke University Press, 1999, p. 27.

② [瑞]费尔迪南·德·索绪尔:《普通语言学教程》,高名凯译,商务印书馆1982年版,第167页。

③ 同上。

④ Lydia H. Liu, "The Question of Meaning-Value in the Political Economy", in Lydia H. Liu, ed. *Tokens of Exchange: The Problem of Translation in Global Circulations*. Durham and London: Duke University Press, 1999, p. 27.

reciprocity of meaning) 能总是在语言之间得以保证吗?"① 但是,索绪尔在下文的论述似乎能够回应此番质疑:"语言系统是一系列声音差别和一系列观念差别的结合,但是把一定数目的音响符号和同样多的思想片段相配合就会产生一个价值系统,在每个符号里构成声音要素和心理要素间的有效联系的正是这个系统。所指和能指分开来考虑虽然都纯粹是表示差别的和消极的,但它们的结合却是积极的事实;这甚至是语言唯一可能有的一类事实,因为语言制度的特征正是要维持这两类差别的平行。"② 这就是说,价值本来就是由充满差别的音响符号和思想片段构成的集合。无差别,就无价值。这已说得再明白不过了。

第五,刘禾指出:"索绪尔将翻译中的意义看作'给定的'(given),并从中推演出激进的价值理论,而且是一个建立在直观翻译基础之上的传统意义理论。他的分析模式,属于'无处不在语言学'模式(ubiquitous linguistics),直接参与了他针对符号与结构主义语言学所说的一切,但并没有照此记录下来。在论证结构主义语言学总体概念的过程中,索绪尔运用他广博的法语、英语、德语、希腊语、拉丁语、葡萄牙语、捷克语、梵语来阐述一、两个观点,且得心应手。"③ 刘禾认为,这一切启发了其继任者雅各布逊,后者在《论翻译的语言学层面》一文中明确指出:"差异中的对等是语

---

① Lydia H. Liu, "The Question of Meaning-Value in the Political Economy", in Lydia H. Liu, ed. *Tokens of Exchange: The Problem of Translation in Global Circulations.* Durham and London: Duke University Press, 1999, p. 27.

② [瑞] 费尔迪南·德·索绪尔:《普通语言学教程》,高名凯译,商务印书馆1982年版,第167页。

③ Lydia H. Liu, "The Question of Meaning-Value in the Political Economy", in Lydia H. Liu, ed. *Tokens of Exchange: The Problem of Translation in Global Circulations.* Durham and London: Duke University Press, 1999, p. 27.

言中的基本问题,是语言学的主要关注点。正像任何言语信号接受者一样,语言学家充当着阐释者的角色(interpreter)。任何语言样本如不通过将它的符号翻译为同一语言的其他符号或另一系统的符号,是不可以被语言科学阐释的。对两种语言的比较,隐含着对互译性(mutual translatability)的考察,普遍进行的语际交流实践(practices of interlingual communication),特别与翻译活动,必须居于语言科学的时常检视中。"① 即是说,语言比较就是互译问题,并且"'对两种语言的比较隐含着对互译性的考察'的这一视角,具有最大的潜力,可以以此衍生出一个主要的翻译理论观点"②。翻译活动因此与语言科学,特别与结构主义,密不可分。所以,刘禾以深刻的洞察力指出:"翻译因此成为结构原理(structural principle)——通过它,很多符号与同一符码内、众多符码间的其他符号彼此对等。这是一个令人骚动的想法,可以用来解释索绪尔自己的操作模式,并将某种程度的自我意识带入语言的符号学思考中。"③

刘禾眼里的雅各布逊的"最大的潜力",是"他指出德国画家将罪恶(Sin)描写为女性,使得俄罗斯画家列宾遭遇挫折,因为一个明显的事实是:列宾未能明白'罪恶'(sin)在德语中是女性;它在俄语中是男性。……俄罗斯孩子阅读德语故事译本时,发现明显作为'女性'角色的死亡被刻画为'老男人'。这些奇闻轶事得以很好讲述并无限地成倍增加。但是有关可译性,他们告诉我们什么?我们能被带回那样的论点——性别不会很好地穿越语言符码,

---

① Lydia H. Liu, "The Question of Meaning-Value in the Political Economy", in Lydia H. Liu, ed. *Tokens of Exchange: The Problem of Translation in Global Circulations*. Durham and London: Duke University Press, 1999, pp. 27 – 28.

② Ibid., p. 28.

③ Ibid..

并且翻译不可能发生——中吗？如果那样，我们如何将性别翻译为无屈折变化的语言？在那里，这一语法范畴不可能从印欧语言视角获得"①。同样有趣的问题也发生在现代汉语第三人称代词的性别化翻译中。它有益于"审视建基于共时的语言差异比较之上的不可译性观点（argument of untranslatability）"②。刘禾论述道："原有的第三人称代词'他'（ta）的汉语书写文字特征，包含着非性别化的激进的'人'（human）。千年以来，中国人一直与非性别化的书写形式'他'（ta）和其他指称形式和谐'相处'着，直到从欧洲语言中翻译女性化代词的必要性，突然在本世纪初引起他们的注意为止。中国语言学家和翻译家继续发明或许能够翻译欧洲语言中的'等值性'代词的书写文字。经过多次试验，他们沉醉于这样一个字词中：用激进的'女'字（woman）来代替非性别化的'他'（ta）字中的'人'字词根，以形成语言中的女性化代词。从那时起，那一个词就成为现代汉语主流词汇表（main stream vocabulary）中不可分割部分。"③ 史学家们认为，"她"字的发明是五四时期中国发生的重大"文化史事件"④，"它的创生、争论及其此后的认同和流行，既是东西文化接触后出现的一个典型的语言现象，又是新的性别文化现象，同时还是文学史、思想史和社会文化批评史变迁中值得关注的现象"⑤。刘禾认为"她"字是五四时期中国人"所发明的最迷人的新

---

① Lydia H. Liu, "The Question of Meaning-Value in the Political Economy", in Lydia H. Liu, ed. *Tokens of Exchange*: *The Problem of Translation in Global Circulations*. Durham and London: Duke University Press, 1999, p. 28.

② Ibid., p. 2.

③ Ibid., pp. 28 – 29.

④ 黄兴涛：《"她"字的文化史 女性新代词的发明与认同研究》，福建教育出版社2009年版，第3页。

⑤ 同上。

词语之一"①，之所以如此，她给出的理由是："这个过程令人心醉……女性化代词的出现同时将原有的非性别化'他'（ta）转化为男性化代词，虽然后者的书写形式没有经历最少的形态变化，仍然以同样的'人'字（ren）词根来予以书写。通过与印欧语言的偶然性接触（circumstantial contact），表达'人类'（human）的全称性词根（generi radical），如今宣告了一种男性本质（masculine essence）的诞生。换言之，语言系统里的性别化新词（gendered neologism），已经以反作用方式（retroactively），迫使原有的无标记代词（originally unmarked pronoun）具备男性身份。"② 刘禾真是独具慧眼！

第四节 "交换的符码"与鲍德里亚"符号政治经济学批判"

鲍德里亚（Jean Baudrilliard，1929—2007），这位"从后马克思语境中叛逆出来走向反马克思主义逻辑通道"的所谓"后现代主义者"，早在20世纪80年代就有美国学者预言，"在某些圈子里……正不知不觉地进入到文化场景的中心"③，其研究成果"在许多'后现代'期刊和团体中……被看作是对马克思主义、精神分析学、哲学、符号学、政治经济学、人类学、社会学和其他学科中正统理论

---

① ［美］刘禾：《跨语际实践——文学，民族文化与被译介的现代性（中国，1900—1937）》，宋伟杰等译，生活·读书·新知三联书店2008年版，第49页。

② Lydia H. Liu，"The Question of Meaning-Value in the Political Economy"，in Lydia H. Liu, ed. Tokens of Exchange: The Problem of Translation in Global Circulations. Durham and London: Duke University Press, 1999, p. 29.

③ 转引自仰海峰《走向后马克思：从生产之境到符号之境　早期鲍德里亚思想的文本学解读》，中央编译出版社2004年版，第2页。

和传统智慧的挑战"[1]。他的思想"不是一种文化时尚,而是对现代生活……开启了许多新的研究方向"[2]。从 20 世纪 70 年代开始,他的著作被大量译为英文,如《生产之镜》(The Mirror of Production)、《符号政治经济学批判》(For a Critique of the Political Economy of the Sign)、《交流的狂喜》(The Ecstasy of Communication)、《模拟与仿真》(Simulacra and Simulation)、《物体系》(The System of Objects)、《消费社会》(The Consumer Society)等,足可见其强劲势头。

"交换的符码"与鲍德里亚"政治经济学批判"二者之间关系,可从以下四方面讨论:

(一)鲍德里亚对语言学家索绪尔的挑战

鲍德里亚"重新审视索绪尔的价值、意义理论的双重境况:'(1)硬币能够为一定数量的某种不同的东西而得以交换,如面包等;(2)其价值能够与同一系统里的另一价值进行比较,比如一法郎硬币的价值或一硬币的价值属于另一系统(如一美元)'"[3]。刘禾指出:"索绪尔看到某个硬币可以针对一个具有某种价值的真实货物进行交换(如境况 1 中的面包),并同时将硬币与货币系统里的其他条件联系起来(境况 2 中的一法郎或一美元)。这种经济交换,清晰地导出了商品使用价值和交换价值之间的差异。虽然鲍德里亚对于经济学与语言学的类比不持任何异议,但他还是一方面质疑未经检视的意义构想以及它在结构主义语言学里的指涉(referent),另一方

---

[1] 转引自仰海峰《走向后马克思:从生产之境到符号之境——早期鲍德里亚思想的文本学解读》,中央编译出版社 2004 年版,第 1—2 页。
[2] [法]张一兵:《代译序》(符号之谜:物质存在的化蝶幻象),[法]让·鲍德里亚《符号政治经济学批判》,夏莹译,南京大学出版社 2009 年版,第 3 页。
[3] Lydia H. Liu, "The Question of Meaning-Value in the Political Economy", in Lydia H. Liu, ed. Tokens of Exchange: The Problem of Translation in Global Circulations. Durham and London: Duke University Press, 1999, p. 29.

面质疑马克思手中的'使用价值'构想。……鲍德里亚企图像马克思在《资本论》中分析商品那样，用同样的方法揭示索绪尔的所指概念，虽然索绪尔的能指概念和马克思的使用价值概念均遭四面楚歌的厄运。鲍德里亚与索绪尔和马克思进行激烈抗争，其结果是开发出一套能阐释一个过程的理论词汇，通过这一过程，社会声望与社会统治（social privilege and domination）再也不会仅仅被生产方式的所有制所规定，而是被建立起来的，被一如既往坚持的等价物和价值等级制的意指过程（the process of signification）所规定。"① 头头是道，"以其昭昭使人昭昭"。这里，社会威望与社会统治被等价物和价值等级制的意指过程所制约，诚如鲍德里亚自己所说，"这一领域是一个从商品/形式的过程，是一个经济体系向符号体系转变的过程，并由此导致经济的权力转变为一种统治以及社会特权等级"②。简而言之，传统的阶级或相关的分析范畴在此宣布无效，因为"不能完整地透视消费社会的意识形态"③。"要真实地透视消费中的意识形态，必须面对符号编码所导致的经济学效应，走向符号政治经济学批判。"④

（二）鲍德里亚的意识形态批判

刘禾指出："符号生产中的'神秘连系物'批判（the critique of the magical copula），或者说，鲍德里亚理论中的'A = A 中的相应符

---

① Lydia H. Liu, "The Question of Meaning-Value in the Political Economy", in Lydia H. Liu, ed. *Tokens of Exchange: The Problem of Translation in Global Circulations*. Durham and London: Duke University Press, 1999, pp. 29–30.

② [法] 让·鲍德里亚：《符号政治经济学批判》，夏莹译，南京大学出版社2009年版，第117页。

③ 仰海峰：《走向后马克思：从生产之境到符号之境——早期鲍德里亚思想的文本学解读》，中央编译出版社2004年版，第148页。

④ 同上。

号',值得特别重视,因为这是'形而上学与经济学面对同一困境、同一矛盾、同一机能失调时彼此展开的竞争之处'。"① 对于其深层原因,她分析道:"他(鲍德里亚——引者注)说,跨越符号生产和物质生产的此种意识形态形式,伴随着一个逻辑交叉点(logical bifurcation)的出现而出现——这一逻辑交叉点,从'使用价值/交换价值和所指/能指'角度,予以理论化。鲍德里亚将这一双向交叉点称为'神秘性思维'(magical thinking)。"② 这里,"意识形态确实是贯穿于符号生产和'物质'生产中的一种形式……形式正是通过这种功能性的和策略性的分割,再生产自身。它表明意识形态已经整个地存在于商品逻辑中使用价值与交换价值的关系之中,同时也存在于符号的内在逻辑中能指与所指的关系之中"③。这一点与马克思不谋而合,因为后者也"阐明了物质生产的客观性并不存在于它的物质性之中,而是存在于它的形式之中"④。"实际上,这是与所有批判理论决裂的关节点"⑤。至于鲍德里亚所说的"神秘性思维",实际上是一种"对意识形态的批判","这种批判并不将意识形态看作一种形式,而是看作内容,看作是一种给定的、超验的价值"⑥,正如刘禾所诠释的那样,"将使用价值'和'所指'置于内容、给定物(a given)、需求及超验的价值(transcendental value)的角色之

---

① 仰海峰:《走向后马克思:从生产之境到符号之境 早期鲍德里亚思想的文本学解读》,中央编译出版社2004年版,第148页。
② Lydia H. Liu, "The Question of Meaning-Value in the Political Economy", in Lydia H. Liu, ed. *Tokens of Exchange: The Problem of Translation in Global Circulations*. Durham and London: Duke University Press, 1999, p. 30.
③ [法]让·鲍德里亚:《符号政治经济学批判》,夏莹译,南京大学出版社2009年版,第139页。
④ 同上。
⑤ 同上。
⑥ 同上书,第140页。

中"①。但"给定的、超验的价值"是"与一些宏大的显现密切相连的一种神性（mana），神奇地孕育了诸多漂浮的、神秘的主体性，这些主体性被称为'意识'"②。鲍德里亚因此质疑"传统意识形态研究的最大问题，就是人们总是将意识形态指认为一种内容"③，即某种显现出来的观念内容。而在鲍德里亚看来，"理解意识形态本质的正确通道恰恰不是在于它的显现出来的观念内容，而是它的看不见的形式"④。具体说来，"意识形态的过程是一个将象征性物质载体还原为、抽象为一种形式的过程。但这种还原性抽象立即成了一种价值（具有自主性的），一种内容（超验的），一种意识的显现（所指）"⑤。有学者认为"这是鲍德里亚关于意识形态本质的一句很重要的表述"⑥。但意义何在？"西马"学者张一兵这样诠释："他（鲍德里亚——引者注）举例说，比如马克思在《资本论》中对商品的分析，商品的神秘性并不在于它本身的物性，而在于它抽象的神秘形式。"⑦ 理由在于"这一过程同样导致了将商品作为一种具有自主性的价值和超越性的现实，而不知道它本身不过是一种形式，是一种社会劳动的抽象。"⑧ 鲍德里亚以马克思式的分析逻辑继续说

---

① Lydia H. Liu, "The Question of Meaning-Value in the Political Economy", in Lydia H. Liu, ed. *Tokens of Exchange: The Problem of Translation in Global Circulations*. Durham and London: Duke University Press, 1999, p.31.
② [法]让·鲍德里亚：《符号政治经济学批判》，夏莹译，南京大学出版社2009年版，第140页。
③ 张一兵：《代译序》（符号之谜：物质存在的化蝶幻象），[法]让·鲍德里亚《符号政治经济学批判》，夏莹译，南京大学出版社2009年版，第26页。
④ 同上。
⑤ [法]让·鲍德里亚：《符号政治经济学批判》，夏莹译，南京大学出版社2009年版，第140页。
⑥ 张一兵：《代译序》（符号之谜：物质存在的化蝶幻象），[法]让·鲍德里亚《符号政治经济学批判》，夏莹译，南京大学出版社2009年版，第26页。
⑦ 同上。
⑧ [法]让·鲍德里亚：《符号政治经济学批判》，夏莹译，南京大学出版社2009年版，第140页。

道:"形式将自身不断地掩盖在内容之下,这是形式的狡计。符码的狡计在于将自身掩盖在价值之下,或者通过价值而生产自身。正是在内容的'物质性'之中,形式消解了自身的抽象,并将自身再生产为一种形式。这就是它所特有的魔力。"① 这里,鲍德里亚简单地将马克思的商品的使用价值和价值二重性的分析类比于内容和形式,实则是一种误读,不过,这种误读或许是为了最终引出他想标举的符号关系:形式的秘密就是符号②。但是,在鲍德里亚看来,"真正能够消除整个符号与价值体系意识形态的东西,只有他的无定性的象征性交换关系。在今天的符号统治王国中,解放和批判的口号如果是某种在场的真实、指涉物或终极价值,都摆脱不了符号的阴影,这是因为所有的有定在的意指都是被符号结构化的"③。

（三）刘禾对鲍德里亚对广为接受的传播—交际理论的批评的批评

刘禾认为,这是鲍德里亚形而上学批评的重要组成部分。她首先指出:"罗曼·雅各布逊的著名言语交际模式可以看作是鲍德里亚重新思考'传送者（编码者—信息—接受者（解码者）'程序［the sequence of transmitter（encoder）-message-receiver（decoder）］的出发点。"④ 这里,"信息被符码所构造,被内容所决定。这些'概念'

---

① ［法］让·鲍德里亚:《符号政治经济学批判》,夏莹译,南京大学出版社2009年版,第140页。
② 参见张一兵《代译序》（符号之谜:物质存在的化蝶幻象）,［法］让·鲍德里亚《符号政治经济学批判》,夏莹译,南京大学出版社2009年版,第27页。
③ 同上。
④ Lydia H. Liu, "The Question of Meaning-Value in the Political Economy", in Lydia H. Liu, ed. *Tokens of Exchange: The Problem of Translation in Global Circulations*. Durham and London: Duke University Press, 1999, p. 31.

每一个都有一个特殊的功能与其相对应：指涉性的、诗性的、应酬寒暄等等。每一个传播的过程由此都被归入到了一个单一的意义之中，从传递者到接受者：后者可以反过来成为传递者，同样的过程被复制了"①。刘禾据此判断："鲍德里亚认为这一'科学'建构物植根于一种仿真交际模式（a simulation model of communication）中，这一模式既不应允相互关系，也不应允两术语之间在同一时间的彼此存在（特别是冲突性存在）｛simultaneous mutual (especially conflictual) presence｝。这个被置放于编码者和解码者之间的人为距离，封闭了原初信息的完全的、自治的'价值'，因此驱除了对话者们（interlocutors）之间的关联性（reciprocity）、对抗性（antagonism）以及彼此交换之间的矛盾性（ambivalence）。"② 所言极是，颇如天外播下"及时雨"。仿真交际模式实际是指"物的功能性拟像"（Le simulacre functionnel），是鲍德里亚核心概念之核心。它犹如媒人，导引着"物的操持'建构了符号码'"③。有学者认为"这是鲍德里亚拟像概念较早的出场……拟像构成符码，这些符码构成了不同的表意话语，而话语的背后则是一定阶级的语法结构"④。并且，"鲍德里亚所关注的符号并非只是观念性的抽象语言记号，而主要是由物以及物性的操持方式表征出来的差异性意指关系"⑤。但何为"物的差异性操持方式"？这位学者的理解是："社会生活中人们获得物、

---

① ［法］让·鲍德里亚：《符号政治经济学批判》，夏莹译，南京大学出版社2009年版，第177页。
② Lydia H. Liu, "The Question of Meaning-Value in the Political Economy", in Lydia H. Liu, ed. *Tokens of Exchange: The Problem of Translation in Global Circulations.* Durham and London: Duke University Press, 1999, pp. 31 – 32.
③ 张一兵：《代译序》（符号之谜：物质存在的化蝶幻象），［法］让·鲍德里亚《符号政治经济学批判》，夏莹译，南京大学出版社2009年版，第4页。
④ 同上。
⑤ 同上。

使用物和摆弄物品的某种特殊的在场方式。"① "正是这种物的异质性的操持生成了新的表意符号关系，社会由此被符码化"②。它必然进入社会批评层面，因为"物是一个显现社会意指的承载者，它是一种社会以及文化等级的承载者"③。"这些都体现在物的诸多细节之中：形式、质料、色彩、耐用性、空间的安置——简言之，物构建了符码（code）"④。刘禾同时认为，"这种对仿真交际模式和结构主义语言学的批评，使鲍德里亚在同时代的法国理论家中略显偏激，与可接受的语言交换的概念大相径庭，特别是符号交换价值概念，似乎呈现了一种真实可能性。不过，正像之前的索绪尔一样，鲍德里亚已将翻译问题从符号交换（sign exchange）的总体画面中去除，并对符号的流通予以理论化，世界似乎在言说着充满价值（value）与交互性（reciprocity）的混合语（lingua franca）。在欧洲语言中存在着彼此借用的漫长历史，在前殖民地中存在着宗主国语言的霸权，如果二者得为鲍德里亚的盲点承担几分责任的话，它就不足以解释为什么他用那种方法阅读索绪尔"⑤。无疑，在刘禾看来，鲍德里亚心中的"翻译"，等同于价值与交互性的结合。

（四）刘禾批评鲍德里亚对索绪尔的误读

刘禾如是说："鲍德里亚责备索绪尔过分拘泥于意义的形而上学构想，但没有详细阐明索绪尔的'一贯伎俩'（modus operandi）在

---

① 张一兵：《代译序》（符号之谜：物质存在的化蝶幻象），[法]让·鲍德里亚《符号政治经济学批判》，夏莹译，南京大学出版社2009年版，第4页。
② 同上书，第5页。
③ [法]让·鲍德里亚：《符号政治经济学批判》，夏莹译，南京大学出版社2009年版，第12页。
④ 同上。
⑤ Lydia H. Liu，"The Question of Meaning-Value in the Political Economy"，in Lydia H. Liu，ed. *Tokens of Exchange: The Problem of Translation in Global Circulations*. Durham and London：Duke University Press，1999，p. 32.

什么程度上得为产生这一形而上学承担责任。让我们做出回忆：索绪尔在《普通语言学教程》中促使符号意义不证自明——它独立于它的历史，独立于译者通过外语对等物对它的意义的选择性挪用（selective appropriation）。在对'mouton'和'sheeep'的分析里，他采用'mouton'之义来诠释'sheeep'之义或用'sheeep'之义诠释'mouton'之义的循环程序（circular procedure），并认定两词具备同一意义但不具备同一价值。他的循环行动（circular move）不能记录的一切就是翻译行为——翻译行为，正如在不同语境中生产不同的意义一样，能易如反掌地，积极主动地生产出两词之间的'同一意义'。对于'mouton'与'sheeep'，如果不将意义与'价值'分离，他就无法解释。它允许'mouton'等同于'mutton'而非'sheeep'。由于这些符号的'多元配价词源'（the polyvalent etymology），法语'mouton'并不与英语'sheeep'具备同一意义，直至人们通过'选择性翻译'将它们对应起来并且排出其他可能性'mutton'为止；英语'sheeep'也不与法语'mouton'具备同一意义。此外，英语'mutton'词源指向另一层面的历史性，它关系到诺曼人入侵英国后法国人与盎格鲁—撒克逊人之间原有阶级关系的跨语际行为（translingual figuring）。正如索绪尔的文本操作足以证明的那样，差异与对等的谈话几乎毫无意义，直到颇遭质疑的语言，通过翻译、词源、历史，被捆绑至一种交互性的、差异性的、对抗性的关系之中为止。"[①] 空谷足音，令人震颤！

[①] Lydia H. Liu, "The Question of Meaning-Value in the Political Economy", in Lydia H. Liu, ed. *Tokens of Exchange: The Problem of Translation in Global Circulations*. Durham and London: Duke University Press, 1999, p. 33.

第五节 "交换的符码"与布迪厄"权力"话语

众所周知,布迪厄(Pierre Bourdieu,1930—2002)这位法国当代文化批评家提出了"场域"(field)、"习性"(habitus)、"资本"(capital)等文化资本话语,同鲍德里亚与索绪尔、马克思之间的"联姻"有诸多相似之处。所以,刘禾指出:"鲍德里亚与索绪尔、马克思的'联姻',可以与皮埃尔·布迪厄(Pierre Bourdieu)通过'符号化/象征化商品'(symbolic goods)、'符号化/象征化资本'(symbolic capital)、'习性'(habitus)、'场域'(field)、'符号化/象征化权力'(symbolic power)、'文化生产'(cultural production)等概念范畴所作行动,一争高下。"①

布迪厄指出:"语言交换———一种发送者与接受者之间的交际关系,建基于编码与解码之上,也因此建基于对符号(code)或生成能力(generative competence)的贯彻落实之上,这也是一种经济交换(an economic exchange)。它建立在特殊的生产者与消费者(市场)之间的特殊符号/象征权力关系中,其中生产者被赋予某种语言资本(linguistic capital)。这种经济交换还能设法获得某种物质或符号/象征利益。"② 换言之,语言交换是经济交换,经济行为是符号化过程/象征化过程,生产者"因言获胜",获得在一个特定

---

① Lydia H. Liu, "The Question of Meaning-Value in the Political Economy", in Lydia H. Liu, ed. *Tokens of Exchange: The Problem of Translation in Global Circulations.* Durham and London: Duke University Press, 1999, p. 33.

② Ibid..

社会空间里才得以获得的有效资源及特殊利益。这种语言交换，犹如消费，是"一种译码或者解码的行动"①。"这便要求实践性地、准确无误地把握一种密码或者代码作为其先决条件"②。某种情况下，甚至可以说，谁拥有文化能力，就意味着谁拥有一套用以编码艺术品的代码。只有这样，一件艺术品对他才具有意义和旨趣。

刘禾说："当他（布迪厄——引者注）不厌其烦地谈论被市场调节的，并以特殊价格形成规律（a particular law of price fromation）为特征的言说价值（the value of utterances）时，表面上就会出现一种令人颇感新奇的同义反复的功能主义（tautological functionalism）。"③ 即是说，言说价值时常遭受一种来自外部结构的"场域"所控制。"场域提供给行动者一个他能够选择的可能性立场和迁移范围，每一种立场和迁移行为都牵涉到与场域相关的利益、成本和潜力。再者，在场域中的位置使行动者倾向于特定的行为式样。"④ 显然，这样的"言说"是不自由的，是"看他人脸色的"，是"言不由衷"的，是由福柯所称的"体制"决定的。这里的场域可以是"立场"，可以是"范围"或"市场"。所以，布迪厄"都将它们（所有的言语表达——引者注）的特征（甚至在语法层面）归结于这一事实：以对相关市场规律的实际预测为基础，它

---

① ［法］皮埃尔·布迪厄：《区隔：趣味判断的社会批判·导言》，朱国华译，陶东风等《文化研究》第4辑，中央编译出版社2003年版，第9页。
② 同上。
③ Lydia H. Liu, "The Question of Meaning-Value in the Political Economy", in Lydia H. Liu, ed. Tokens of Exchange: The Problem of Translation in Global Circulations. Durham and London: Duke University Press, 1999, p. 33.
④ ［美］华康德：《社会学家 皮埃尔·布迪厄》，张怡译，陶东风等《文化研究》第4辑，中央编译出版社2003年版，第239页。

们的作者——时常是在最不知不觉的情况下,并不会带着明确的企图——尽一切努力追求他们能从实践中获得的最大利润。这些实践不可分割,都一致倾向于交际问题,并都面临价值评估"①。当然,刘禾的所谓"功能主义"也指涉"主流语言如何将社会区隔(social distinction)授予该语言使用者功能的问题"②,即是说,个人的修养、教育背景、文化差异也决定着语言使用者应该发挥何种作用。特别是在翻译中,"对等和非对等的矛盾构成了文化差异予以言说的认知基础,如'A = A'或者'A ≠ A',等等"③。并且,"此类差异,通过日常生活、媒介、学术写作中的频繁使用,转过来成为我们语言中十分自然的现象。翻译因此能够在众多语言中操控差异、免除或抑制意义价值的交互性,以便制造战争或制造和平"④。

布迪厄的市场代表着权力关系,二者难分难舍,刘禾指出:"我们需要知道的一切就是言说价值如何考虑市场价格发挥作用,符号交换过程中意义如何在权力关系中得以生成。"⑤ 她对生成于权力关系中的"夷/yi/barbarian"之间的符号交换关系(公度性),激情满怀地进行分析:"在殖民化的交换情形下,意义的公度性有时能通过法律和蛮横武力予以建立和置于适当之处。正如……传教士的国际法汉译的研究所显示的那样,所谓的中国人对欧洲

---

① Pierre Bourdieu. "The Production and Reproduction of Legitimate Language", in *Language and Symbolic Power*. trans. Gino Raymond and Matthew Adamson. Cambridge, MA: Harvard University Press, 1994, p. 77.
② Lydia H. Liu, "The Question of Meaning-Value in the Political Economy", in Lydia H. Liu, ed. *Tokens of Exchange: The Problem of Translation in Global Circulations*. Durham and London: Duke University Press, 1999, pp. 33 – 34.
③ Ibid., p. 37.
④ Ibid..
⑤ Ibid., p. 34.

'野蛮人'(barbarians)的鄙夷来源于一套独一无二的境况：英国人坚持将'夷'译作'barbarian'。译者通过英国官方，将两个词义等同，成为可认知的领地（the cognitive ground）——在这一领地上，憎恶外国人的中国人'心结'（Chinese 'mentality'）首次得以建立并屡遭谴责，虽然我们清楚无误地知道语词'夷'早在18世纪和19世纪初叶就被译为'foreigner'（外国人）和'stranger'（陌生人）。"[1] 她还进而指出："在英国人建立了'yi'与'barbarian'之间的首轮公度性后，清政府在外交事务中开始使用该词，英国人感到莫大侮辱，抗议英国代表所遭受的来自中国官方机构的'不平等'待遇。……在战争已经使得中国对鸦片贸易开禁后，英国通过具体的条约规定，不失时机地禁止在外交事务中使用'夷'字。法律禁令如此有效，以至于它使得该词的字面意义在今天言说汉语的世界里丧失殆尽。"[2] 总之，"殖民知识体制识别出再现殖民权力关系的那一切，将之视作价值，因此就有制造战争的'yi'和'barbarian'的修辞价值产生。当这些可能性价值及其他意义在其他方面没有参与殖民关系生产与再生产之际，它们的流通会受到有效阻隔——被逐一冠以所谓'错误翻译'（wrong translation）"[3]。

不过，刘禾不断地批评道："布迪厄系统的终结妨碍着他用一种理论的缜密去观察每个言说中的给定性（givenness）。"[4] "索绪尔对'mouton'、'sheep'二者意义的阐释，被布迪厄当作一个有关符号

---

[1] Lydia H. Liu, "The Question of Meaning-Value in the Political Economy", in Lydia H. Liu, ed. *Tokens of Exchange: The Problem of Translation in Global Circulations*. Durham and London: Duke University Press, 1999, p. 35.

[2] Ibid. .

[3] Ibid. , p. 36.

[4] Ibid. , p. 34.

任意性（the arbitrariness of the sign）的唯一理论支撑，但又被他即席抛弃。同时，我们看到索绪尔自己的分析颇有差别，值得进行严肃论战。"① 批评家似乎以笔作刀枪，直击"布迪厄系统"的"软肋"，令对方难以招架！

---

① Pierre Bourdieu. *Language and Symbolic Power*, ed. John B. Thompson. trans. Gino Raymond and Matthew Adamson. Cambridge, MA: Harvard University Press, 1994, p. 53.

第四章 第四阶段:"衍指符号"

第一节 19世纪国际政治的符号学转向

刘禾在英文专著 The Clash of Empires: The Invention of China in Modern World Making (2004)(《帝国的话语政治:从近代中西冲突看现代世界秩序的形成》,2009)中指出:"阅读帝国……意味着我们要历史性地思考主权思维中的那些充满异质文化、异质语言的时刻(hetero-cultural and hetero-linguistic moments)。它要求我们慎重看待语言、战争、国际法、符号学理论、诸种发明之间的相互纠结(the interactive engagements)——它们存在于主权国家和帝国之中。"[①]

据刘禾对军事技术史的考察,"海军、陆军电信系统的主要革新均产生于19世纪初叶,并在19世纪后半叶达到令人注目的高潮(a

[①] Lydia H. Liu, The Clash of Empires: The Invention of China in Modern World Making. Cambridge, Massachusetts, and London, England: Harvard University Press. 2004, p. 7.

dramatic upsurge)"①，因此，发生了19世纪国际政治的符号学转向（the semiotic turn of international politics itself in the nineteenth century）。这说明，我们当下耳熟能详的"符码"（code）、"符号"（sign）、"信号"（signal）等概念，并非由所谓"符号学奠基人"皮尔斯（Charles Sanders Peirce，1839—1914）、索绪尔（Ferdinand de Saussure，1857—1913）首创，而是由军事领域于19世纪初首创，并催生现代通信系统（modern communication systems）。② 以上概念与英国皇家海军（the Royal Navy）工程师和美国摩斯电码（Morse code）、梅耶信号系统（Albert J. Myer's signal system）发明者们的工作密不可分，与19世纪其他电报系统（other nineteenth-century systems of telegraphic communication）发明者们的工作密不可分。③ 皮尔斯、索绪尔曾与这些发明者们共用"符码""符号""信号"等概念。④ 现作如下讨论：

第一，19世纪初期的摩斯电报码首先是为电报机而发明。电报机就是用以发送和接收电报的设备。1835年，美国画家摩斯（Samuel F. B. Morse，1791—1872）经过三年的努力，研制出了世界上第一台电报机，随后在机械师艾尔菲德·维尔（1807—1859）的协助下，于1837年，成功运用电流的"通""断"和"长断"来代替人类文字进行传送，发明了使他暴得大名的摩斯电码（the Morse code，亦称"摩斯密码"）。⑤ 它是一些表示数字的点（·）和划（—），用一个电键敲击出点、划及中间的停顿。数字对应单词，需要查找

---

① Lydia H. Liu, *The Clash of Empires: The Invention of China in Modern World Making*. Cambridge, Massachusetts, and London, England: Harvard University Press. 2004, p. 7.
② Ibid..
③ Ibid..
④ Ibid..
⑤ 参见"百度百科"，(https://baike.so.com/doc/6045312 - 6258327.html)。

代码表才能译出每个对应的词。这种代码可以用一种音调平稳时断时续的无线电信号来传送，通常被称作连续波（continuous wave），缩写为 CW。这可以是电报电线里的电子脉冲，也可以是一种机械的或视觉的信号（比如闪光）。[①] 毋庸讳言，通过摩斯电码传送电报，拉开了电信时代的序幕，开创了人类用电传递信息的历史。中国随之引入，于 1871 年在上海秘密开通电报。李鸿章于 1879 年在大陆修建第一条军用电报线路，接着开通津沪电报线路，并在天津设立电报总局。清朝政府开设电报线路，主要用于军机大事，所以在军机处建成大量电报档案。电报在随后的中国人民的革命解放事业中，特别是在解放战争中，发挥的作用功不可没。"到解放战争时期，中国共产党已经建立了相对成熟、相对完备的电报通信系统。"[②] 在今天的河北平山县西柏坡纪念馆二层，专设一条电报长廊，两侧刻有毛泽东同志当时亲自起草的 37 封电报文稿。当时的通信手段极不发达，指挥部与前方远隔千山万水，唯一的联系通道就是电报。[③] "正是一封封电报，像条条纽带紧紧连接着中共中央与前线部队；正是一道道电波，像无形的画笔悄然勾勒着新中国的蓝图。"[④] 中共中央当时，时常在电文的右上角标注"绝密""机密""秘密"等字样，表示保密等级。据有关方面统计，三大战役期间中央每月收发电报的总字数达 140 万字，主要靠军委三局的电台来完成的。[⑤] 周恩来同志曾诙谐地说："我们这个指挥部……只是天天发电报，就把国民党

[①] 参见"摩斯密码是什么？"，（http://wenda.so.com/q1136894131006 0207）。
[②] 万凯、赵新月等：《西柏坡来电——新中国从这里走来》，辽宁人民出版社 2014 年版，第 4 页。
[③] 同上。
[④] 同上。
[⑤] 同上。

给打败了。"① 所以，中央主要领导毛泽东同志当时亲自接见一线业务骨干，充分肯定他们的贡献。如今，"功勋发报机"静静地"躺"在北京天安门广场东侧的中国国家博物馆的上千件珍贵文物中，② 似乎在进行着历史的述说。

后来在我国，由于移动网络的冲击，发电报的市民屈指可数，2003 年前后，国家邮政总局营业厅几乎停止了全国电报代办业务。③ 国际上早在 1999 年就停止使用摩斯电码。

刘禾认为，"摩斯发明电码/密码的时代，正值密码学（cryptology）及书写系统（writing systems）深深吸引公众注意力的时代"④：1822 年让 - 弗朗索瓦·桑博良（Jean-Francois Champollion）成功解码古埃及象形文字（ancient Egyptian hieroglyphs），1829 年露易·布莱耶（Louis Braille）发明盲人书写系统（the system of writing for the blind），1834 年 F. X. 戈贝斯贝杰（F. X. Gabelsberger）设计首个现代速记系统（the first modern system of stenography），1836 年克劳德·查佩（Claude Chappe）发明光学设备（optical device），1879 年约翰·马丁·施莱歇尔（Johann Martin Schleyer）建立沃拉普克语（Volapuk），1887 年柴门霍夫（Lejzer L. Zamenhof）建立世界语（Esperanto）。⑤ 密码学对现代战争发挥了重要作用，并应用于今天的日常生活中，如自动柜员机的芯片卡、电脑使用者存取密码、电子商务等。密码学是认证、访问控制等信息安全相关议题的核心，首

---

① 万凯、赵新月等：《西柏坡来电——新中国从这里走来》，辽宁人民出版社 2014 年版，第 4 页。
② 同上书，第 1 页。
③ 参见"电报机"，百度百科，（https：//baike.so.com/doc/6045312-625832.html）。
④ Lydia H. Liu, *The Clash of Empires*: *The Invention of China in Modern World Making*. Cambridge, Massachusetts, and London, England: Harvard University Press. 2004, p. 243.
⑤ Ibid..

要目的是隐藏信息含义,但并非隐藏信息的存在。它促进了当今的计算机科学技术,特别是电脑与网络安全所使用的技术,包括访问控制与信息的机密性等方面。

刘禾说:"助记摩斯电码的 26 个字母的头两个字母 A、B,道出了'文明征服野蛮'(against barbarian)之内涵。它作为主要的'文明—野蛮'符码(the master code of civilization and barbarity)而被赋予意义,逐渐主宰着无数军事行动的本土意义——这些军事行动是英、法、俄、美及盟军针对亚洲、非洲、美洲人民及殖民战场其他地方而发动的。"[①] 衍指符号"yi/barbarian"在鸦片战争期间达到其"明显可以表述的阶段"(prominent enunciatory position),成为冲突的焦点,此时,以"打击野蛮人"为主旨的英国军队在汉字"夷"上,遇到了最怪异的"镜像"之一(one of the mirror images)。因此,1858 年签订的英中《天津条约》,永久禁用异质语言的衍指符号"夷/barbarian",完成了记忆符码(mnemonic code)——"A(·——)""B(·——)"——的使命。[②]

第二,刘禾教授指出:"19 世纪后期,出现了摩斯电码的主要竞争对手——梅耶信号系统(Myer's system)。"[③] 它由著名军医阿尔贝特·J. 梅耶(Albert J. Myer, 1828—1880)于 1858 年美国内战期间开发,[④] 全称是"'旗语'军事信息系统"(the "wig-wag" military signaling system),也称"梅耶'空中电报'系统"(Myer's system of "aerial telegraphy")。刘禾认为,"'空中电报'系统……是 19 世纪

[①] Lydia H. Liu, *The Clash of Empires: The Invention of China in Modern World Making*. Cambridge, Massachusetts, and London, England: Harvard University Press. 2004, p. 8.
[②] Ibid..
[③] "Albert James Myer(1828—1880)",(hppt://www.thefullwiki.org/Albert J. Myer)。
[④] 同上。

发明的使用最广泛的信号系统之一"①,"这一系统部分基于梅耶之前作为医生与聋哑人打交道的经历"②。梅耶本人于1851年毕业于野牛医学院（Buffalo Medical College）；1854—1869年期间，服役于军队，担任助理外科医生（Assistant Surgeon）；南北战争爆发，奉华盛顿之命于1861年6月组建并指挥"信息军团"（the Signal Corps），任军中"首席信息官（first signal officer）"，直接对乔治·B.麦克里兰将军（General George B. McClellan）负责。他战功赫赫，百死一生；1863年3月3日重返华盛顿，以上校军衔身份主管美国信息办公室（the United States signal office）。鉴于梅耶在信息军团工作上的拳拳之诚和创新贡献，于1865年3月13日晋升为美军荣誉准将（Brigadier General U. S. Army）即"内战专用盟军荣誉准将"（Civil War Union Brevet Brigadier General）。霍巴特学院（Hobart College）和联邦学院（Union College）于1872年和1875年授予他名誉博士学位。他也因在美国军队信息军团和气象学方面的工作，被称为"美国气象局之父"（the "founder and father" of the US Weather Bureau），并曾是出席1873年奥地利国际维也纳会议和1879年意大利罗马国际会议的美方代表（U. S Delegate to the International Conferences of Vienna, Austria, 1873 and Rome, Italy, 1879）。③ 不过，刘禾认为，梅耶创造的这套信号系统，与美军对美洲土著人发动的战争及相关的情报收集工作，有着直接联系，梅耶在《信号手册》（A Manual of Signals: For the Use of Signal Officersin the Field）曾

---

① Lydia H. Liu, *The Clash of Empires: The Invention of China in Modern World Making*. Cambridge, Massachusetts, and London, England: Harvard University Press. 2004, p. 8.
② Ibid..
③ "Albert James Myer（1828—1880）",（hppt://www.thefullwiki.org/Albert J. Myer）。

坦承这一点。①

第三，刘禾指出："众所周知，瑞士语言学家索绪尔对聋哑人的手语（the sign language）表示出极大兴趣，并密切关注同时代的军事—航海信号技术（military and maritime signaling）的最新动向以及各种不同的电报技术（telegraphic technologies）。"② 显然，语言学家索绪尔不仅研究书写语言，也研究各种类似符号的人造语言或信号。索绪尔对这些人造语言或信号了然于心，将它们看作是为欧洲海上军事力量和商业力量所助推的发明，是诸多指意系统（signifying systems）中一个由视觉能指（visual signifiers）所构成的系统。③ 值得注意的是，美国实用主义符号学家皮尔斯早于1867年就将英国数学家乔治·布尔（George Boole）创立的所谓"布尔逻辑"（Boolean logic）应用于开关电路（electric switching circuits）中，为技术进步（technological development）做出了可能性贡献（legendary contribution）。④ 所以，刘禾说："两位符号学家一致栖身于一个由符号（signs）、信号（signals）构成的华丽新世界，这些符号、信号均为其同代人和前辈所发明。在那一意义上，与其说他们开创了符号学研究（the study of the sign），不如说他们被军事通信系统方面前所未有的发明创造推上了符号学研究之路。这些发明创造曾使得主要西方国家跃跃欲试，以帝国主义方式，割据世界。"⑤

不过，"在现代殖民—全球战争出现之前，符号的管理及其全球

---

① Lydia H. Liu, *The Clash of Empires: The Invention of China in Modern World Making*. Cambridge, Massachusetts, and London, England: Harvard University Press. 2004, p. 8.
② Ibid..
③ Ibid., pp. 8 – 9.
④ Ibid., p. 9.
⑤ Ibid..

流通都曾经是不可思议和毫无必要的"①，因此，刘禾提醒我们"务必记住 19 世纪国际政治本身的符号学转向的非同寻常之处"②。

第四，索绪尔在《普通语言学教程》中娓娓道来："能指和所指的联系是任意的，或者，因为我们所说的符号是指能指和所指相联结所产生的整体，我们可以简单地说：语言符号是任意的。"③"等到符号学将来建立起来的时候……假定它接纳这些自然的符号（哑剧等——引者注），它的主要对象仍然是以符号任意性为基础的全体系统。事实上，一个社会所接受的任何表达手段，原则上都是以集体习惯，或者同样可以说，以约定俗成为基础的。例如那些带有某种自然表情的礼节符号……也仍然是依照一种规矩给确定下来的"④。这里，索绪尔提出"任意的"（arbitrary，也称"人为的"）和"惯用的"（conventional）两个重要概念。刘禾指出："德里达在《论文字学》里认为索绪尔的'人为性'概念不能解释'创制性踪迹'的运动（the movement of the instituted trace），它对于一个古典的二元对立系统中的意义构建（the constitution of meaning）、符号客体性（the objectivity of the sign），异常关键。"⑤ 但何为"创制性踪迹"？它是"这样一个场所：在那里，名与实的关系先于二元对立的可能性，也先于符号的人为性而存在，但其运动却往往被遮蔽起

---

① Lydia H. Liu, *The Clash of Empires: The Invention of China in Modern World Making*. Cambridge, Massachusetts, and London, England: Harvard University Press. 2004, p. 9.
② Ibid. .
③ [瑞] 索绪尔：《普通语言学教程》，高明凯译，商务印书馆 1982 年版，第 102 页。
④ 同上书，第 103 页。
⑤ Lydia H. Liu, *The Clash of Empires: The Invention of China in Modern World Making*. Cambridge, Massachusetts, and London, England: Harvard University Press. 2004, p. 9.

来"①。顺此思路，德里达认为皮尔斯的"多重三分法"（multiple trichotomies）优于索绪尔的二分法，因为它具有灵活、柔软的"符号概念化"（supple conceptualizatiosn of the sign）方式。特别是皮尔斯的"象征"（symbol），承认了符号的运动和无限的游戏行为，德里达的符号学、现象学批评已见端倪。②

刘禾同时认为，"'人为性'概念几乎不可能说是索绪尔的发明，它可以在有关19世纪的国际政治符号学转向中予以深入追问。……美国语言学家惠特尼（Dwight Whitney，1827—1894）其实早就对符号的'人为性'（the arbitrariness of the sign）作过论述，直接呼应着19世纪成文法的专用词汇（nineteenth-century vocabulary of positive law）"③。实际上，这位惠特尼不仅是语言学家，还是印度学家，成果大多产生于19世纪六七十年代。语言学著述有《语言和语言研究》《语言的生命和成长》，印度学著述有梵语研究和《吠陀》注释本等。作为语言学家的惠特尼竭力反对马克斯·缪勒的自然主义观点，特别强调语言的社会因素，对索绪尔产生过直接影响。④ 但是，刘禾的以上话语中，仅有一半是对的，因为惠特尼不仅"对符号的'人为性'作过论述"，对符号的"惯用性"（或曰"约定俗成"）也作过论述。索绪尔在《普通语言学教程》中曾公开承认："在主要论点上，我们觉得这位美国语言学家是对的：语言是一种约

---

① ［美］刘禾：《帝国的话语政治：从近代中西冲突看现代世界秩序的形成》，杨立华等译，生活·读书·新知三联书店2009年版，第8页。

② Lydia H. Liu, *The Clash of Empires: The Invention of China in Modern World Making.* Cambridge, Massachusetts, and London, England: Harvard University Press. 2004, p. 9.

③ Ibid., p. 10.

④ 参见《现代语言学产生的历史背景》，(http://www.wesidu.com/zuoye/102918092.html)。

定俗成的东西，人们同意使用什么符号，这符号的性质是无关轻重的。"① 文中的"约定俗成""人们同意使用什么符号，这符号的性质是无关轻重的"不就是"人为性""任意性"的变体吗？此外，一个名为丹尼尔·甘巴拉拉（Daniele Gambarara）的学者在《日内瓦公约：语言观念史及传播实践史》（*The Convention of Geneva: History of Linguistic Ideas and Communicative Practices*）一文中提醒我们注意"公约"（convention）一词在索绪尔时代被置于诸多新奇用法（the novel uses）之中。这些新奇用法与国际大会（international assemblies）、条约签订会议（treaty meetings）密切相关——这些"大会""会议"既"规约"着诸多符号化方案，也"规约"着诸多与战争相关的事务。② 其"新奇性"（the novelty）在于"我们会发现诸多人士相聚于议事厅，旨在通过律令和语言建立符号的意义和传播语境（communication context）的意义，律令和语言由围桌而坐的高级公务员进行检视和具体化。即是说，符号化会议/公约（semiotic convention）就发生在眼皮底下"③。刘禾认为，"这或许是历史上的第一次：主权国家和帝国列强相约而至，共同起草、确定不变的条约于它们中间，以此'规约'着海事信号、公路信号、电力符码（electrical codes）及其他符号系统"④。

再比如，首次有关公路交通、信号的公约《1909年日内瓦公约》，有关海事碰撞（maritime collision）及危险求救信号的《1910

---

① ［瑞］索绪尔：《普通语言学教程》，高明凯译，商务印书馆1982年版，第31页。
② Lydia H. Liu, *The Clash of Empires: The Invention of China in Modern World Making*. Cambridge, Massachusetts, and London, England: Harvard University Press. 2004, p. 10.
③ Ibid..
④ Ibid..

年布鲁塞尔公约》,均发生在索绪尔讲授普通语言学的 2—3 次课程中。① 还比如,1868 年,由英国人发起并由其他主权欧洲国家代表参与的一个委员会,为商务海军(merchant navies)成功制定国际信号符码(the international code of signals),以后扩展为国际海事信号符码(the International Code of Maritime Signals)。它和其他国际协约一起,旨在将符码和交通系统……标准化,后来都被并入各种各样的国家法律中。②

综上所述,我们应该特别关注"惯用法""人为性"这些概念如何与在同时代技术创新"鼓噪"下的所谓"广为传播的全球通讯乌托邦"(the widespread utopia of global communication)发生联系的。③ 简言之,现代帝国及列强的出现和巩固,离不开军事技术,离不开相关法律武器,我们必须对帝国进行符号学阅读并遵照帝国思维来对符号学老命题(the propositions of semiotics)进行重新思考。④ "衍指符号"(Super-Sign),即是刘禾这一"重新思考"的智慧和结晶。

第二节 "衍指符号"概念:基本指涉与对"跨语际实践"/"语际书写"两概念的继续和推进

(一)"衍指符号"的基本指涉

"衍指符号"概念,系刘禾于 2004 年通过英文著作 *The Clash of*

---

① Lydia H. Liu, *The Clash of Empires: The Invention of China in Modern World Making*. Cambridge, Massachusetts, and London, England: Harvard University Press. 2004, p. 10.
② Ibid..
③ Ibid., p. 11.
④ Ibid., p. 10.

Empires: *The Invention of China in Modern World Making* 提出，于 2009 年通过作者因倍感"欢喜"，亲自"修订"的中译本《帝国的话语政治：从近代中西冲突看现代世界秩序的形成》传入中国。她在"中文版后记"中如是说："面对手头的书稿清样，我心中充满了欢喜。……责任编辑……给了我充足的时间，让我对中译稿进行了全面修订。这些修订最主要包括以下几个方面：第一，我在注释和正文之间作了少量的调整……第二……为了达到表述清晰的目的，我在中译本的部分章节当中，对若干段落的顺序进行了调整。第三……我对译文的某些句式、语法以及词汇做了适当的改动。"① 她充满自信地认为，"所有的这些增补，都使得目前的中译本比英文原版更为完整"②。既然如此，中译本《帝国的话语政治：从近代中西冲突看现代世界秩序的形成》就是一个被作者本人"改造过的"或"再创造过的"中译本，必然浸润着作者的思想。为此，笔者在本章的写作中会不时引用译本中的"原话"，用作论证原著作者思想的理据。

对于"衍指符号"的基本指涉，刘禾指出："衍指符号不是个别词语，而是异质文化之间产生的意义链（signifying chain）。它同时跨越两种或多种语言的语义场，影响着那些可以辨认的语词单位的意义，无论这些可以辨认的语词单位是本土词语、外来词，还是语言学家在诸多特别语言内部或是在诸多语言之中能够发现的任何其他彼此毫无关联的语词现象（discrete verbal phenomena）。衍指符号跨越语音和表意的差异（phonetic and ideographic differences），'苟

---

① [美] 刘禾：《帝国的话语政治：从近代中西冲突看现代世界秩序的形成》中文版后记，杨立华等译，生活·读书·新知三联书店 2009 年版，第 343—344 页。
② 同上书，第 343 页。

且偷生'于在不同语言间的夹缝中。它是异质文化之间产生的意义链，必须依靠一种以上的语言系统，才得以完成针对任何特定言说现象而言的指意过程（the process of signification）。因此，衍指符号被描绘为一种转喻思维的方式（a manner of metonymical thinking），它引诱、迫使或指示先前的符号穿越不同的语言和不同的符号媒介进行移植和散播。正是由于这一理由，衍指符号提供了丰富的视角，使我们得以窥探所谓'知识误用'（intellectual catachresis）的具体操作过程。"[1] 从权力政治层面来看，"所有这些内容，是由一条贯穿本书的主线统一起来的，这条主线就是与欲望和主权想象有关的帝国的话语政治"[2]。有学者认为，"'衍指符号'这个概念尤为重要，它不仅把外交文书中甲方语言概念被翻译成乙方语言从而获得表述形式、发生语义衍生的复杂流动过程呈现了出来，而且能够通过这样一个概念去分析国际关系中主权话语之间相互交叉斗争碰撞这样一种复杂的权力关系"[3]。很显然，刘禾立足从"话语政治"/"话语实践"角度来研究近代中外国际关系，[4] 这一点无疑受到福柯"知识考古学"启发。

刘禾还进一步明确道："衍指符号是甲方语言的概念，在被翻译成乙方语言的过程中获得的表述的方式。我们在技术上可以借用国际音标的斜杠，演示衍指符号的系列，比如'夷/i/barbarian'。"[5]

---

[1] Lydia H. Liu, *The Clash of Empires: The Invention of China in Modern World Making*. Cambridge, Massachusetts, and London, England: Harvard University Press. 2004, p. 13.

[2] [美] 刘禾：《帝国的话语政治：从近代中西冲突看现代世界秩序的形成·导言》，杨立华等译，生活·读书·新知三联书店2009年版，第2—3页。

[3] 赵京华：《概念创新与话语分析的越界》，《读书》2010年第1期。

[4] 参见 [美] 刘禾《"话语政治"和近代中外国际关系》，《读书》2010年第1期。

[5] [美] 刘禾《帝国的话语政治：从近代中西冲突看现代世界秩序的形成》，杨立华等译，生活·读书·新知三联书店2009年版，第45页。

它"以主权想象为中心,着重分析法律、外交、语言学,还有视觉文本中的话语政治。……不得不处理大量的不同种类的文本和历史事件,其中包括国际法、符号学、帝国之间的礼物交换、传教士的翻译、语法书,甚至还有殖民摄影术"①。

(二)"衍指符号"的研究方法和基本特征

研究方法上,"衍指符号"除了借鉴19世纪现代帝国的军事电讯技术和成文法的实证主义成果外,更多地借鉴了皮尔斯的符号学。皮尔斯是真正意义上的开创性的"符号学家"(亦译"指号学家","符号"亦被译作"指号"),只是由于多种复杂的原因被索绪尔的名望给湮没了。他的符号学是"semiotics",索绪尔的符号学是"semiology"。皮尔斯符号学是一门开放的、具有内在的可修改性的和彻底经验性的科学(of science as open, as intrinsically revisable, as radically empirical),贯穿于他的整个学术思想。他认为,所有的思想,所有的经验,都借助于符号(亦译"指号")。其最突出的特点是符号之间的对立统一并推动人类认知向广度和深度发展的巨大力量,充满着辩证法。② 皮尔斯这样定义符号:"符号——或曰表征(representation)——就是一种能够在某些方面代表某物的东西。它把意思传达给某个人,也就是在那个人头脑中创造出一个等值的符号,或者也可能是一个更复杂的符号。这个被创造出来的符号,我把它称作是对第一个符号的符释(interpretant)。这个符号所代表的东西即是其对象(object)。它并不是在所有方面都代表那个对象,而只是

---

① Lydia H. Liu, *The Clash of Empires: The Invention of China in Modern World Making*. Cambridge, Massachusetts, and London, England: Harvard University Press. 2004, p. 2.
② 参见郭鸿《从〈矛盾论〉看皮尔斯符号学》,(http://semiotics.w68.vhstgo.com/Articles_ _ Show.asp? UserID = 24&Arti_ _ id = 952)。

指向某一种概念,这个概念我称之为解释的基础。"① 他曾这样描述"指号"/"符号"的基本特征:(1)"像任何别的事物一样,它必然具有属于它的多种质,不论你是否把它看成指号"②;(2)"一个指号必然和它所指称的事物有某种真实的联系,当这个对象呈现出来时,它就是这个指号表示它是的那个样子。指号只能如此表示它,而不会以别的样子表示它"③;(3)"对指号来说,称它为指号是必然的,因为它必须被看成是指号,是这样思考的那个人的指号,如果它对任何人均不是指号,那么它就绝不是什么指号"④。作为美国实用主义逻辑学、符号学大师,皮尔斯还将符号分为象形符号(icon)、指涉符号(index)、象征符号(symbol)三类,是对与之相关的动态对象,即索绪尔的"所指"概念所做的进一步区分,其目的在于阐明符号、对象和符释(interpretant)三者如何以复杂的方式相互作用而产生意义。⑤"象形符号"借助类比逻辑,通过模拟符号所表达的物形来传达意义,摄影就是这方面的有趣例子;"指涉符号"的作用在于引起注意、指引或指明,如路标、代名词、感叹词等;象征符号变化最多,最复杂,与意义的关联是通过"约定"(convention)或"使用"(usage)来建立的。⑥

此外,皮尔斯还对"symbol"一词的古希腊语含义做出词源学考察,将之译成"thrown together"("被抛置一处")。他说:"古希

---

① 转引自[美]刘禾《帝国的话语政治:从近代中西冲突看现代世界秩序的形成》,杨立华等译,生活·读书·新知三联书店2009年版,第10页。
② 涂纪亮编:《皮尔斯文选》,涂纪亮、周兆平译,社会科学文献出版社2006年版,第299页。
③ 同上。
④ 同上书,第300页。
⑤ 参见[美]刘禾《帝国的话语政治:从近代中西冲突看现代世界秩序的形成》,杨立华等译,生活·读书·新知三联书店2009年版,第10—11页。
⑥ 同上书,第11页。

腊人常常使用'抛入他物'……来表示订立契约（contract）或公约（convention）。而今，我们才终于发现 symbol……在远古就已经被用来特指协定或是契约。"[1]但"究竟在何种意义上，古希腊词源能够使得'作为象征的语言符号'（the linguistic sign as symbol）这一概念权威化，并成为一个奠基石"[2]，刘禾认为，"事实上，皮尔斯在行文中所做的翻译，已经把英语概念，如'contract'（契约）或'convention'（公约）——后者承载着成文法的分量——'抛入'与古希腊语对等的关系之中。他的翻译行为，在逻辑上是先于古希腊词源意义的呈现，也先于皮尔斯借用外语的权威进行正义的做法。皮尔斯显然运用了以下的论证方式：他一方面借着翻译之力来追溯词源，另一方面又要隐藏其循环论证的痕迹——但凡动辄到古希腊语或拉丁语中去追根溯源，以求确立现代语义的那些人，都喜欢采取这种论证方式"[3]。刘禾认为，皮尔斯的"翻译行为本身就已经是'抛入他物'的行为"。换言之，"我们被抛入我所称的'衍指符号'领域——一个'语言怪异物'（a linguistic monstrosity）——通过向外来词源、外语词语敞开，或与外来词源、外语词语一并'抛置一处'的做法，在其预设的意义度（the excess of its presumed meanings）上，得以兴旺发达"[4]。不过，它时常被忽略。因此，"把这些异质语言现象作为'衍指符号'来处理，应是识别和分析跨语际的言说

---

[1] 参见［美］刘禾《帝国的话语政治：从近代中西冲突看现代世界秩序的形成》，杨立华等译，生活·读书·新知三联书店2009年版，第11—12页。
[2] Lydia H. Liu, *The Clash of Empires: The Invention of China in Modern World Making*. Cambridge, Massachusetts, and London, England: Harvard University Press. 2004, p. 12.
[3] ［美］刘禾：《帝国的话语政治：从近代中西冲突看现代世界秩序的形成》，杨立华等译，生活·读书·新知三联书店2009年版，第12页。
[4] Lydia H. Liu, *The Clash of Empires: The Invention of China in Modern World Making*. Cambridge, Massachusetts, and London, England: Harvard University Press. 2004, pp. 12–13.

和书写形式的第一步"①。

对于"衍指符号"基本特征，笔者作如下概括：（1）"当它扮演着一种语言的词语单元（the verbal unit of one language or languages）角色并将意指行为（signification）移植至一种外语或多种语言之中的时候，它存在于被遮蔽了的'抛入他物'的符号运动（an occulted movement of thrown-togetherness）之中"②；（2）"中英文交叉的衍指符号（hetero-linguistic signs），不动声色地把中文和英文的词源汇聚其中，并将其公度性（commensurability）锁定，形成了一个不可思议的语义整体（a fantastic semantic whole）"③；（3）"文字禁令（the ban）后面"，具有"心理焦虑（anxiety）"，其"精神生命（psychic life）……象征了总体上的其他异质—语言符号（other hetero—linguistic signs）的精神生命"④；（4）"交互逻辑（logic of reciprocity）……是所有衍指符号诞生的基础。假如甲的意义被判定等同于乙的意义，那么就可以理解为乙可以翻译甲，反之亦然。……从事翻译的人依赖的正是类似的交互逻辑，以此生产出两种语言之间存在着公度性这一事实。……新的衍指符号一方面在翻译的交互逻辑下应运而生，另一方面又使这个过程的痕迹片甲不留"⑤；（5）"衍指符号将一番'令人颇感怪异的行为'（monstrosity）（指既肯定公度性，又否认公度性之翻译行为——引者注）隐藏在完美公度性（perfect commensurability）或'完全对等'（'perfect equality'）

---

① ［美］刘禾：《帝国的话语政治：从近代中西冲突看现代世界秩序的形成》，杨立华等译，生活·读书·新知三联书店2009年版，第13页。
② Lydia H. Liu, *The Clash of Empires: The Invention of China in Modern World Making*. Cambridge, Massachusetts, and London, England: Harvard University Press. 2004, p. 14.
③ Ibid., p. 33.
④ Ibid., p. 34.
⑤ Ibid., p. 36.

的面具后面"①。

(三)"衍指符号":"跨语际实践"/"语际书写"两概念的继续与推进

在很大程度上,"衍指符号"是对刘禾早先时候提出的"跨语际实践"/"语际书写"两概念的继续与推进。

"衍指符号"关注"异质文化之间产生的意义链"②,"同时跨越两种或多种语言的语义场,影响着那些可以辨认的语词单位的意义"③,"'苟且偷生'于在不同语言间的夹缝中。……必须依靠一种以上的语言系统,才得以完成针对任何特定言说现象而言的指意过程(the process of signification)"④,"引诱、迫使或指示先前的符号穿越不同的语言和不同的符号媒介进行移植和散播"⑤。"跨语际实践""语际书写"的挥之不去之"魂",在"衍指符号"中游弋着。《跨语际实践——文学,民族文化与被译介的现代性(中国,1900—1937)》中的"跨语际实践"如是说:"旨在探讨汉语同欧洲语言、文学(通常以日语为中介)之间的深度接触/冲撞(the wide-ranging Chinese contact/collision with European languages and literatures),特别关注19世纪和20世纪之交直到抗日战争(1937年)初期这一阶段……将语言实践与文学实践置于中国现代经验(China's experience of the modern)的中心地位中,尤其置于四面楚歌的中西方关系(much troubled relationship with the East)的中心地位中,予以考察。

---

① Lydia H. Liu, *The Clash of Empires*. Cambridge, Massachusetts, and London, England: Harvard University Press. 2004, p. 38.
② Lydia H. Liu, *The Clash of Empires: The Invention of China in Modern World Making*. Cambridge, Massachusetts, and London, England: Harvard University Press. 2004, p. 13.
③ Ibid..
④ Ibid..
⑤ Ibid..

如果说中国现代文学破土而出,成为这一时期一个重要事件,那么,这与其说是因为小说、诗歌以及其他文学形式均是忠实记录历史的脉搏的透明的自我表现工具,不如说是因为阅读、书写以及其他的文学实践,在中国的国族建设及其关于'现代人'想象的/幻想的(imaginary/imaginative)建构过程中,均被视为一种强有力中介(potent agents)。"① 两相对比,不难看出"衍指符号"是对"跨语际实践"的继承。有学者在参加"关于《帝国的话语政治》的讨论"时专门指出,"刘禾实际上把原来《跨语际实践》中跨语际的话语方法应用到中国近代历史与整体世界秩序变化的关系这样一个更大的框架里面来加以展开分析"②。刘禾自己也承认,"在书中对翻译功能的强调,指的……主要是跨语际的话语实践"③。《语际书写——现代思想史写作批判纲要》中的"语际书写"概念也为"衍指符号"所继承,因为它研究的重心仍然"是翻译的历史条件,以及由不同语言间最初的接触而引发的话语实践。考察新词语、新意思和新话语兴起、代谢,并在本国语言中获得合法性的过程,不论这过程是否与本国语言和外国语言的接触与撞击有因果关系。即是说,当概念从一种语言进入另一种语言时,意义与其说发生了'转型',不如说在后者的地域性环境中得到了再创造。在这个意义上,翻译已不是一种中性的,远离政治及意识形态斗争和利益冲突的行为。相反,它成了这类冲突的场所,在这里被译语言不得不与译体语言面对面遭逢,为它们之间不可简约之差别决一雌雄,这里有对

---

① Lydia H. Liu, ed. *Translingual Practice: Literature, National Culture, and Translated Modernity-China, 1900—1937*. Stanford, California: Stanford University Press, 1995, p. X (preface).
② 杨念群:《作为话语的"夷"字与"大一统"历史观》,《读书》2010年第1期。
③ [美]刘禾:《"话语政治"和近代中外国际关系》,《读书》2010年第1期。

权威的引用和对权威的挑战，对暧昧性的消解或对暧昧的创造，直到新词或新意义在译体语言中出现"①。当然，"衍指符号"在对二者接受的同时也进行了"创造性变异"。刘禾除采用福柯"知识考古学"和后殖民批评外，更多地运用了符号学、语言学、结构主义，特别是美国哲学家、逻辑学家皮尔斯的符号学对"跨语际实践"和"语际书写"二者进行了推进，使之问题研究更加精细、深刻。所以，"'衍指符号'生动地体现了跨语际言说和书写中（translingual speech and writing）的符号运作"②。如果说"跨语际实践"／"语际书写"是刘禾翻译理念中的"皇冠"，那么"衍指符号"则是"皇冠上的明珠"。

第三节 个案分析1："夷/ｉ/barbarian"

刘禾指出："不计其数的事件和不可思议之事在上两个世纪逐渐发生着，但是从没有任何一个事件或任何一件不可思议之事能与汉字'夷'的独特性（the singularity of the Chinese word *yi*）相媲美，其独特性体现在，它以令人倍感恐惧的能力引发骚动（confusion）、焦虑（anxiety）和战争。"③ 但该词到底何意？是"野蛮人"（barbarian）、"陌生人"（stranger）、"外国人"（foreigner），还是"非中

---

① ［美］刘禾：《语际书写——现代思想史写作批判纲要》，上海三联书店1999年版，第35—36页。
② Lydia H. Liu, *The Clash of Empires: The Invention of China in Modern World Making*. Cambridge, Massachusetts, and London, England: Harvard University Press. 2004, p. 14.
③ Ibid., p. 31.

国人"（non-Chinese）?① 刘禾认为，我们不必急于假定英文词"barbarian"与汉字"夷"之间的对等，而应该首先追问，两个不同语言之间的"意指行为"曾经如何互动（reciprocal signification）? 二者的"互解性"（intelligibility）程度如何？鸦片战争后二者"宣称的公度性"（their alleged commensurability）受到什么样的法律约束（jurisdictional determination）?② 对于这些，刘禾从以下层面讨论：

（一）禁令：一种法律约束

据刘禾考证，"夷"字最早出现在1858年签署的中英《天津条约》中，条约第51款特别规定禁用汉字"夷"。英文原文如下，"Article Li. It is agreed that, henceforward, the character 'i' 夷 [barbarian], shall not be applied to the Government or subjects of Her Britannic Majesty in any Chinese official document issued by the Chinese Authorities either in the Capital or in the Provinces"（相应的汉语："第五十一款一、嗣后各式公文，无论京外，内叙大英国官民，自不得提书夷字"）③。这里，汉字"夷"被置于罗马拼音"i"与英译词"barbarian"之间，三者形成牢不可破的三位一体的语义单位。而且，之前的第50款的"中文版"特别规定"自今以后，凡有文词辩论之处，总以英文作为正义"，并且"英文版"更加特别强调"the Chinese text…has been carefully corrected by the English original"（中文语义已参照英文原文逐一纠正）。无疑，第51款建基于第50款之上。刘禾分析道：这里的衍指符号"夷/i/barbarian"通过"抛置一

---

① Lydia H. Liu, *The Clash of Empires: The Invention of China in Modern World Making*. Cambridge, Massachusetts, and London, England: Harvard University Press. 2004, p. 31

② Ibid., p. 32.

③ Lydia H. Liu, *The Clash of Empires*. Cambridge, Massachusetts, and London, England: Harvard University Press. 2004, p. 32.

处"的过程,将本土语"夷"向外来语"barbarian"敞开,并又伪装了自己。汉字"夷"被赋予英文词"barbarian"的特征,转化为这一英文单词的能指,于是成为一个中英文交叉的"衍指符号",迫使现存的符号"夷"穿越不同的符号媒介进行移植,其本身的正确含义必须"延搁"至相应的英文单词"barbarian"之中。[①] 于是,"中英文交叉的衍指符号(hetero-linguistic signs),不动声色地把中文和英文的词源汇聚其中,并将其公度性(commensurability)锁定,形成了一个不可思议的语义整体(a fantastic semantic whole)"[②]。这种"'参照英文原文''纠正中文语义'"的办法,不但造就了全新的中英文交叉的衍指符号,而且这一符号的含义及完整性必须立刻受到法律保护。[③] 谁质疑它,谁就违反国际法。其结果是,"原本好像微不足道的翻译问题(a trifling matter of translation),被迅速转移至广泛的国际争端领域"[④],其背后是19世纪鸦片战争和其他中外之间的外交、军事冲突。同时,"夷/i/barbarian"这一衍指符号暗示了大英帝国与大清国对峙过程中,中英双方如何争夺对中国主权的象征层面和并实施实际层面的控制,深深的"心理焦虑"渗透其间。我们还应该看到,衍指符号是"语言怪异物"(a linguistic monstrosity),理由在于衍指符号往往躲藏在某个概念的"字面"之后,既表达概念本身,又使自身躲藏起来,不具备独立的物质载体。在这个意义上,"衍指符号"是甲方语言的概念,在被翻译成乙方语言的过程中获得的表述的方式。"交互逻辑(logic of recipro city)……是所

[①] Lydia H. Liu, *The Clash of Empires: The Invention of China in Modern World Making*. Cambridge, Massachusetts, and London, England: Harvard University Press. 2004, p. 33.
[②] Ibid..
[③] Ibid..
[④] Ibid..

有衍指符号诞生的基础。假如甲的意义被判定等同于乙的意义,那么就可以理解为乙可以翻译甲,反之亦然。……从事翻译的人依赖的正是类似的交互逻辑,以此生产出两种语言之间存在着公度性这一事实。这样,怀有某种动机的翻译行为(a motivated act of translation),就能够从已经存在的异质—语言符号库和先在的衍指符号库(the existing repertoire of hetero-linguistic signs and prior super-signs)中,以此生产出一批全新的、言之成理和牢不可破的衍指符号。新的衍指符号就诞生于这种翻译的双重效果(this doubling effect of translation)中……新的衍指符号一方面在翻译的交互逻辑下应运而生,另一方面又使这个过程的痕迹片甲不留"①。

实际上,英人的禁令,可以说是一个针对汉语词的奇怪杂糅词的禁令(the banning of a strange hybrid of the Chinese word),承担着巩固"衍指符号"的责任,迫使汉语词将其能指指向英语词"barbarian",而不是将其与"西洋"(xiyang)、"西人"(xiren)、"西洋人"(xiyangren)等其他汉语词相联系,或与官方满人的"夷"对应词"tulergi"(外地、外部)等为"yi/barbarian"所代替的那些"先在衍指符号"(prior super-signs)相联系。② 这一切与19世纪的鸦片战争及中外之间的外交、军事对抗不无关联。

(二)"夷""洋":从"闺蜜"到"分手"

"夷"这一概念很早就出现古代经典文献中,横贯了大量的跨学科领域,从儒学注疏传统到帝国民族志和新奇的官方政策、规划——这些政策、规划关系到清朝版图扩张期间的身份问题、边界

---

① Lydia H. Liu, *The Clash of Empires: The Invention of China in Modern World Making*. Cambridge, Massachusetts, and London, England: Harvard University Press. 2004, p. 36.
② Ibid., p. 35.

通道问题，①"在这过程中，'夷'的概念开始获得特殊意义，并处于清朝满族统治的意识形态的核心位置"②。雍正、乾隆等皇帝在惩办那些坚持华夷之辨的汉人时，并未一味禁用"夷"这个字，相反，均一致努力将儒家经典的话语"夷"据为己有，借此巩固其帝国。③英国人促使"夷/i/barbarian"取得普遍合法性，其目的也如此。因此，刘禾认为，"'夷'话语命名了主权统治（sovereign rule）的诸多边界，并通过那些围绕儒家经典特别是《春秋》而产生的长达数千年的经学注疏资源，提出了一套经典主权理论（a classical theory of sovereignty）"④。

刘禾说："明清两代的官方中文文献，不能发现足够证据来支撑这一观点：汉字'夷'专指外国人。"⑤ 明清时期，上文提到的"西洋"（xiyang）、"西人"（xiren）、"西洋人"（xiyangren）等其他的汉语指称方式早已存在，与"夷"字并行不悖。比如皇帝颁布的谕旨和清朝官员的奏折中，"夷"字和"西洋"一词就经常出现在同一句话或同一段落中，并且没有明显修辞变化。⑥ 这一点与英语词"外国人"（foreigner）早已在18世纪和19世纪初叶被英国东印度公司用作"夷"的另一对等词的情形一样。⑦ 利玛窦当时就被称为

---

① Lydia H. Liu, *The Clash of Empires：The Invention of China in Modern World Making*. Cambridge, Massachusetts, and London, England：Harvard University Press. 2004, p. 72.
② ［美］刘禾：《帝国的话语政治：从近代中西冲突看现代世界秩序的形成》，杨立华等译，生活·读书·新知三联书店2009年版，第100页。
③ 参见同上。
④ Lydia H. Liu, *The Clash of Empires：The Invention of China in Modern World Making*. Cambridge, Massachusetts, and London, England：Harvard University Press. 2004, p. 72.
⑤ Ibid., p. 35.
⑥ 参见［美］刘禾《帝国的话语政治：从近代中西冲突看现代世界秩序的形成》，杨立华等译，生活·读书·新知三联书店2009年版，第46页。
⑦ Lydia H. Liu, *The Clash of Empires：The Invention of China in Modern World Making*. Cambridge, Massachusetts, and London, England：Harvard University Press. 2004, p. 35.

"西洋人",其他 17 世纪来华的耶稣会士也获同样称谓。18 世纪初叶,清帝国政府任命"十三行"[the Thirteenth Co-Hongs,或称"官方粤商"(the official Cantonese merchants)]为唯一能与外国贸易商打交道的中国贸易伙伴(the sole Chinese trading counterpart)。① 此时,为使外国贸易商与粤商有所区别,"夷"(yi)与"洋"(yang)开始获得"功能性分工"。所以,从那时起,清朝官方文献将来自其他国家的商人一律称作"夷商"(yi shang),② 雍正初年将本土的十三行商人称作"洋商"(yang shang)或"官商"(guan shang/"official merchant"),十三行因此称为"洋行",但实际不止十三家,有四五十家。③ "洋商""官商"扮演着"外国社区与中国当地政府之间的调停人角色"④,不仅如此,"还组织公行,经过向政府申请,获得允许,负责对外商的贸易"⑤,相当于我国现在的对外贸易企业或集团。前一角色具有政府职能,后一角色具有企业性质。并且,"洋商"一词还"歪打正着"地折射了"支那佬"(Chinaman)一词在 18 世纪的有趣用法:在伦敦贩卖瓷器的犹太商人或广义的瓷器制造商。⑥ "夷商""洋商"之间不可小视的区别一直持续到 1834—1842 年的那个"多事之秋"的清政府发布的大量谕令、奏折和公告

---

① Lydia H. Liu, *The Clash of Empires*: *The Invention of China in Modern World Making*. Cambridge, Massachusetts, and London, England: Harvard University Press. 2004, p. 35.
② Ibid..
③ 冯尔康:《雍正传》,人民出版社 1985 年版,第 407 页。
④ Lydia H. Liu, *The Clash of Empires*: *The Invention of China in Modern World Making*. Cambridge, Massachusetts, and London, England: Harvard University Press. 2004, p. 35.
⑤ 冯尔康:《雍正传》,人民出版社 1985 年版,第 407 页。
⑥ Lydia H. Liu, *The Clash of Empires*: *The Invention of China in Modern World Making*. Cambridge, Massachusetts, and London, England: Harvard University Press. 2004. pp. 35 – 36.

中,① 首次中英军事对抗就发生在这一"多事之秋"。1858年,英中双方签署《天津条约》,宣布"夷"字在法律上失效,"洋"字于是开始在民国初年呈现更为广泛的意义,可用来描述所有来自外国的事物。其结果是,似乎已经发生的一切是"洋商"(yang shang)逐渐取代缺席语词"夷商"(yi shang)之功用,用来标识所有外国商人,其较早的与本土的十三行商人之联想意义消失殆尽。②

对以上由"夷"到"洋"之间变化的诸多复杂问题,刘禾借用日本学者酒井直樹(Naoki Saakai)的说法,认为我们应该思考这一问题:汉字"夷"演变成衍指符号"夷/ i /barbarian"的过程,它依赖了什么样的知识机制？或者说,汉字"夷"的含义如何由"夷/ i barbarian"来表达？③ 这或许可以通过交互逻辑来解决,因为"从事翻译的人依赖的正是类似的交互逻辑,以此生产出两种语言之间存在着公度性这一事实。这样,怀有某种动机的翻译行为(a motivated act of translation),就能够从已经存在的'中英文交叉符号'库和'先在衍指符号'库(the existing repertoire of hetero-linguistic signs and prior super-signs)中,尽力生产出一批全新的、言之成理和牢不可破的衍指符号。新的衍指符号就诞生于这种翻译的双重效果(this doubling effect of translation)中……新的衍指符号一方面在翻译的交互逻辑下应运而生,另一方面又使这个过程的痕迹片

---

① 参见 [美] 刘禾《帝国的话语政治:从近代中西冲突看现代世界秩序的形成》,杨立华等译,生活·读书·新知三联书店2009年版,第46页。
② Lydia H. Liu, *The Clash of Empires: The Invention of China in Modern World Making*. Cambridge, Massachusetts, and London, England: Harvard University Press. 2004, p. 36.
③ 参见 [美] 刘禾《帝国的话语政治:从近代中西冲突看现代世界秩序的形成》,杨立华等译,生活·读书·新知三联书店2009年版,第47页。

第四章　第四阶段："衍指符号"

甲不留"①。

不过，刘禾提醒我们应该看到前述的"第51款……的禁令并不连累衍指符号内部的英文所指"②。在刘禾看来，"'barbarian'这个词享有双重优势，它既是'夷/ｉ/barbarian'这个衍指符号链的权威所指，又是一个独立的英文单词，不受任何条约和条款的审查和限制。……沿着其内在的分裂，我们可以发现两个隐含的附加指令：其一，汉字'夷'必须成为'barbarian'的能指（signifier），从而演变成为固定的衍指符号；其二，其所指英文词'barbarian'本身是能指，不过它的所指（signified）则指向别处，逍遥法外，因为'barbarian'并不受禁令对衍指符号'夷/ｉ/barbarian'的限定"③。但这两个附加指令会导致怎样的后果呢？"后果之一，就是到了一定的时候，'夷'字将被人从活着的汉语中被驱逐出去……不过，法律禁令的遏制力总是有时限的，若想发挥更长久的作用，它还需要借助其他的力量，比如史学家撰写的教科书，以及大众媒体的声音。这时，历史写作就发挥了极为关键的作用。……除了很少的例外，几乎目前出版的所有关于19世纪中英关系的外文著作，都对支那人的国人心理，即所谓的'中国中心主义'，大加渲染。无论在费正清（John King Fairbank）之前还是之后，这种文化心理主义的猜测差不多成为史学界的惯例，其中包括蜚声学界的《剑桥中国史》"④。

---

① Lydia H. Liu, *The Clash of Empires: The Invention of China in Modern World Making*. Cambridge, Massachusetts, and London, England: Harvard University Press. 2004, p. 36.
② ［美］刘禾：《帝国的话语政治：从近代中西冲突看现代世界秩序的形成》，杨立华等译，生活·读书·新知三联书店2009年版，第50页。
③ 同上。
④ 同上书，第50—51页。

(三) 1832 年的"夷"之辨

英国人向清朝当局提出"夷"的抗议，可追溯至 1832 年。① 刘禾说："英国东印度公司的商业事务负责人（supercargo）胡夏米（Hugh Hamilton Lindsay）奉命于 1832 年 3 月初乘'阿美士德号'（the Lord Amherst），沿中国海岸航行，一是收集情报，二是发回有关华北一带贸易开放的可行性报告。"② 与之同行的有来自普鲁士的充当翻译和外科医生的好卖弄的冒险家（the flamboyant adventurer）、独立传教士郭实腊（Karl Gutzlaff, or Charles Gutzlaff, 1803—1851）及一名绘图员和一名初通文脉的华人。③ 6 月 20 日，他们的"阿美士德号"在上海港抛锚停靠，胡夏米立刻向当地的主事地方官办公室禀报，希望开放那一区域的对外贸易，立刻遭到苏松太道吴其泰（the Taou-tae, Admiral Wu Qitai）的拒绝，④ 并使用"夷"字称呼他们。翻译郭实腊 6 月 24 日日记记录了英人对苏松太道使用"夷"字所表示的抗议："我们说服朋友们放弃使用'夷'/'barbarian'这一称谓——他们不问青红皂白，用于所有陌生人身上。该词由支那人口中说出，带着'狡诈'、'背叛'之义。由于来华经商的外国人一直以来始终对这种称呼忍气吞声，他们就一直被当作'barbarian'（野蛮人）来对待。我们必须对此称谓表示反对，必须向他们说明其在中文书写中具有'谴责'之贬义。从此以后，他们就不再使用该称谓，而称呼我们为'foreigners'（外国人）或'Englishmen'（英国人）。"⑤

---

① Lydia H. Liu, *The Clash of Empires: The Invention of China in Modern World Making*. Cambridge, Massachusetts, and London, England: Harvard University Press. 2004, p. 40.
② Ibid..
③ Ibid..
④ Ibid., p. 41.
⑤ Ibid..

第四章 第四阶段:"衍指符号"

郭实腊将"夷"译为"barbarian"。与此相关的一段历史"裂缝"值得挖掘:18世纪初叶以来,英国东印度公司雇用的所有译员在"夷"字的翻译上均采用罗伯特·马礼逊(Robert Morrison)在《华英词典》中的做法,统一译为"foreigners"(外国人);而且直到1831年,东印度公司在翻译5月22日发布的皇帝圣谕(the emperor's edict)时,仍将"夷商"译为"foreign merchant"。记录雍正王朝主政十年的原始档案《朱批谕旨》(1738年即乾隆三年刻完)一部分奏折揭示出大臣孔毓珣对"夷"与"洋行"二者所做的区别:称外国商人和外国商船为"夷",称广州华人十三行为"洋行"。[①] 新文化运动时期,"国粹派"也曾鄙夷地提到"夷"字:"以为欧洲夷学,不及中国圣人之道。"[②] 尽管如此,令人蹊跷的是,这个从1832年起在东印度公司内部习以为常的"夷"字,到郭实腊手上,却屡遭质疑,甚至消解的命运。到底何故?故从何来?

据刘禾考证,历史上,郭实腊并非第一个将"夷"字译为"barbarian"的欧洲人。早年的耶稣会士利玛窦、马若望等人,均曾用拉丁文"barbari"来译之,只是郭实腊既不认可18世纪中文里对外国人的其他称谓,也不认可"夷"的其他英文翻译。他的特殊贡献在于,将"barbarian"固定为"夷"之英文翻译,变成新的"衍指符号",并将其上升为法律事件。[③] 郭实腊是少有的几位于19世纪初冒险来到中国内地的欧洲旅行家之一,也是少有的能用英文快捷、生动地书写他与当地人直接接触的经历并近距离观察当地人的欧洲

[①] 参见[美]刘禾《帝国的话语政治:从近代中西冲突看现代世界秩序的形成》,杨立华等译,生活·读书·新知三联书店2009年版,第56页。
[②] 朱文华:《陈独秀传》,红旗出版社2009年版,第88页。
[③] [美]刘禾:《帝国的话语政治:从近代中西冲突看现代世界秩序的形成》,杨立华等译,生活·读书·新知三联书店2009年版,第57页。

旅行家之一。他在日记中有关英人抗议的评述，是汉字"夷"之阐释史上的一个重要转折点。① 相关的诸多游记，"广为传播，读者面极大，对形形色色的'帝国政策'（imperial policies）和'帝国企业'（imperial enterprises）产生不可估量影响"②。与郭实腊几乎同时的另一位传教士大卫·利文斯通（David Livingstone）虽然也写了可能推动欧洲殖民扩张的畅销书，但在助推欧洲列强在亚洲殖民扩张方面郭实腊比起利文斯通有过之而无不及之处。他在《支那国海岸两次出游日记》（Journal of Two Voyages along the Coast of China）中厚颜无耻地表达心声："我热切地希望能够采取更加有效的措施来打开与中国交往的'自由之路'，如果我本人能够在某种程度上有助于推动这一进程，将倍感荣幸。"③ 他还骄傲地宣称："中国的大门将很快被打开。"④ 这几乎预言了鸦片战争的爆发。令人捧腹的是，他们虽然"打开"了"中国的大门"，但作为"夷"之身份的侵略者形象随后在中国更加"众人皆知"。鸦片战争之后次年的广州三元里人民抗英斗争中，英雄的人民就将他们频频称作"逆夷""余夷""英夷""夷兵"："道光二十一年四月初八日……方、圆两炮台被逆占据后肆行无忌……搜索衣物，淫辱妇女，发掘坟墓……初九、初十日，逆夷又往三元里及萧关各乡，复行扰害，由是乡民共愤，鸣锣聚众，杀死逆夷六七人。余逆脱回，因率众而下，约数百人。乡民……与夷决战。……引入黄婆洞（一作'浦'）磨刀坑，杀死逆

---

① Lydia H. Liu, *The Clash of Empires: The Invention of China in Modern World Making*. Cambridge, Massachusetts, and London, England: Harvard University Press. 2004, p. 42.
② Ibid..
③ 转引自［美］刘禾《帝国的话语政治：从近代中西冲突看现代世界秩序的形成》，杨立华等译，生活·读书·新知三联书店2009年版，第58页。
④ 同上。

第四章 第四阶段:"衍指符号"

夷百余名……而英夷亦从此膽寒潜踪矣。"①"英夷之入寇也,予于辛丑正月,诣广州太守陈战守方略,弗纳……二月……虎门、沙角等六台相继失守。而关提督天培、陈协镇连升、祥总政福,皆以战死,夷兵遂入省河"②。这些侵略者作茧自缚。郭实腊在鸦片战争之后不到十年,就开始来华担任英国驻华商务公使的工作人员,并协助起草英中《南京条约》。正是在其中的一次会议上,"夷"字首次被添加进条约谈判的议程(the agenda of the treaty negotiations)。③

刘禾根据掌握的文献,对胡夏米与苏松太道吴其泰之间的争执进行了历史的"还原":胡夏米的要求(指开放上海港的要求——笔者注)遭拒后,苏松太道当即作出以下批示,以备存查:"该夷船人胡夏米等知悉,据秉,希冀贸易,转报上宪等情。查该夷船向无在上海贸易之例,未便违例据情上转。合行驳饬,原呈掷还。即速开船,遵照旧例回粤贸易,毋得延误自娱。道光十三年五月二十三日批示。"④批示中采用"夷"字,胡夏米对此大发雷霆,随即呈上第二次抗议,抗议云:"大英帝国不是'夷国'(a yi state),而是'外国'(a wai state)。"⑤对此,吴其泰进行了"学究式回应"(a

---

① 无名氏:《三元里平夷录》,阿英编《鸦片战争文学集》下册,中华书局1957年版,第734—735页。
② 李福祥:《三元里打仗日记》,阿英编《鸦片战争文学集》下册,中华书局1957年版,第736—737页。
③ Lydia H. Liu, *The Clash of Empires: The Invention of China in Modern World Making*. Cambridge, Massachusetts, and London, England: Harvard University Press. 2004, p. 43.
④ 汉语原文源自许地山《达衷集》,但转引自[美]刘禾《帝国的话语政治:从近代中西冲突看现代世界秩序的形成》,杨立华等译,生活·读书·新知三联书店2009年版,第59页。该书还载有刘禾的相关英译: I have examined and find that there is no precedent for the *yi* vessel to trade in Shanghai. We shall not break the rules but will bring the matter to the attention of the court.
⑤ Lydia H. Liu, *The Clash of Empires: The Invention of China in Modern World Making*. Cambridge, Massachusetts, and London, England: Harvard University Press. 2004, p. 43.

pedantic explanation）：他仅仅使用了一个针对外国人而言的普通用词，绝无轻蔑之意。古人就曾用术语"人"（man）来指称居住于中国南方的人，"夷"（yi）指称居住于中国东方的人，"狄"（di）指称居住于中国北方的人等。① 吴其泰以此做出结论："南蛮、北狄、东夷、西戎。自古至今，总是照此称呼。况中华舜与文王都是大圣人，孟子尚说：'舜，东夷之人也；文王西夷之人也。'岂是坏话？是你多疑了。"② 对吴其泰引经据典的解释，胡夏米根本"不买账"。他仰仗郭实腊及其他华人的帮助，引经据典，写出一份反驳书（a rebuttal），提出四点反驳理由："第一，朝鲜人对古时中国人来讲就是'东夷'（eastern yi），而英国臣民（the British subjects）的故土位居清帝国西面，技术层面上就不符合'东夷'的地理描述。第二，大英帝国拥有位居东、西、南、北四面的大片领土。第三，《大请律令》（the Great Qing Code）第 11 卷将苗、羌、蛮、貘划为'夷'类。第四，中国宋朝著名的诗人、政治家苏东坡（苏轼）经过细致观察后表达过这样的观点：'夷狄不可以中国之治治也。譬若禽兽然，求其大治，必至于大乱。先王知其然，是故以不治治之。（治之）以不治者，乃所以深治之也'。"③ 通过以上理由，胡夏米得出结论："由此观之，称夷人者，为蛮貘而已矣。倘似大英国民人为夷人，正是凌辱本国的体面，触犯民

---

① Ibid.. 许地山《达衷集》中相关汉语原文为："中华自上古圣人该书传世，书内说得明白：南方谓之蛮，东方谓之夷，北方谓之狄。"

② 汉语原文转引自［美］刘禾《帝国的话语政治：从近代中西冲突看现代世界秩序的形成》，杨立华等译，生活·读书·新知三联书店 2009 年版，第 59 页。

③ Lydia H. Liu, *The Clash of Empires: The Invention of China in Modern World Making*. Cambridge, Massachusetts, and London, England: Harvard University Press. 2004, pp. 43 – 44. 但苏东坡原文转引自［美］刘禾《帝国的话语政治：从近代中西冲突看现代世界秩序的形成》，杨立华等译，生活·读书·新知三联书店 2009 年版，第 60 页。

人，激怒结仇。"① 为此，胡夏米拒绝服从吴其泰的命令，直到颇有争议的"夷"字从官方语言中剔除，才愿意离开那一区域。而从吴其泰的角度来讲，希望英国人即刻离开，因为担心，如果他允许这些非法侵入者滞留上海港太久，后果将不堪设想。最后，吴其泰只得让步，在1832年6月6日新签发的命令中用"商"字（the word *shang*）代替"夷"字。②

与此同时，刘禾提醒我们注意一个"细枝末节"：胡夏米和郭实腊一致引用的苏东坡观点，均来源于苏东坡的《王者不治夷狄论》，而此文早在18世纪就有传教士马若瑟的基本准确的拉丁文译本，19世纪初就有香港总督德庇时的误译甚多的英译本。这样，问题出来了：胡夏米和郭实腊究竟采用哪一种译本？或者都采用汉语原本？这一切深刻影响着他们对"夷"字的理解。该字在此之所以重要，主要是因为它与历代经学传统和清朝皇家意识形态休戚相关，如雍正在给谋反的曾静、吕留良定罪的文字依据之一，就是曾、吕二人曾对苏东坡《王者不治夷狄论》进行引用、评价。③ 这是雍正树立威望，大展宏图的重要事件之一，值得特别提及。曾静是雍正时期的湖南秀才，曾上书川陕总督岳钟琪，策动他反清。曾静历数雍正皇帝十宗罪，应该垮台。岳钟琪向雍正禀报，将曾静出卖，雍正即派人至湖南审理曾静等一干人犯。曾静供出他的思想主要受浙江人吕留良（1629—1683）的影

---

① 转引自［美］刘禾《帝国的话语政治：从近代中西冲突看现代世界秩序的形成》，杨立华等译，生活·读书·新知三联书店2009年版，第60页。
② Lydia H. Liu, *The Clash of Empires: The Invention of China in Modern World Making*. Cambridge, Massachusetts, and London, England: Harvard University Press. 2004, p. 44.
③ 参见［美］刘禾《帝国的话语政治：从近代中西冲突看现代世界秩序的形成》，杨立华等译，生活·读书·新知三联书店2009年版，第62页。

响。① 吕留良在顺治十年中秀才后思想大变,变为"愤青",悔恨猎取清朝功名,康熙五年(1666)弃青衿,朝选政,名气甚大,被人尊称为"东海夫子"②。他在著述中强调华夷之分:"华夷之分,大于君臣之义。"因此,他教人站稳华夏的民族立场,不能效忠夷狄政权,即少数民族政权。他认为,蒙古人建立的元朝——第一个统一全国的少数民族政权——是"从古未有的不幸事变",清朝是继元朝之后的统理全国的少数民族政权,也是"绝大的灾难"。他心仪明朝,坚持汉族立场,不承认清朝政府,谓之为"彼中""燕""北""清",拒绝为清朝服务。弟子严鸿逵、沈在宽纷纷效仿之。③ 雍正对他及属下门徒一并问责并对"华夷之辨"予以严正驳斥。他提出不应以地域作为区别君主好坏的标准,帝王所以成为国君,是生民选择有德之人,而不是选择那个地方的人④。"在逆贼等之意,徒谓本朝以满洲之君,入为中国之主,妄生此疆彼界之私,遂故为讪谤诋讥之悦耳。不知本朝之为满洲,犹中国之有籍贯。舜为东夷之人,文王为西夷之人,曾何损于圣德乎?"⑤ 他还列举了诸多清朝的"好处":中国疆土开拓广远、创造太平盛世、为明报仇雪恨、衣冠是天命来主等。⑥ 随后,雍正对吕留良等一干人(包括门徒、亲友、子女、同乡等)进行严肃处理,或重判,或发落,或贬为家奴,并财产充公。这一切充分展现了雍正的政治智慧,特别是曾轻吕重的结案处置方式,的确实现了他"出奇料理"之手腕,令人叫绝,史家

---

① 参见冯尔康《雍正传》,人民出版社 1985 年版,第 222—228 页。
② 同上书,第 231 页。
③ 同上书,第 231—232 页。
④ 同上书,第 232—233 页。
⑤ 同上书,第 233 页。
⑥ 同上。

甚至惊叹"亏他想得出"！①

刘禾从话语政治角度对胡、吴之间的争论进行了言之成理的分析："胡夏米和吴其泰之间的首次话语交锋，预演了从第一次鸦片战争之前和之后多次发生的中英冲突中类似的争吵。……开启了一个可供重复的外交方式：首先，英国人先发起质疑，要求清政府停止使用'夷'字，认为它是侮辱人的字眼；接下来，满清官吏一律否认他们使用'夷'字是在侮辱英国人。"②她进而分析："胡夏米在其辩驳书（辩驳书即反驳书——引者注）上提出的第二点……指出问题的真正症结所在。……挑明了这场关于'夷'字的争辩，实际上关系到大英帝国正在上升的至高无上的霸主地位。孰不知，在阿美士德号抵达中国海岸以前，英文的'barbarian'早就长期以来成为欧洲殖民扩张的话语了（英国人喜欢将其属地方的子民称作'barbarian'）。然而，由于特定的翻译行为，这个英文词与汉字'夷'竟不期而遇，发生冲撞，使得英语中针对殖民地他者的'barbarian'话语突然陷入困境；也就是说，英国人的'barbarian'论述突然在别人的语言（中文）里发现了被扭曲的自画像。"③

简言之，以上胡、郭之间的争论就是围绕一个"夷"字翻译成"barbarian"的问题，而重心又是在英文词"barbarian"。换言之，胡夏米和郭实腊透过英文词"barbarian"来判断"夷"之字义。④这种诠释法，刘禾称为"跨语际谬释法"（hetero-linguistic catachresis）。"跨语际谬释法"特指一种翻译行为，它一边跨越语言之间的

---

① 参见冯尔康《雍正传》，人民出版社1985年版，第236页。
② ［美］刘禾：《帝国的话语政治：从近代中西冲突看现代世界秩序的形成》，杨立华等译，生活·读书·新知三联书店2009年版，第62页。
③ 同上书，第62—63页。
④ 同上书，第63页。

界限,一边又掩饰其越界的痕迹,从而有效地操纵衍指符号的意义。① 胡夏米和吴其泰之间有关"夷"的争论,表面上是用中文进行,好像英文词"barbarian"根本不在场,但其实"barbarian"在其中起了关键作用,是"夷"字贬义的主要参考依据。②

(四)"夷目"之"祸"

当时的中英之间,真是"祸不单行"。"阿美士德"号事件之后,接着又发生律劳卑(Lord Napier)与两广总督卢坤的冲突事件。

律劳卑接受英国外交大臣巴麦尊(Lord Palmerston)的任命,英国东印度公司对华贸易特权终止后,来到中国。他是英国政府派往中国的第一位官方代表,1834年7月25日乘船抵达广州,但未获官方允许,并未携带任何国书,却要求与两广总督卢坤交换函件。③ 清朝当局拒绝接受任何函件,建议他通过"洋商"(the yang shang)即十三行商人,进行接洽。后来,在律劳卑发现清政府官方文件将他的官方头衔"英国驻华商务总监"(Chief Superintendent of British Trade in China)称作"夷目"(yimu)时,他之前在当地官员面前所受的冤气,顿时化作满腔怒火。令人惊奇的是,律劳卑的翻译罗伯特·马礼逊将"夷目"(yimu)译作"野蛮人的眼睛"(the barbarian eye)。多么可怕的谬释法(a monstrous catachresis)!④

《中国丛报》(Chinese Repository)1834年8月号发表了卢坤的有关一道谕令的英译,一致认同"夷目"(yimu)的谬译。谕令开篇:

---

① [美]刘禾:《帝国的话语政治:从近代中西冲突看现代世界秩序的形成》,杨立华等译,生活·读书·新知三联书店2009年版,第63页。
② 参见同上。
③ Lydia H. Liu, *The Clash of Empires: The Invention of China in Modern World Making*. Cambridge, Massachusetts, and London, England: Harvard University Press. 2004, p. 46.
④ Ibid..

第四章 第四阶段："衍指符号"

"英国战舰一只，上载夷目一名，自外埠驶向鸡头洋面，并在此停泊。"译者或编辑将"eye"（目光）一词斜体，使得读者继续往下阅读时，自然被吸引至"目光"（eye）一词之上："现来夷目（the barbarian eye），自系查理此事，惟夷目非大班人等可比。如欲来省，必须先行奏明请旨意。"① 显然，"the barbarian eye"一词在第二页附上括号里附上注释，解释其意为汉语中"首领"（the headman）之后，作为"yimu"的字面翻译，就被当然接受。直至律劳卑客死澳门，《中国丛报》仍坚持这一谬译。卢坤的做法令律劳卑勃然大怒，大骂卢坤是"自以为是的野蛮人"（a presumptuous savage）。② 不过，值得关注的是，在裨治文（E. C. Bridgman）主编《中国丛报》时期，英美人有时将之译成"barbarian"，有时将之译成"foreigner"，摇摆不定，一时难以统一。

刘禾说，这里，我们不得不问，"汉字'夷'真有具备如此杀伤力的能力吗"③。她自问自答："可能的。"她给出的理由是，"'夷目事件'及许多围绕得体外交言说—礼仪方式的相关冲突……导致了首次中英军事冲突（the first military skirmish between England and China）"④。1834年9月8日，律劳卑向清政府宣战。在宣战书里，他一反总督卢坤对英国的冷淡态度，颐指气使地宣称："英王陛下是一位伟大的君主，力大无比。他统治着世界四分之四领土，空间上、权力上较之整个支那帝国要多。他统率着无数由威猛勇士构成的军队，'普天之下，莫非王土。四海之滨，莫非王臣'。他还拥有伟大

---

① ［美］刘禾：《帝国的话语政治：从近代中西冲突看现代世界秩序的形成》，杨立华等译，生活·读书·新知三联书店2009年版，第65页。
② Lydia H. Liu, *The Clash of Empires*: *The Invention of China in Modern World Making*. Cambridge, Massachusetts, and London, England: Harvard University Press. 2004, p. 47.
③ Ibid..
④ Ibid..

的战舰，装载着大炮120门之多，静静地穿过海面——支那土著人至今还未胆敢露面的地方。总督好好琢磨吧，这样的君主是否'愿意对任何人毕恭毕敬'。"① 不可一世的殖民者嘴脸，昭然若揭。律劳卑随后请求驻守在虎门战舰的海军陆战队调防广州。两艘英国护卫舰——"伊莫金号"（the Imogene）、"安德洛玛刻号"（the Andromache）——于9月11日到达，停泊于黄埔港。中英之战随即爆发。② 仔细回顾，似有几分怪异：第一次英国在华军事行动既不由鸦片引起，也不由贸易引起，而英国贸易在此次战舰停泊期间受到重创，直接起因是律劳卑决心维护英王陛下的面子（vindicate the honour of the government of His Britannic Majesty），因为陛下的面子因总督卢坤的趾高气扬，受到重创。③

刘禾指出："可以毫不夸张地说，衍指符号'夷/ｉ/barbarian'是现代外交史上最悲催的、耗资成本最大的'人造事件'（the most tragic and costly fabrications）之一。"④ 律劳卑恼羞成怒。"伊莫金号""安德洛玛刻号"上的不少人因此丧生，他本人的健康因此每况愈下，终于在1834年10月11日一命呜呼。罗伯特·马礼逊也于同年"命丧黄泉"，其子约翰·罗伯特·马礼逊接替其担任的英国驻华正翻译官职位（the Chinese secretary）。⑤ 肇始于一场因一个语词和一系列外交礼仪而发生的争端的这一切，变得相当严峻，正如郭斌佳（P. C. Kuo）这位"事后诸葛亮"所称的那样："随着9月7日双方敌对状态的开始，情况就从原则争执跨越到战争态势。在这场态

---

① Lydia H. Liu, *The Clash of Empires: The Invention of China in Modern World Making*. Cambridge, Massachusetts, and London, England: Harvard University Press. 2004, p. 47.
② Ibid. .
③ Ibid. .
④ Ibid. .
⑤ Ibid. .

势的发起中，罪责在英国驻华商务总监（the British Superintendent）一方。"① 在这一战争态势中，无论何人作何指责，律劳卑的不幸死亡给英国主战派提供了强有力的口实，因为此时英国议会已开始考虑是否可能对华采取果断军事行动的问题，以及是否可能对钦差大臣林则徐销毁鸦片进行报复的问题（林的行动导致鸦片战争的爆发）。②

这里，特别需要向我国外语界介绍一个"熟悉而陌生的"外国人。在中国以"威氏音标"（即"威翟拼音法"，Wade-Giles）而出名的威妥玛（Thomas Francis Wade，1818—1895），不仅是有名的英国语言学家、汉学家（著有《语言自迩集》等），而且是活跃于19世纪英中谈判桌上，参与制造诸多不平等条约的英国外交家。八国联军进攻北京的"丑恶"时刻，他由英国全权公使额尔金的汉文正史升任英国公使参赞，"对任何语言口误（slips of tongue）保持高度警惕，按期检查所有中文官方来往函件中的不敬之词（signs of disrespect），不管这些函件是否将'大英帝国'几个汉字提升至'大清国'几个汉字的程度，还是在公开出版物中针对外国人使用恭敬之辞（respectful language）"③。一次，他发现还未付梓的官方《京报》（Jingbao）没有扬起"大英帝国"几个汉字的"大旗"后勃然大怒，竭力向主持新建外交机构"总理衙门"的恭亲王声明，这是一起违规事件（infraction）。④ 刘禾认为："这种唯恐别人不敬的焦虑，反映了英人性格的另一面，诚如伊琳·福里古德（Elaine Freedgood）所

---

① Lydia H. Liu, *The Clash of Empires: The Invention of China in Modern World Making*. Cambridge, Massachusetts, and London, England: Harvard University Press. 2004, p. 48.
② Ibid..
③ Ibid., p. 96.
④ Ibid..

说,'……一个国家……越是想要支配别人,要建立自己的威严形象,越需要控制和掩盖这个过程所带来的重重焦虑'。"① 正是由于英国人的此番神经质般的"敏感",19世纪至20世纪之交,"夷"字及其他不敬之词就从大多数中文出版物和清政府官方文件中永久地消失了。

刘禾总结道:"1858年禁用'夷'字的命令取得出其不意的成功(the spectacular success),并且,'衍指符号''夷/ i /barbarian'阴魂未散,英国人一如既往地被其缠绕,恰如一个法律上死去的某个词似乎时常潜伏在街头巷尾或居家度日的普通百姓的本土言语(the vernacular speech)中,会以多种伪装方式突然浮现一样。"② 因此,英人对中国百姓口中的"番鬼"或"鬼子"进行搜查,理由是"它们与'夷'一样会带来同样的伤害(the same sense of injury)"③。

第四节 个案分析 2:"番鬼""鬼子"/"洋鬼子"

明清以来,我国沿海一带百姓一直将侵略我国的日本海盗称为"倭寇",所以出现"抗倭"民族英雄戚继光。可到了近代,国人对日本侵略者或英国人的称呼,鉴于1858年英方的强烈抗议,由"夷"变"番鬼""鬼子"/"洋鬼子"等词。这一演变经历了以下时间段:

---

① Lydia H. Liu, *The Clash of Empires*: *The Invention of China in Modern World Making*. Cambridge, Massachusetts, and London, England: Harvard University Press. 2004, pp. 96 – 97.
② Ibid., p. 97.
③ Ibid..

（一）2—16世纪

中国人同西方人打交道的时间远远早于元明时期。据史学家曹聚仁的研究，魏晋时期，南洋群岛的土人就已经到了扬州、南京一带经商；隋唐时期，从中亚细亚过来的景教、拜火教徒，在长安立寺传教；而唐宋两代的波斯胡（"胡"字系中国古人对外族的称呼）航海而来，在交州（今两广的雷州半岛、钦州地区和越南北部）、广州、明州（今宁波）、泉州一带正式设肆经商，有的还在中国成家立业。所以，马可·波罗曾宣称的黄巢在广州杀12万胡人之说虽不可信（见《马可·波罗游记》），但确实在唐宋两朝的交、广一带，以波斯为中介，发生过同西方的密切的商业关系。[①] 即是说，此时对西方人的称呼是"胡"或"胡人"，基本是正面形象。其负面形象发生于16世纪，诚如刘禾指出："西方人在中国的负面形象开始于16世纪初，首批葡萄牙贸易商来到华南沿海一带，烧杀抢掠，无恶不作。"[②] 比如，西芒·佩雷兹·德·安德拉德（Simao Peres d'Andrade）在1518年到广东后，大肆绑架妇女儿童，并将她们/他们作为奴隶贩卖到国外，在当地臭名昭著。葡萄牙人对公共安全形成巨大威胁，使得政府御史何鳌惊恐万状，遂于1520年奏报朝廷，呼吁将所有外国人驱逐出境。[③] 所以，几十年后，耶稣会士利玛窦来华时，不得不勤奋工作，尽力克服西芒·佩雷兹·德·安德拉德在当地所留下的不良印象（unfavourable impressions）。

[①] 参见曹聚仁《中国近百年史话》，生活·读书·新知三联书店2008年版，第90—91页。

[②] Lydia H. Liu, *The Clash of Empires: The Invention of China in Modern World Making*. Cambridge, Massachusetts, and London, England: Harvard University Press. 2004, p. 98.

[③] Ibid., pp. 98–99.

（二）18世纪

"'洋鬼子'/'鬼子'之类的明显概念，倒是十八世纪以后的产物，一直弥漫了两个世纪，以义和团的口号与行动为最具体"[①]。他们想象"洋鬼子"是羊转世的，一身羊腥气，只要我们多杀一些羊，洋人就会死绝了。洋人的腿是直的，跪不下来；眼珠是绿的，白日看不见东西；洋人的炮火是利害的，可是最怕月经带、马桶刷之类。这些说法还见于清廷大员的奏牍中和义和团的行动中。[②] 刘禾从学理层面上指出："正是由于欧洲人的这些暴力行为（指16世纪欧洲人犯下的暴力行径——引者注），而非西方人的异域化面孔（exotic appearance），导致'番鬼'（*fan gui*）、'鬼子'（*gui zi*）之类绰号在广东人群中出现，并于鸦片战争后首次传播到其他地方。"[③] 不过，刘禾说："'鬼子'并不是口语里对西方人的唯一称谓。"[④] 即是说，当时对西方人的称谓除"番鬼""鬼子"外，还有其他称谓，如"西洋子"。最早反对"夷"字的欧洲人郭实腊曾说，他在1831年首次到山东沿海口岸旅行时，就被当地人称为"西洋子"（Se-yang-tsze 或者 child of the western ocean）。[⑤]

（三）鸦片战争后

鸦片战争是西人"鬼子"形象传播的分水岭，隐含着强烈的文化意义。刘禾说得好："话语的功能是聚集语言的行动力量，唤醒大家对欧洲人的暴力行为的记忆，从而调动普通人民对英国人

[①] 参见曹聚仁《中国近百年史话》，生活·读书·新知三联书店2008年版，第92页。
[②] 同上书，第93页。
[③] Lydia H. Liu, *The Clash of Empires: The Invention of China in Modern World Making*. Cambridge, Massachusetts, and London, England: Harvard University Press. 2004, p. 99.
[④] Ibid., p. 98.
[⑤] Ibid..

的反抗。"① 这能唤起一种国家记忆，能促使我们"从共同的每日记忆中择取出一个单一的目的论情节"②，激起对帝国主义的深仇大恨。第一次鸦片战争后，一个西方人走在广东街头，会被小孩子们叫作"番鬼"，该词的粗鲁、敌意给西方人留下极深印象。③一些母亲还会时常会对怀里哭闹的婴儿说"要是再哭，就把他丢给'番鬼'"④，这招真灵，婴儿马上就闭嘴不哭。刘禾认为"那些母亲和孩子完全有理由害怕英国人，将他们看作敌人，而非朋友"⑤，因为"在中国沿海口岸出现的司空见惯的枪炮、战舰行动（the conspicuous movement of guns and battleships）……激起了人们内心的恐惧、愤怒和反抗"⑥。

1841 年，三元里人民成功抗英，催生了数量特别巨大的诗文、童谣及通俗文学作品，这一切助推"番鬼"一词播散至中国各地。此后不到一年，《中国丛报》（*Chinese Repository*）主编就注意到这一现象，发表了一篇专门解释"番鬼"的文章。在文中，他不认为"鬼"是指魔鬼（devil）或恶魔（demon），简言之，不是"天朝的"⑦。他通过援引当地一位绅士（a respectable native gentleman）的话来分别解释"番""鬼"之含义："'鬼'……指异常（outlandish）、粗野（uncouth）、怪诞（bizarre）……指'支那人的'（Chi-

---

① [美] 刘禾：《帝国的话语政治：从近代中西冲突看现代世界秩序的形成》，杨立华等译，生活·读书·新知三联书店 2009 年版，第 135 页。
② [美] 斯维特兰娜·博伊姆：《怀旧的未来》，杨德友译，译林出版社 2010 年版，第 60 页。
③ Lydia H. Liu, *The Clash of Empires*: *The Invention of China in Modern World Making*. Cambridge, Massachusetts, and London, England: Harvard University Press. 2004, p. 100.
④ Ibid., p. 101.
⑤ Ibid..
⑥ Ibid..
⑦ Ibid., p. 100.

nese）；'番'则指生活于南洋一带渺小而卑贱的岛上野人（the petty, groveling island savages），正如'蛮'、'夷'、'狄'用于指称生活于清帝国北方和其他疆域的人一样。当外国人首次来到中国沿海时，他们的紧身衣服（close fitting dress）、吱吱作响的鞋子（squeaking shoes）、鸡冠状的帽子（cocked hats）、蓝蓝的眼睛、红红的头发、整齐的佩剑、令人匪夷所思的谈话（the unintelligible talk）、趾高气扬的出行（the overbearing carriage）、战舰上传来的轰鸣的炮声（the roaring guns of their ships），——使得老百姓震颤不已，纷纷惊呼'鬼！鬼！'它随后为人们所用，逐渐获得流通，直到如今成为对远道而来陌生人而言的统称（the general appellative of all far-traveled strangers）。"①《中国丛报》主编认为绅士的"解释……真切地说明了中国人对其他国家的鄙夷（Chinese contempt for other nations）"②。不过，刘禾认为，主编对三元里人民抗英斗争（the Sanyueli campaign/ the Sabyueli resistance/ the Sanyueli incident）只字未提，实则巨大遗憾，因为"第一次鸦片战争期间的三元里人民抗英斗争是该词得以传播的直接语境（the immediate context）"③。美国学者小威克曼（Frederic Wakeman Jr.）早在1966年的著作《来到家门口的陌生人：华南社会骚乱（1839—1861）》(*Strangers at the Gate*: *Social Disorder in South China*, *1839—1861*) 中就指出："三元里事件是此后二十年间灼烧中国南方的众多问题的关键序幕：民兵运动、太平天国叛乱、秘密社团、宗派战争以及排外运动。除非三元里事件得到

---

① Lydia H. Liu, *The Clash of Empires*: *The Invention of China in Modern World Making*. Cambridge, Massachusetts, and London, England: Harvard University Press. 2004, p. 100.
② Ibid..
③ Ibid..

了明确的把握，否则后面出现的事情将无从索解。"①

此后，"鬼子"一词很快从东南沿海传到北京，并导致诸多不幸事件的发生。在1860年英国人攻占北京期间，还发生过中国人因对外国人称呼由"夷"变成"鬼子"而招致毒打的事件："独约内一条云，不许名之为夷，不可不知。日前崇文门外三转桥地方，有一傻子，立于门前，见夷人经过，拍手大笑曰：'鬼子来也。'夷众立将此傻子毒殴，伤重垂毙，复入其家，举室尽被殴伤，毁坏什物。强梁至此，可不避其忌讳耶？"② 外国人真是丧心病狂！由"夷"至"鬼子"的过程中所发生的一切，蕴含着一种"'伤害'话语殖民性"（the coloniality of injury）③，成为英国人欺负中国人及对华发动战争的合法化借口。威妥玛也曾因为听见"外国鬼子"一词而对一位老人不依不饶："1861年4月6日，威妥玛骑马行走于北京街头，偶然听见一位戴着眼镜的老人正在招呼屋里的朋友出来看外国鬼子（foreign devils）。威妥玛立刻冲过去纠正他用了一个不敬之词，同时告诉他，他们不是鬼（devils），而是正常人。但老人否认用过此词，很多人也围着他，都说那词无疑是个令人生厌的不敬之词（objectionable one）。老人后来也明白它确实冒犯他人，不会再用此词。"④
对此，刘禾评说道："由于威妥玛仅将模仿视作言语之域（the horizon of verbal speech），所以他才不依不饶地追着老人纠正他的有关外国人的错误用法。但这种努力是徒劳的，因为在英法占领北京的最初几月，他们对宫殿、寺庙、居民住宅的大规模烧杀抢掠，使得居

---

① 转引自［美］刘禾《帝国的话语政治：从近代中西冲突看现代世界秩序的形成》，杨立华等译，生活·读书·新知三联书店2009年版，第135页。
② 同上书，第133页。
③ Lydia H. Liu, *The Clash of Empires: The Invention of China in Modern World Making*. Cambridge, Massachusetts, and London, England: Harvard University Press. 2004, p. 97.
④ Ibid., p. 102.

住于北京及新开放口岸的老百姓纷纷怀疑英国军队是否还有人性，是人还是鬼。"①

与此同时，《天津条约》（1858）继《南京条约》（1842）之后，又开放了除广州、厦门、福州、宁波、上海之外的牛庄（Newchwang）、登州（Tangchow）、台湾、潮州（Chawchow）、海南（Kiungchow）等新的通商口岸（treaty ports）。这些地区的老百姓立即行动，共同抵抗清政府与外国列强之间签署的条约协定（the treaty agreement），公开在言语和书写中谴责英国人，将英人鄙夷称作"鬼子"。② 更有甚者，在1900年8—9月间，八国联军攻占清廷首都北京时，潮州城的老百姓有效阻止英国人进城，用尽一切力量，将他们拒之门外达6年之久。③ 卫廉士（Samuel Wells Williams）也相信，"番鬼"确实昭示了中国人对外国人所表达出的鄙视和恶意，而非鸦片战争和条约安排所导致的暴力（the violence of the Opium Wars and the treaty arrangements）。④

（四）20 世纪初期

民间或官方的抗英运动深刻影响着20世纪初期作家的写作，作品中频频出现充满敌意的"鬼子"／"洋人"等词。在东北作家萧红写于1934年9月的小说《生死场》中，二里半的老婆麻面婆在与赵三的对话中，就不时提到为他们治病的"鬼子"："'三哥，还坐在这里？家怕是有'鬼子'来了，就连小孩子，'鬼子'也要给打

---

① Lydia H. Liu, *The Clash of Empires: The Invention of China in Modern World Making*. Cambridge, Massachusetts, and London, England: Harvard University Press. 2004, p. 102.
② Ibid., p. 103.
③ Ibid..
④ Ibid., p. 104.

针,你看我把孩子抱出来,就是孩子病死也甘心,打针可不甘心。'。"① 小说叙事人说:"西洋人,人们叫他'洋鬼子',身穿白外套,第二天雾退时,白衣女人来到赵三的窗外,她嘴上挂着白囊,说起难懂的中国话……'老鬼子'向那个'小鬼子'说话……管子,药瓶和亮刀从提包倾出,赵三去井边提一壶冷水。那个'鬼子'开始擦他通孔的玻璃管。平儿被停放在窗前的一块板上,用白布给他蒙住眼睛。隔院的人们都来看看,因为要晓得'鬼子'怎样治病,'鬼子'治病究竟怎样可怕。……'鬼子'开始一个人提起冷水壶,另一个对准那个长长的橡皮管顶端的漏水器。看起来'鬼子'像修理一架机器……很快一壶水罐完了!最后在滚涨的肚子上擦一点黄色药水,用小剪子剪一块白绵贴住破口。就这样白衣'鬼子'提了提包轻便的走了!"② 这一叙事,给我们绘制了一幅西医初入中国时如何给中国百姓带来惊愕、恐惧,甚至招致拒绝的栩栩如生画面。真是"妙趣横生"。与萧红同一时间创作的四川作家李劼人在小说《死水微澜》中,也用相当多的篇幅描写"鬼子"如何治病之事:蔡大嫂不理解当地人为何不除掉区区几个洋人及教堂,情人罗歪嘴回答道:"为什么该打教堂?道理极多。概括说来,教堂者,洋鬼子传邪教之所也!洋鬼子这,中国以外之蛮夷番人也!尤怪者,是他懂我们的话,我们不懂他的话。穿戴也奇,行为也奇,又不作揖磕头,又不严分男女,每每不近人情,近乎鬼祟,故名为洋鬼子,贱之也! ……看病也与中国医生不同,不立脉案,不开药房,惟见其刀刀叉叉,尚有稀奇古怪之家伙,看之不清,认之不得;药也奇怪,不是五颜六色之水,即是方圆不等的片也,丸也,虽然有效,然而

---

① 萧红:《生死场》,黑龙江人民出版社1980年版,第72页。
② 同上书,第72—73页。

究其何药所制：甘草吗？大黄吗？牛黄吗？马宝吗？则一问摇头而三不知。从这种种看来，洋鬼子真不能与人并论！……其次那医病的药……大都是用小儿身上的东西配合而成。有人亲眼看见他那做药房间里，摆满了人耳朵、人眼睛、人心、人肝，人的五脏六腑，全用玻璃缸装着，药水浸着……还有整个的胎儿，有几个月的，有足了月的，全是活生生从孕妇中腹中剖出……所以自洋鬼子来，而孕妇有被害的了，小儿有常常遗失的了！……洋鬼子偏杀人以治人，纵是灵药，亦伤天害理之至。"① 因此，罗歪嘴最后的结论是："但凡打毁教堂，杀尽洋人，天必佑之，人必颂之，邦人君子，岂可忽诸！"② 字里行间透视出中国人民坚定不移的爱国之情！

不过，汉语"鬼"的概念较之英语"devil"具有更丰富的语义，涉及"神秘的""奇幻的"，或"令人生厌的"等方面和"精神的""异国的""滑稽的"等方面。"番鬼"植根于"草根社会运动"（a grassroots social mobilization）中，覆盖妇女、孩子，甚至白痴等人群，记录着比"轻蔑"更强烈的恐惧、厌恶、憎恨等情绪。③

刘禾满怀豪情地呼吁："从'魂迷'或者'驱鬼'的角度，我们至少可以揭示出'夷/i/barbarian'或'番鬼/foreign devil'这些衍指符号本身的魔咒性；我们还可以从中思考，为什么有些词的意义被呼唤出来，而另一些词的意义却永久地死亡了；我们甚至应该思考，意义本身何以呈现？它的秘密在哪里？"④

同时，吊诡的是，就在"洋人"向中国侵入的漫漫长夜里，晚

---

① 李劼人：《死水微澜》，人民文学出版社1955年版，第43—46页。
② 同上书，第46页。
③ Lydia H. Liu, *The Clash of Empires: The Invention of China in Modern World Making*. Cambridge, Massachusetts, and London, England: Harvard University Press. 2004, p. 100.
④ ［美］刘禾《帝国的话语政治：从近代中西冲突看现代世界秩序的形成》，杨立华等译，生活·读书·新知三联书店2009年版，第144页。

清士大夫的一些人，勇于承认"洋鬼子"比我们先进，看到了中国问题的另一面：中国的落后，在于物质文明的落后。① 龚自珍、林则徐、魏默存、徐继畬、王韬、曾国藩、李鸿章、郭嵩焘、康有为、梁启超之类的人物纷纷行动，或撰文，或编译，或办兵工厂，或出使西方，或维新变法等。也许，以今天的眼光来看，这些先驱者的思想还有许多幼稚之处，但在那个刚刚从封闭走向开放的时代，能够达到他们那样水平者属凤毛麟角。② 因此，从某种意义上说，正是因为有了这样的人物，才让我们于漫漫长夜中，看到一丝光芒，从而坚信，尽管中国这艘古老的航船尚在"历史的三峡"中穿行，但它总有一天会冲出激流险滩，驶向那片蔚蓝色的辽阔的大洋，③ 开启中国现代化的伟业，实现中华民族的伟大复兴。

第五节　个案分析3："中国/China"或"中华/China"

对中国早期的称呼有"秦""汉""唐""南京""中华""神州""九州""中土"、"华""夏""华夏""诸夏""汉人""唐人""震旦""支那""差那""差能"等。显然，最后四种称呼"震旦""支那""差那""差能"系"他国重译之音"④（黄遵宪语），"皆非

---

① 参见曹聚仁《中国近百年史话》，生活·读书·新知三联书店2008年版，第96页。
② 参见《洋鬼子 百度百科》，百度百科（https：// baike. so. com/doc1597644 - 6189404. html）。
③ 同上。
④ 转引自［美］刘禾《帝国的话语政治：从近代中西冲突看现代世界秩序的形成》，杨立华等译，生活·读书·新知三联书店2009年版，第107页。

我所自命之名也"①（梁启超语）。无疑，这一切走向了"China"一词的产生与传播议题，走向了"中国/China"或"中华/China"的跨语际创造过程。刘禾提醒我们注意，"二者绝非是对本土名称'华'（*hua*）、'夏'（*xia*）的翻译，也不是对或现今或历史上某个节点的'中国'（*zhongguo*）的翻译"②。但是，这一"中英文交叉的衍指符号，不动声色地把中文和英文的词源汇聚其中，并将其公度性（commensurability）锁定，形成了一个不可思议的语义整体（a fantastic semantic whole）"③。

刘禾说："晚清知识者人士完全认定，'China'（中国）一词的诸多现代命名来源于梵文'cina'一词，'cina'一词又来源于统一的先秦。"④ 梵文学者帕特利克·奥利维尔（Patrick Olivelle）积极支持这一说法。⑤ 但一些学者反对这一说法。一位史学家认为，虽然"China"来源于梵文词"cina"，但它的对应词却是"荆"（楚）而非"秦"，早于先秦，经过一条早在丝绸之路前就已存在的西南古代商业路线传播。⑥ 另一位史学家认为，"支那"（cina）一词可追溯到古代梵文史诗《罗摩衍那》（*Ramayana*）、《摩诃婆罗多》（*Mahabharata*）及《玛奴法典》（*the Hindu Laws of Manu*）等其他梵文文献中，两部史诗大约成书于公元前2世纪至公元前后之交。⑦ 不过，它们均提到"匈奴"（*xiongnu* Huns），称为"支那人的北方劲敌"

---

① 转引自［美］刘禾《帝国的话语政治：从近代中西冲突看现代世界秩序的形成》，杨立华等译，生活·读书·新知三联书店2009年版，第107页。
② Lydia H. Liu, *The Clash of Empires: The Invention of China in Modern World Making*. Cambridge, Massachusetts, and London, England: Harvard University Press. 2004, p. 80.
③ Ibid., p. 33.
④ Ibid., p. 77.
⑤ Ibid., p. 78.
⑥ Ibid., p. 264 (Note 18).
⑦ Ibid., pp. 76 – 77.

(the great northern rivals of the Chinese)。支那人的梵文命名"cina",可使人联想到秦始皇创建的秦王朝——后者于公元前214年建造长城,用以抵御匈奴人①。

对此,刘禾说道:"使得问题更为复杂的是,我们在古汉语文献中遭遇了一个相关的地名'大秦'(Da Qin),用同一时期与对秦朝命名的同一个字——'秦'(Qin 或 Chin)——写成。"② 但此"秦"非彼"秦"也。此处的"秦"是指公元3至5世纪之间,"大秦"出现于公元1—5世纪之间的中国史书中,是罗马帝国的名称之一,具体指称埃及的闻名遐迩的都市亚历山大港,那里当时中非贸易正酣烈。据《后汉书》记载,"其人民皆长大平正,有类中国,故谓大秦"③,即是说,"大秦"之名是我们给他者的命名。

1644年,清朝统治者推翻明朝后入关,开始对汉人进行统治,"将中国对象化,看作大清国的一个部分(a province of the empire)"④。"清朝统治者们早就将他们的国家命名为'大清国'(Da Qing Guo),他们于17世纪取而代之的那一朝代的官方名字是'大明国'(Da Ming Guo),而非'中华帝国'(the Chinese empire)"⑤。

即是说,"中国"之名虽然古已有之,"但被正式地用来统指这

---

① Lydia H. Liu, *The Clash of Empires*: *The Invention of China in Modern World Making*. Cambridge, Massachusetts, and London, England: Harvard University Press. 2004, pp. 76 – 77.

② Ibid., p. 78.

③ 转引自[美]刘禾《帝国的话语政治:从近代中西冲突看现代世界秩序的形成》,杨立华等译,生活·读书·新知三联书店2009年版,第110页。

④ Pamela Crossley. *A Translucent Mirror*: *History and Identity in Qing Imeperial Ideology*. Berkeley: University of California Press. 1999, p. 341.

⑤ Lydia H. Liu, *The Clash of Empires*: *The Invention of China in Modern World Making*. Cambridge, Massachusetts, and London, England: Harvard University Press. 2004, p. 76.

个国家，则是晚近的事"①。之前，中国一直无正式"学名"。所以，黄遵宪、梁启超两位晚清先师曾分别感叹"考地球各国，若英吉利，若法兰西，皆有全国总名，独中国无之"②，"吾人所最惭愧者，莫如我国无国名之一事"③。"China"（支那）、"Chinese"（支那人）等词是在19世纪末20世纪初经由日语"Shina"开始进入汉语，而"Shina"又是对近代欧洲语言中的China等词的发音模仿。④ 刘禾的评述异常深刻："当'支那'（shi和na）作为外来词的纯粹声标时，就丢弃了汉字本身的字源传统，也疏离了日本沿袭下来的那些命名中国的老名称（'唐'、'唐都'、'中国'、'中都'、'中华'等——引者注），这很符合日本殖民者征服中国大陆的大目标。这一文字上的重新命名，上面铭刻着日本人如何通过模仿西方的帝国主义，来效仿西方文明的欲求。可以说，日本人的这种殖民模仿，恰如其分地捕捉到了它的模仿对象，这镜像将一束阴险的光投向其抄写的榜样，显示其视为榜样的西方列强，也是打着文明的旗号进行帝国侵略的。"⑤ 换言之，他者的命名"中国"似乎隐含着帝国主义侵略中国的狼子野心，是殖民主义把戏的"预演"。这实际指向一个"中国现代国家"⑥问题。"中国/China"或"中华/China"昭示着强烈的现代性。关于这一点，美国当代著名中国历史学者孔飞力（Philip

---

① 转引自［美］刘禾《帝国的话语政治：从近代中西冲突看现代世界秩序的形成》，杨立华等译，生活·读书·新知三联书店2009年版，第106页。
② 同上书，第106—107页。
③ 同上书，第107页。
④ Lydia H. Liu, *The Clash of Empires: The Invention of China in Modern World Making*. Cambridge, Massachusetts, and London, England: Harvard University Press. 2004, p. 79.
⑤ ［美］刘禾：《帝国的话语政治：从近代中西冲突看现代世界秩序的形成》，杨立华等译，生活·读书·新知三联书店2009年版，第111页。
⑥ ［美］孔飞力：《中国现代国家的起源·导论》，陈兼、陈之宏译，生活·读书·新知三联书店2014年版，第1页。

A. kuhn）的说法颇具新意："中国现代国家形成的关键，便在于借助于外部势力用以获得物质及社会主导地位的各种手段，来抵御外部势力的统治。"①

与此同时，出现了一个重要问题："中国人最终还是拒绝接受'支那人'的这个自我称谓。"②鲁迅就曾大肆讥讽过外国人对此词的使用："我所遇见的外国人，不知道可是受了 Smith 的影响，还是自己实验出来的，就很有几个留心研究着中国人之所谓'体面'或'面子'。但我觉得，他们实在是已经早有心得，而且应用了，倘若更加精深圆熟起来，则不但外交上一定胜利，还要取得上等'支那人'的好感情。这时须连'支那人'三个字也不说，代以'华人'，因为这也是关于'华人'的体面的。"③ 因此，刘禾提出一个值得思考的问题："既然'支那'这个词不可以被接受，那么，为什么至今很少有人看出英文和其他欧洲语言中的 China，其实就是现代日语'支那'一词的模仿对象？"她自问自答："这里存在着一个被忽略了的重要事实：日语词'支那'固然冒犯中国人，但它的真实言说主体不仅在日语，而且还在日语模仿的对象，即欧美语言之中。……由于在英语和欧洲语言中，这些词是用罗马拼音字母写出来的，所以中国人可能视而不见。"④ 在这样的前提下，刘禾认为，"现代英语中的 China 和 the Chinese 的准确翻译，其实不应该是'中国'和'中国人'，而是'支那国'和'支那人'（除非中国人宁愿

---

① ［美］孔飞力：《中国现代国家的起源·导论》，陈兼、陈之宏译，生活·读书·新知三联书店 2014 年版，第 1 页。
② ［美］刘禾：《帝国的话语政治：从近代中西冲突看现代世界秩序的形成》，杨立华等译，生活·读书·新知三联书店 2009 年版，第 111 页。
③ 汉语原文转引自［美］刘禾《跨语际实践——文学，民族文化与被译介的现代性（中国，1900—1937）》，宋伟杰等译，生活·读书·新知三联书店 2008 年版，第 95 页。
④ 同上书，第 111—112 页。

不去正视这个事实,假装 China 和 the Chinese 这两个英文称谓没有问题)"①,并且"中国人既然不能接受'支那'一说,照此逻辑推理,也不应接受英文的 China 和 the Chinese"②。

最后,刘禾以一如既往的穷追猛打的气势追问:"如果人们将自己称为普通话里的'中国人'(zhongguo ren)(men or women of the Central States)或'华人'(hua ren)(men or women of the Efflorescent),那么,'中国'(China)、'中国人'(the Chinese)两个名称如何在'跨语际实践版图'(translingual map)中'安身立命'(fit)?衍指符号'Zhongguo/China'或'Zhongguo ren/ the Chinese'是否会像魔法一样呼唤出一种身份,———一种在种族层面上视而不见、肤色层面上显而易见的身份?"③ 即是说,我们必须高度警惕,衍指符号"Zhongguo/China"或"Zhongguo ren/ the Chinese"可能会遮蔽中华民族是"56 个民族,56 朵花"的这一多元民族的事实。

第六节 《万国公法》的翻译

美国传教士丁韪良(William Alexander Parsons Martin,1827—1916)于 1864 年推出美国国际法学者亨利·惠顿(Henry Weaton,1785—1848)著作 *Elements of International Law*(1836)之中译本《万国公法》,是中国历史上翻译、引进的首部西方国际法著作,也

---

① 汉语原文转引自 [美] 刘禾《跨语际实践——文学,民族文化与被译介的现代性(中国,1900—1937)》,宋伟杰等译,生活·读书·新知三联书店 2008 年版,第 112 页。
② 同上。
③ Lydia H. Liu, *The Clash of Empires: The Invention of China in Modern World Making*. Cambridge, Massachusetts, and London, England: Harvard University Press. 2004, pp. 79 – 80.

是中国历史上翻译、引进的首部西方法学著作,对中国近代国际法的诞生、发展乃至中国近代法制史和法学史的建设具有深刻的启蒙意义、丰富的学术内涵及较高的学术地位。① 这同样是一个穿越东西的"衍指符号",值得深入研究。

刘禾说:"1863年春,满清朝廷与法国发生外交龃龉。总理衙门大臣文祥恳请北京美国驻华公使蒲安臣(Anson Burlingame)给他推荐一部能为所有西方国家认同的权威国际法。心有灵犀一点通。蒲安臣,同华约翰(John Ward)一样,均一致提到惠顿编写的 Elements of International Law,并承诺将部分内容翻译出来。蒲安臣致函美国驻上海领事乔治·熙华德(George Seward),由熙华德口中获悉丁韪良碰巧正在翻译国际法。蒲安臣对丁韪良鼓励有加,并承诺助他一臂之力,将译作呈交中国官员。同年6月,丁韪良北上。1863年7月,丁韪良在天津向崇厚详细介绍他的国际法译作,崇厚遂致函文祥推荐丁韪良译作。9月10日,蒲安臣正式把丁韪良引荐给丁韪良早在1858年'条约谈判'期间就认识的四位总理衙门大臣,丁韪良将未完译作送至各位大臣过目,其中就有罗伯特·赫德(Robert Hart,1835—1911)。他系中国海关督察李泰国(Horatio N. Lay)的主要助理,曾为总理衙门译出有关使节的内容。"② 这里需要为刘禾的叙述补充一个来自法律界的材料:丁译本"经总理各国事务衙门章京陈钦、李常华、方濬师和毛鸿图等修饰润色之后,予以印行。第一版印三百本,发给各个省,供地方使用"③。而且,译者除主译

---

① 参见何勤华《点校者前言》,[美]惠顿《万国公法》,丁韪良译,何勤华点校,中国政法大学出版社2003年版,第1页。
② Lydia H. Liu, *The Clash of Empires*: *The Invention of China in Modern World Making*. Cambridge, Massachusetts, and London, England: Harvard University Press. 2004, pp. 120–121.
③ 何勤华:《点校者前言》,[美]惠顿《万国公法》,丁韪良译,何勤华点校,中国政法大学出版社2003年版,第8页。

者丁韪良外,还有参译者,如"凡例"所言,"与江宁何师孟、通州李大文、大兴张炜、定海曹景荣,略译数卷"①。清政府官员张斯桂、董恂纷纷作序,予以"捧场"。

张斯桂在"序"中详述世界诸强国后,这样定位丁译价值:"今美利坚教师丁韪良翻译此书,其望我中华之曲体其情而俯从其议也。我中华一视同仁,迩言必察,行见越裳越献雉、西旅贡獒,凡重译而来者,莫不畏威而怀德。则是书亦大有裨于中华,用储之以备筹边之一助云尔。"② 即是说,在张斯桂看来,世界各强国之所以能生存下来,都在于遵守盟约《万国律例》,所以,中国若欲成为强国,必须学习西欧,译介先进文化实为不可替代之举。董恂也在"序"中谈及丁译之价值:"今九州外之国林立矣,不有法以维之,其何以国?此丁韪良教师《万国公法》之所由译也。"③

丁韪良在"凡例"中就译书缘起和惠顿经历作了介绍:"是书原本出美国惠顿氏选善。惠氏奉命驻扎普鲁(士)京都多年,间尝遍历欧罗巴诸国。既已深谙古今书籍,更复广有见闻,且持论颇以不偏著名。故各国每有公论,多引其书以释疑端。奉使外出者无不携贮囊箧,时备参考。至派少年学翻译等职,亦每以是书课之。"④ 对译名,他也作了这样的说明:"是书所录条例,名为《万国公法》,盖系诸国通行者,非一国所得私也。又以其与各国律例相似,

---

① 丁韪良:《凡例》,[美] 惠顿《万国公法》,丁韪良译,何勤华点校,中国政法大学出版社2003年版,第1页。
② 张斯桂:《万国公法·序》,[美] 惠顿《万国公法》,丁韪良译,何勤华点校,中国政法大学出版社2003年版,第4页。
③ 董恂:《万国公法·序》,[美] 惠顿《万国公法》,丁韪良译,何勤华点校,中国政法大学出版社2003年版,第5页。
④ 丁韪良:《凡例》,[美] 惠顿《万国公法》,丁韪良译,何勤华点校,中国政法大学出版社2003年版,第1页。

故亦名为《万国律例》云。"① 显然,"通行者"据其主旨,遂取他名《万国律例》。

刘禾说:"丁韪良将译完的作品献给蒲安臣。蒲安臣,用丁韪良的话说,'为把国际法引入中国而做出的努力,感到自豪'。蒲安臣在1863年10月20日致美国国务院的函件中说,'这在中国是开天辟地的事件,我怀着爱国者的自豪(patriotic pride)记录下这一进程'。丁韪良亦有同感。"② 毫无疑问,时任美国驻华公使蒲安臣是促成这一重大翻译事件的媒介人或提携人。蒲安臣如此,时任英国驻华公使弗里德里克·布鲁斯(Frederick Bruce)也如此。他也积极支持丁韪良的翻译工作。刘禾对此洞若观火,深刻指出:"这表明,西方国家需要就英国和其他西方国家在对华发起的第一次鸦片战争、亚罗战争及其他侵华战争中违反国际法的行径,做出一个'迟来的'合理性辩解(belated justification)。'迟来的'(belated)一词举足轻重,因为它描述了丁韪良翻译工作的间接意义(并非有意而为之的意义)。'不平等条约'被西方国家用武力胁迫满清政府签订后,现在需要总理衙门和清廷根据国际法诉求,忠心耿耿地予以监督和执行。从这个意义上说,国际法翻译既是'迟来的',又是'及时的'。"③ 这表明,国际法翻译隐含着/强化着帝国主义的侵略行径,或殖民主义"斑斑劣迹"。据说,弗里德里克·布鲁斯在第一次鸦片战争结束的二十年后也承认西方国家一手拿着武器,一手拿着法律(法则)行走世界,征服世界。野蛮暴力借助国际公法的道德和法律

---

① 丁韪良:《凡例》,[美]惠顿《万国公法》,丁韪良译,何勤华点校,中国政法大学出版社2003年版,第1页。
② Lydia H. Liu, *The Clash of Empires: The Invention of China in Modern World Making*. Cambridge, Massachusetts, and London, England: HarvardUniversity Press. 2004, p. 121.
③ Ibid., p. 120.

权威,将侵略世界行径合法化,美其名曰"传播文明"。合法化一次次地将全球性屠杀和侵略行径(global killing and looting)转变为所谓"高尚"事业。①

不过,也有一些人对丁韪良行为表示质疑、担忧,甚至敌视。刘禾说:"几名供职于外交部门的官员——既有中国人,也有欧洲人——纷纷质疑丁韪良的翻译动机。法国使馆代办哥士奇(Michel Alexandr Klecskowski)认为丁韪良是麻烦制造者,还向蒲安臣抱怨:'谁是那位给中国人提供了视角,让他们了解我们欧洲公法秘密的人?杀死他,或绞死他,因为他会给我们带来无数麻烦。'卫廉士(Samuel Wells Williams)担心引进国际法可能会促使中国达到西方法律水准,因此中国会找到废除'不平等条约'中某些方面(如治外法权)的法律依据。……相反的方面,中国人怀疑丁韪良的最终动机;他们看不出丁韪良'仁慈'态度上隐含着所谓'公正',猜测他只是步利玛窦(Matteo Ricci)的后尘,沽名钓誉而已。"② 很多满汉官员也对丁韪良的译作持模棱两可的心理或直言不讳的敌视。③ 为回应中国官员的担心,恭亲王还于1864年8月30日在呈皇上的奏折中公开宣称:"大清律例,现经外国翻译,中国并未强外国以必行,岂有外国之书,转强中国以必行之礼?……其中亦间有可采之处。"④

刘禾说:"丁韪良的翻译,时常以牺牲'可理解性'(intelligibility)为代价,创造新词。有些词汇在当时看来晦涩难懂,但此后逐渐为人们所接受,意义不证自明。这是因为在过去一个世纪里,通

---

① Lydia H. Liu, *The Clash of Empires: The Invention of China in Modern World Making*. Cambridge, Massachusetts, and London, England: HarvardUniversity Press. 2004, p. 120.
② Ibid., pp. 121–122.
③ Ibid., p. 122.
④ 译文转引自[美]刘禾《帝国的话语政治:从近代中西冲突看现代世界秩序的形成》,杨立华等译,生活·读书·新知三联书店2009年版,第167页。

过对与日俱增的欧洲文本的翻译，现代汉语经历了规模巨大的变化，大量语词逐渐被同化到现代汉语之中。这一过程表明，可译性和可理解性产生于语言首次发生碰撞之际，但这一事件的意义倾向于逃离当时历史背景。意想不到的结果是，在接下来几代人使用的语言中，取得意义上某种程度的清晰性。有些历史事件并不能与当时的社会源头密切关联，也不能仅仅借助当代事件和个人生平，予以阐释。"① 丁韪良的翻译便是其中之一的事件。作为"衍指符号"，"它引诱、迫使或指示先前的符号穿越不同的语言和不同的符号媒介进行移植和散播"②。具体例子如下：

（一）"权利"（right）

现代中国政治语话语中所出现的关键概念之一。刘禾说："在1878年为吴尔玺（Theodore Dwight Woolsey）翻译的《公法便览》（*Introduction to the Study of International Law*）一书而写的'批注'中，丁韪良和他的中国同仁描述了他们如何创造新词'权利'来翻译'right'之过程。"③ 她认为他们的"语气充满歉疚"④："公法既别为一科，则应有专用之字样。故原文内偶有汉文所难达之意，因之用字往往似觉勉强。即如一'权'字，书内不独指有司所操之权，亦指凡人理所应得之份；有时增一'利'字，如谓庶人本有之'权利'云云。此等字句，初见多不入目，屡见方知不得已而用之也。"⑤ 显然，在丁韪良笔下，"权"字"不独指有司所操之权，亦

---

① Lydia H. Liu, *The Clash of Empires: The Invention of China in Modern World Making*. Cambridge, Massachusetts, and London, England: Harvard University Press. 2004, p. 125.
② Ibid., p. 13.
③ Ibid., pp. 126 – 127.
④ Ibid., p. 127.
⑤ 译文转引自［美］刘禾《帝国的话语政治：从近代中西冲突看现代世界秩序的形成》，杨立华等译，生活・读书・新知三联书店2009年版，第171页。

指凡人理所应得之份";"利"字"谓庶人本有之'权利'"。并且由于当时的英汉语言之间才刚开始接触,"初见多不入目",异常陌生。刘禾评述道:"汉语名词'权'通过翻译,经历了一个'跨界评估'(transvaluation)的巨大变化,常与'权势'(权力/统治)相关的负面意义被净化掉。同理,复合词'权利'将'利'(利益/算计)从通常的商业语境中抽取出来,使其在国际法语境中灵活地表达某种正面意义。这种正面含义,是完全通过与英语概念的碰撞后而出现的,将其引入汉语的政治话语中。若干年后,这一概念或许获得了自身生命力,人们对它日渐重视,尤其是在甲午中日战争之后,西方自由主义政治思想家们的理念开始经由严复著作和日本人翻译得到普及时,更是如此。"[①] 更为有趣的是,在《万国公法》出版多年后,丁韪良和他的中国同仁在共同拟订的名为"术语与短语"(Terms and Phrases)的国际法汉英双语对照表(威廉·爱德华·霍尔《公法新编》新译本"附录",出版于1903年)中,"权利"一

---

① Lydia H. Liu, *The Clash of Empires: The Invention of China in Modern World Making*. Cambridge, Massachusetts, and London, England: HarvardUniversity Press. 2004, p. 128. 这里需作一个补充说明: 1866 年,严复在福建船政学堂开始接受对西方科学的正式训练。1877—1879 年,被送往英国学习海军科学,先后在朴次茅斯、格林威治学习和深造。从欧洲回国后,经历了中日甲午战争,成为人生的转折点,此后开始翻译欧洲18、19 世纪思想家的著作。《天演论》(即 Huxley 的 *Evolution and Ethics*) 是他的第一部翻译著作,1898 年出版。接着,翻译了亚当·斯密斯的《国富论》、约翰·斯图亚特·穆勒的《群己权界论》(*On Liberty*) 和《穆勒名学》(*A System of Logic*)、赫伯特·斯宾塞的《群学肄言》(*Study of Sociology*)、孟德斯鸠的《法意》(*Spirit of Laws*) 等。民族主义者和社会改革家们,如梁启超、蔡元培、鲁迅、胡适、毛泽东等,都曾是严译的崇拜者。虽然鲁迅和其他一些学者后来批评严复在共和时代保守的政治观点,但他们都是读着严译成长起来的。正如本杰明·史华慈(Benjamin Schwartz)所指出的那样,在从事这些翻译时,严复非常关注西方军事、经济和政治力量之秘密的"其然"和"所以然"。但与前辈学人及同时代学人迥异的是,严复对于西人有关这些问题的看法,兴趣盎然。"他是中国文人中首位将自己与西方思想的严肃、缜密联系起来且长久联系起来的人"。(参见 Lydia H. Liu, *The Clash of Empires: The Invention of China in Modern World Making*. Cambridge, Massachusetts, and London, England: Harvard University Press. 2004, p. 278, Note 50)

词的英译被还原为"权利与特权"（rights and privileges）。① 刘禾认为，"这是意义重大的汉语新词的反向翻译（reverse translation）。这种迂回的翻译（the convoluted translation）具有重新阐释英语单词'right'之义的效果，与包含权力（power）、特权（privilege）、统治（domination）三义的原初汉字'权'形成某种跨语际共鸣。原来的英语单词'right'，一旦投入流通，就不能不根据通过翻译而产生的可能性含义以及其他可能性联想进行重新阐释"②。

刘禾还说："在欧洲，人权话语是国际关系中的重头戏，自启蒙运动以来一直就是国际法不可分割的部分。比如，康德就曾呼吁一种在道德实践理性基础上废除战争的世界秩序，建立多国联盟的法律体（a cosmopolitan order）。……哈贝马斯（Habermas）在最近对18世纪国际大家庭之梦进行重新阐释时，对康德非凡的远见赞叹不已，特别强调应将'人类公法'的概念阐释为'人权'（Menschenrechte/human rights）。'权利'（right）的这一含义，正如哈贝马斯所深刻理解的那样，就将人权话语直接置入国际法自身的历史发展之中。"③ 康德、哈贝马斯的"人权"观念早已使我们大开眼界，受益匪浅。不过，"穷追不舍"的刘禾还说："用英语写作的惠顿将'人权'概念（the concept of 'human rights'）与德国著名公法理论家海夫达（Heffter）相连，海夫达引入它来区分国际法的两种不同分支。它们是：（1）一般意义的人权，以及被主权国家所认可的私人关系——与个人相关，但不受管辖；（2）存在于那些主权国家之间的

---

① Lydia H. Liu, *The Clash of Empires: The Invention of China in Modern World Making.* Cambridge, Massachusetts, and London, England: Harvard University Press. 2004, p. 129.
② Ibid. .
③ Ibid. .

关系。"① 惠顿引证海夫达来阐述这种区分:"今时所谓公法者,专指交际之道,可称之曰'外公法',以区别于各国自治内法也。夫此公法之二派,其一则与各国之律法相合,而尤不混,盖专指世人自然之权,及人人相待之当然,并各国所保护人民之私权也。故论者称之为'私权之法'。"② 这段话为我们理解过去和现在的人权话语提供了有效的历史视角。

刘禾最后总结道:"中文名词'权'有着宽阔的意义'光谱',与汉语里的'权力'(power)、'特权'(privilege)、'统治'(domination),'血肉相连',正如'利'(li)字令人想到'利益'(interest)、'利润'(profit)、'算计'(calculation)一样。这些被放逐的意义始终暗含在'权利'(rights)、'人权'(human rights)的译名背后,随时可能回溯,出没于'衍指符号'中,并且神出鬼没,将'权利'或'人权'一词向'特权'、'应得权益'(entitlement)等被压抑的'他者'意义敞开。这样,包含着'过剩'意义('excess'signification)的亚文本,通过某种远远超出'权利'所说意义的东西,对英语'right'一词的不正自明意义进行阐释。这并不是说,译者不能领悟'right'的真正意义。相反,这些'过剩'意义似乎注意到了国际法实践中'权利'话语所传达的历史信息,因为它记录了这样一个基本事实:国际法概念由19世纪欧洲国际法诸位代表带到中国,他们坚持他们的'贸易权利'(trade rights)和侵犯、掠夺、进攻中国的'权利'。因此,他们的'权利'语言(language of 'rights'),无论是对于坐在谈判桌前的满清政府,还是

---

① Lydia H. Liu, *The Clash of Empires: The Invention of China in Modern World Making*. Cambridge, Massachusetts, and London, England: Harvard University Press. 2004, p. 130.
② [美]惠顿:《万国公法》,丁韪良译,何勤华点校,中国政法大学出版社2003年版,第16—17页。

对于普遍的中国人来讲，都响亮地传达出了有关威胁、暴力和军事侵略方面的信息。"① 令人心悦诚服！

(二)"自然法"/"性法"(natural law)

刘禾指出："在《万国公法》的英文序言里，丁韪良积极主张一种建基于自然法（natural law）之上的文化之间公度性（cultural commensurability），不断阐释中国人为何能领悟西方国际法原理：'中国人的精神世界早已严正以待，喜迎自然法基本原理'。"② 自然法属于西方现代神学和法学话语，相对于成文法（positive law）而存在。丁韪良和中国同事将"natural law"译为"性法"或"自然之法"，"positive law"译为"公法"或"律法"。如"第一章释义明源"称："其所谓'性法'者，无他，乃世人天然同居当守之分，应称之为'天法'。……'其故无他，或天理之自然，或诸国之公议，一则为性法，一则为公法也。二者为同学之别派，而不可混淆'。……'各国制法，以利国为尚；诸国同议，以公好为趋。此乃万国之公法与人心之性法，有所别也'。"③ 刘禾评述道："翻译者采用的是宋明理学的'性'和儒家的'公'等现成的哲学概念，目的是要在截然不同的两种知识传统之间建立一个公度性基础。这与17世纪天主教的耶稣会士，试图调和儒家学说和基督教时所采用的文化策略，如出一辙。"④ 不过，需要注意的是，他们并没有改变自然法概念，以迫使国际法的道义原则类似儒家的交互性伦理（the

---

① Lydia H. Liu, *The Clash of Empires: The Invention of China in Modern World Making*. Cambridge, Massachusetts, and London, England: Harvard University Press. 2004, p. 131.
② Ibid., pp. 131 – 132.
③ [美] 惠顿：《万国公法》，丁韪良译，何勤华点校，中国政法大学出版社2003年版，第7页。
④ [美] 刘禾：《帝国的话语政治：从近代中西冲突看现代世界秩序的形成》，杨立华等译，生活·读书·新知三联书店2009年版，第176—177页。

Confucian ethics of reprocity)。事实上不可能，刘禾认为，"作为'衍指符号'，无论是中文，还是英文，均不能声称专门拥有被译术语的意义，因为那些意义只能栖身于二者之间，正如'yi/barbarian'一样"①。

刘禾分析道："新译词'性法'、'公法'使得宋明理学概念'性'、'公'脱离原初哲学语境，对它们的翻译也使得'自然法'、'公法'脱离了惠顿与西方法学话语的'地方性纠葛'（local engagement），从而奠定了一个更加广阔、更加'普适'（universal）的基础，有益于对国际法全球性认同。这一切远远优于中、西方任何一个传统的创造。"②

实际上，"自然法"与"万民法"彼此迥异。17世纪荷兰神学家格劳秀斯（Hugo Grotius, 1583—1645）著作《战争与和平的权利》奠定了国际法的基础，将 jus naturale（自然法）和 jus gentium（万民法）做出了重要区分。自然法建立在有关人类行为准则的神学论基础上——它们是由上帝向他的理性动物予以规定，由普遍的理性之光予以揭示。万民法是指各国在其相互关系中普遍同意遵守的某些行为准则。自然法的拥护者将民族或国家视为道德存在的"扩展版"（被丁韪良进行了便利的改造，使其适应于儒家伦理中），国际法因此被视为民法的扩展和延伸。③ 这位格劳秀斯，即丁韪良在译本中所称的"虎哥"，系近代国际法的创始人："公法之学，创于荷兰人名虎哥者。虎哥与门人，论公法曾分之为二种。世人若

---

① Lydia H. Liu, *The Clash of Empires: The Invention of China in Modern World Making*. Cambridge, Massachusetts, and London, England: Harvard University Press. 2004, pp. 132 – 133.
② Ibid., p. 133.
③ Lydia H. Liu, *The Clash of Empires: The Invention of China in Modern World Making*. Cambridge, Massachusetts, and London, England: Harvard University Press. 2004, p. 133.

无国君，若无王法，天然同居，究其来往相待之理，应当如何？此乃公法之一种，名为'性法'也。"① 刘禾说对此评述道："自然法和万民法（the law of nations）代表了两种截然不同而又彼此关联的有关人类社会属性的观念，代表了人类社会控制国家间爆发的争端、战争的能力。所有国家之间均建立一种密切相连的认同，均同意在彼此相连的关系中遵守某些行为准则。格劳秀斯正是从这样的角度去定义万国法。欧洲大多数理论家通常将之与国际法（international law）互换使用。边沁（Bentham）提出异议，他指出万民法更像国内法（internal jurisprudence），而非统率诸国的法律。从此，国际法（international law）逐渐取代万民法（law of nations），成为这门科学的规范名称。但在自然法和成文法的语言里，神学界关于自然法和万民法之间的争论，仍然有增无减。这能部分解释以下问题之缘由：为什么丁韪良及其同仁均一致认为汉语合成词'公法'能恰当译出《万国公法》中的三术语'国际法'（the law of law）、'成文法'（positive law）、'国际公共法'（public international law）？随着19世纪西方列强殖民扩张和称霸世界，强调的重心不再是不同国家之间的共同人性与道德理想，而越来越转向共识、条约、权利均衡和国际裁决。因此，19世纪著名国际法权威哈雷克（Henry W. Hallek）能够为国际法描绘一个极端现实主义图像，把国际法称为'主宰国与国之间交往的行为规则'。"②

---

① [美]惠顿：《万国公法》，丁韪良译，何勤华点校，中国政法大学出版社2003年版，第6页。
② Lydia H. Liu, *The Clash of Empires: The Invention of China in Modern World Making*. Cambridge, Massachusetts, and London, England: HarvardUniversity Press. 2004, pp. 133–134.

与此同时，不管是"性法"译名，还是"自然法"译名，或是"公法"译名，我国法学界倾向于"性法"译名，理由如下："在当时的中国人来说，这种译法是抓住了自然法的本质。因为在传统中国人的观念中，'性'一词，表达的是人的本性，人的原始的、最初的本原。中国古代经典都阐述过这一点。如《论语·阳货》曰：'性相近也，习相远也'；《孟子·告子》曰：'生之为性'；……《荀子·正名》进一步展开：'生之所以然者谓之性'，'不事而自然谓之性'。"① 正因为如此，《万国公法》传入日本后，"性法"一词开始在日本流传开来。日本人在翻译法国巴黎大学教授保阿索那特的讲稿《自然法》《法哲学》时，也用"性法"译名，并在随后以此为基础，改用"自然法"译名。这一点不仅对中国近代国际法，而且对中国近代法理学的形成、发展产生了不可估量影响。②

（三）"主权"／"皇权"／"帝权"（soverignty）

在中世纪西欧，"主权"是指封建领主对自己领地的统治权。中世纪后期，法国等国的君主合并各封建领主的权力并取而代之，形成一种独立于罗马教皇的最高统治权力，被近代资产阶级学者称为"主权"。③ 随着资本主义在西欧各国的胜利，无论是法、美等共和国，还是英、德等君主立宪国家，都以资产阶级的民主政治诠释对内对外的权力，从而形成了近代国家的主权概

---

① 何勤华：《点校者前言》，[美]惠顿：《万国公法》，丁韪良译，何勤华点校，中国政法大学出版社2003年版，第30—31页。
② 参见同上书，第31页。
③ 参见同上书，第31—32页。

念。① 因此，在法理意义上，"主权"是"指近代民族独立国家具有的对本国人民的统治权，对本国财产（领土、领海与在其之上的各种资源）的支配权，以及在对外事务中独立自主行使自己的权利、表达自己的意愿、不受他国干涉地进行各种活动的权力"②。所以，丁韪良没有用"皇权"或"帝权"翻译"sovereignty"，而用"主权"一词——"治国之上权，谓之主权。此上权或行于内，或行于外。行于内，则依各国之法度，或寓于民，或归于君。……主权行于外者，即本国自主，而不听命于他国也"③；"即如美国之合邦，于一千七百七十六年间，出诰云：'以后必自主、自立，不再服英国'。从此其主权行于内者，全矣。故于一千八百零八年见，上法院断曰：'美国相合之各邦，从出诰而后，就其邦内律法，随即各具自主之全权，非由英王让而得之也'"④。有学者称，主权，"不仅其概念对中国人来说是新鲜的，而且其内涵对中国人来说也是非常有吸引力的"⑤。

（四）"领事"/"管事"/"执政官"/"外事官"（consul）

领事制度起源于中世纪十字军东征。意大利的商业都市在中东地中海沿岸的居留地任命"行政长官"（vicomte），即是"consul"的最初形式。15世纪开始，意大利、英国、荷兰等欧洲国家彼此之间开始互设领事，领事制度于是成为各国商业交往中的重要制度。⑥

---

① 何勤华：《点校者前言》，[美] 惠顿：《万国公法》，丁韪良译，何勤华点校，中国政法大学出版社2003年版，第32页。
② 同上书，第31页。
③ [美] 惠顿：《万国公法》，丁韪良译，何勤华点校，中国政法大学出版社2003年版，第27—28页。
④ 同上书，第28—29页。
⑤ 何勤华：《点校者前言》，[美] 惠顿：《万国公法》，丁韪良译，何勤华点校，中国政法大学出版社2003年版，第32页。
⑥ 参见同上书，第32—33页。

但在近代，由于民族独立国家的建立，领土主权观念的确立，领事审判权的废止，常驻外交使节的制度化、普遍化，领事地位一度下降，直到17、18世纪，一直不为人们所重视。19世纪后，开始出现转机，随着各国贸易往来的频繁，领事制度重新受到重视，逐步成为现代国际法中的重要内容。因此，在惠顿于1836年"创作"《万国公法》时期，领事制度不太受到重视。① 但"consul"一词并非通过丁韪良对惠顿著作 *Elements of International Law* 的翻译首次引入中国。早在1843年10月8日，中英签订《虎门条约》时，就已开始出现"consul"一词，当时译为"管事"，但到1844年中美签署《望厦条约》之际，开始译为"领事"。丁韪良就在1863年《万国公法》的翻译中沿用前人的"领事"译名："领事等官……即如二国立约，许此国之领事等官住在彼国疆内，而行权于其本国人。……在奉教之国，惟惟审断其本国水手、商人等住在外国者所有争端、记录、遗嘱、契据与各等文凭，须在领事前画押者，督办其本国人死在其管辖之界内者所遗之产业。但奉教之国有领事住在土耳其、巴巴里等回回国，审办争端、罪案二权并行。"② "领事官不在使臣之列，各处律例及和约章程或准额外赐以权利，但领事等官不与分万国公法所定国使之权利也。若无和约明言，他国即可不准领事官驻扎其国，故必须所住国君准行方可办事。若有横逆不道之举，准行之凭即可收回，或照律审断，或移交其国，均从地主之便。至有争讼罪案，领事官俱服地方律法，与他国之民无所异

---

① 何勤华：《点校者前言》，[美]惠顿：《万国公法》，丁韪良译，何勤华点校，中国政法大学出版社2003年版，第33页。
② [美]惠顿：《万国公法》，丁韪良译，何勤华点校，中国政法大学出版社2003年版，第106—107页。

焉。"① 不过，丁韪良虽非此译名的开拓者，但他的独特贡献在于"用'领事'这一汉语将 consul 一词中译文固定了下来，而且使其流传的面更加广泛……从而，为中国、日本国际法学界一直沿用至今"②。

此外，丁韪良在译本中选用的"人民""政治""责任""选举""司法""自治""国会""管辖""赔偿""争端"等汉语词汇，也得以在中国法律界流传。但选用的另一些汉语词汇很不成功，未能流传下来，如"president"的汉译词"首领""伯里玺天德"，"law"的汉译词"律法""法度律例"，"judge"的汉译词"法师""公师"，"federation"的汉译词"合邦"、"diet"／"congress"的汉译词"总会"，"House of Representatives"的汉译词"下房"，"Senate"的汉译词"上房"等。③ 这些都是值得法律界和外语界共同研究的文化现象，对于中国近代法律的现代性和中外文化交流史的研究有着不容忽视价值。

关于其实践层面上，刘禾说，"在天津发生的丹麦船只事件——由俾斯麦与欧洲丹麦交战引起——为总理衙门提供了一个检验惠顿《万国公法》所列法律条款之有效性的强有力契机"④。普鲁士新任驻华公使李福斯（Guido von Rehfues）于1864年乘军舰来到中国，当时他发现三只丹麦商船停在大沽口，便立即命令将它们作为战利品捕获。总理衙门援引领海概念和中普双方签订的有关条款，抗议

---

① ［美］惠顿：《万国公法》，丁韪良译，何勤华点校，中国政法大学出版社2003年版，第154—155页。
② 何勤华：《点校者前言》，［美］惠顿《万国公法》，丁韪良译，何勤华点校，中国政法大学出版社2003年版，第33—34页。
③ 同上书，第35页。
④ Lydia H. Liu, *The Clash of Empires*: *The Invention of China in Modern World Making*. Cambridge, Massachusetts, and London, England: Harvard University Press. 2004, p. 123.

将欧洲争端引向中国。恭亲王拒绝会见这位普鲁士新任驻华公使，并指责他以此种方式开始履行公使之职。最后，李福斯给这三只丹麦商船放行，并赔偿1500美元，此事得以成功解决。①

对于丁韪良译本的"衍指符号"意义，刘禾的分析颇富学理价值："惠顿坚持将基督教等同于普世价值并拒绝考虑交互性问题，译者丁韪良要跨越语言、文化来谈论交互性义务（reciprocal obligations），谈论普世性法律的交际性问题（the communicability of universal law）。丁韪良真的是在操纵惠顿的复杂观念，以达到自己的传教目的吗？对我来讲，情况似乎较之译者对原作的有意利用或误用要复杂得多。因为没有哪一位译者能够尽力摈弃某种语言或文化层面公度性构想（a certain assumption of linguistic or cultural commensurability）——这种公度性存在于他或她正在使用的语言之间。"②

最后，值得一提的是，《万国公法》的翻译激起了丁韪良本人及学生和更多人翻译西方国际法著作的巨大热忱，纷纷推出以下汉语译本：德国学者马斯顿的《星轺指掌》（1876）、霍士特的《国际公法大纲》（集体翻译，1903），美国学者伍尔西的《公法便览》（1877），瑞士学者布伦智理的《公法千章》（1879），英国学者霍尔的《公法新编》（1903），英国学者费利摩罗巴德的《各国交涉公法论》及《各国交涉便法论》（傅兰雅口译，俞世爵笔译，1894—1898），法国学者铁佳敦的《支那国际法论》（吴启孙译，1902）、蔡锷编译的《国际公法志》（1903），日本学者今西恒太郎的《国际法学》（江郁年译，1903）、沼崎甚之的《万国公法要领》（袁飞译，

---

① Lydia H. Liu, *The Clash of Empires: The Invention of China in Modern World Making*. Cambridge, Massachusetts, and London, England: Harvard University Press. 2004, p. 123.
② Ibid., p. 135.

1903)、绪方雄一郎的《战时国际公法》(赵象谦译,1906)等。这些文本奠定了清末中国国际法基础,一方面确立了国际法框架,另一方面启发了中国人自己编写国际法著作的尝试,如丁祖荫的《万国公法释例》、王鸿年的《国际公法总纲》、马德润的《中国合于国际公法论》等。①

---

① 何勤华:《点校者前言》,[美]惠顿《万国公法》,丁韪良译,何勤华点校,中国政法大学出版社2003年版,第38—41页。

结语　美国华裔批评家刘禾"新翻译理论"与我国文化翻译研究：总结、启发、举措

根据以上各章的讨论，我们清晰看地到，美国华裔批评家刘禾教授以自己先在的比较文学学科背景，学贯中西的渊博学识，既"传统"又"前卫"的研究方法，丝丝入扣的追问，条分缕析的理性批判，鞭辟入里的分析，流畅晓白的文采和强烈的问题意识，以中西文化/文学问题为"纲"，以"跨语际实践""语际书写""交换的符码""衍指符号"为"目"，"纲举目张"，为比较文学界及整个人文科学界构建了一整套系统的且不同凡响的"新翻译理论"。更为重要的是，它不仅有理论建构，还有实践分析，而且涉及的"实践"范围既包含精细的语词分析，又包含大类的文体分析，范围之广、探讨之深，为国内翻译研究界所罕见。我们真正感受到了一代批评家的风采——"有极强的攻击欲"[①]，"充满自信……仿佛有魔力附身，立刻会变得声高八度、气势张扬，咄咄逼人"[②]，"真正具有爱

---

① 参见"批评家"，百度百科，（https://baike.so.com/doc/2373175-2509270.html）。
② 同上。

结语　美国华裔批评家刘禾"新翻译理论"与我国文化翻译研究：总结、启发、举措

心……浑身发热，激动不已"①，"学识渊博……坚持不渝"②。

一个不容否定的事实是，刘禾"新翻译理论"自 1999 年开始传入国内后，首先唤起中国文学界和历史学界的高度关注。学者们奔走相告，"欢呼雀跃"。比较文学学者宋炳辉在《文化的边界到底有多宽——刘禾的"跨语际实践"研究的启示》（2003）一文中称"刘禾从翻译的文化研究切入……其方法论上的意义则不仅对于中外思想、文化历史研究，而且对于中外文学关系和比较文学研究，也具有相应的启发意义"③。文艺学学者李凤亮在《文学批评现代性的译介与传达——刘禾文学批评思想研究》（2005）一文中称"她对语际书写与实践的批评，撼动了传统翻译文学研究和比较文学研究的基本套路"④。历史学者黄兴涛在《"话语"分析与中国近代思想文化史研究》（2007）一文中赞扬"刘禾是敏锐的，从她……的新颖论述中……我们都能够看到以往中国近代思想史中一些被忽视的内涵"⑤。海外华文文学学者刘登翰在主编的《双重经验的跨域书写——20 世纪美华文学史论》（2007）一书中指出："刘禾关于中国现代话语'互译性'的研究，也为中国学人提供了一个新的研究模式与方向，她的工作提示我们：当西方思想被翻译介绍到中国时，这些概念被翻译介绍的过程既是一个传播过程又是一个重新定义的过程，其中存在许多取舍、交锋，而正是这些交锋的过程决定了中

---

① 参见"批评家"，百度百科，（https：//baike.so.com/doc/2373175-2509270.html）。
② 同上。
③ 宋炳辉：《文化的边界到底有多宽——刘禾的"跨语际实践"研究的启示》，《中国比较文学》2003 年第 4 期。
④ 李凤亮：《文学批评现代性的译介与传达——刘禾文学批评思想研究》，饶芃子主编《思想文综》第 9 辑，暨南大学出版社 2005 年版，第 87 页。
⑤ 黄兴涛：《"话语"分析与中国近代思想文化史研究》，《历史研究》2007 年第 4 期。

国现代历史、思想、文学的复杂性。"[①] 2009 年 8 月，北京《读书》编辑部和清华大学中文系联合举行"关于《帝国的话语政治》的讨论"，汪晖、杨念群、格非、赵京华等知名学者一致盛赞刘禾的《帝国的话语政治》"以主权思想的建构做经，以话语实践做纬，这样经纬穿插，就在国际法、国际关系、近代史学、符号学、与法学等学科内部找到了贯通研究的理由和根据，同时使得'从中西冲突看现代世界秩序的形成'这一主题得到了比较好的表达。……为跨学科的研究提供了一些有益的经验"[②]。在以上诸位中国文学学者、历史学学者在刘禾"新翻译理论"这片园地"大显身手"之后，翻译界部分学者才开始在 2010 年前后对之予以关注。[③] 它犹如"沙漠里的绿洲"，给久违的翻译界带来"生命之源"和"再生之力"。人们纷纷期盼着翻译界因此解放思想，摆脱桎梏，进行改革、创新。因为人所共知的是，国内文化翻译研究及译介学研究自"新时期"或"后新时期"以来，虽取得长足进展，但更多地停留在浮光掠影层面，我们较少看到熟谙中国近现代文学/文化的学者对一手历史文献的把握及相关的"抉隐发微"和剥茧抽丝式的分析论证。这显然不利于发现问题和解决问题，更不利于文化翻译研究及译介学的深入推进，更不利于中西比较文学（文化）的有效研究。

因此，笔者认为，刘禾"新翻译理论"对翻译内涵的界定，研究方法的拓展，论证方式的独到，历史文献的爬梳、整理、运用，都能给久违的国内文化翻译研究及译介学研究带来如下的启发和推动：

[①] 刘登翰主编：《双重经验的跨域书写——20 世纪美华文学史论》，上海三联书店 2007 年版，第 316 页。
[②] 李陀：《一点感想》，《读书》2010 年第 1 期。
[③] 笔者发表在《中国比较文学》2010 年第 1 期的拙文《"语际书写"/"跨语际实践"：不可忽略的文化翻译研究视角》似乎应该算是这方面的开拓之作。

第一,"翻译"及"翻译研究"概念,比较文学研究概念的内涵、外延得以拓展。"翻译"不但指涉所谓翻译本体"语际翻译",更多地指涉在文学、民族文化与被译介的现代性之间的互动关系这一大前提之下的阅读、书写、修辞策略、翻译、话语构成、命名实践、喻说、叙事模式等方面。对它们的学理研究及比较文学研究,均可在"跨语际实践""语际书写""交换的符码""衍指符号"四概念之下"一网打尽"。或者说,一切与现代性有关的翻译行为或中外文学比较行为均可分别归约至"跨语际实践""语际书写""交换的符码""衍指符号"的轨道上进行研究。这能给学界带来前所未有的创新思维,以便有效认识文化翻译问题和比较文学问题。

第二,能有效引导学术界如何真正地从互补、互识、互证的跨学科角度去研究文化翻译问题。这一点的理由在于,作为"文化事件"的翻译研究绝非就事论事,而是牵涉政治经济学、符号学、"知识考古学"、后殖民批评等诸多"现代"和"后现代"方法,它们能促使跨语言概念的生成过程获得清晰理论表达,为跨学科的"边界"研究提供有益经验。

第三,对档案材料的考辨、整理、分析、综合、批评、归纳的历史学功夫能推动国内翻译界论证思路上的创新。在"新翻译理论"中,所有的材料经过论者的生花妙笔和敏锐意识得以用活,用好,得以见微知著,人文精神得以光大。实际上,我国的史料学传统至少较之西方早四百年,我国学者有更为丰富的史学资源可供借鉴,因为历史学方法能够突破国内译界某些时候盛行的那种先预设某个观点,随心所欲地引上几条材料来加以证明然后仓促做出某个简单化结论的标签化或实用化的做法,能使翻译研究逃离那种一味驻足于宏大叙事的线性分析,而进入细枝末节的问题分析层面,以便更为成功地分析问题、解决问题。

第四，隐含的"否定的辩证法"思路能给国内翻译界带来认识上的革新。这能引导我们对"既定的翻译事实"及浮光掠影的"翻译描写"和当然的"研究结论"予以质疑和批判，以建立一个异常丰富的"话语"或一种"可能性的知识"，最终实现真正意义上的"问题意识"，实现异质文化间的对话。①

第五，"翻译"作为"文化事件"，无论是"跨语际实践""语际书写"，还是"交换的符码""衍指符号"，都隐含着一种政治经济学行为。作为"商品"，作为"交换"中的"符码"、流通中的"符码"，它是一种在本土社会生产关系中被"生产""交换""分配""消费"的"意义"，价值因此走向使用价值。所以，翻译学者必须熟谙马克思主义政治经济学理论，才能更为有效地研究跨国、跨语、跨文化的翻译"事件"，实现文化全球化和"新国际主义"梦想。②

所以，笔者认为，我国的文化翻译研究及译介学研究应该做好以下几方面工作，以整体推进问题意识：

第一，方法论上，必须精心培养一批熟谙克罗齐"历史学"、福柯"知识考古学"、罗兰·巴特"符号学"、萨义德"东方学"等西学"真谛"的人。对它们，翻译界不能停留在说大话、喊口号层面，必须学会实际运用，特别是与中国实际结合起来的运用。它们具有强烈的现实关怀和责任感、严密的逻辑推演和令人信服的结论，对于习惯于一般性感性思维或照搬西方"教条"的人来说，不无裨益，

---

① 参见费小平《"交换的符码"：刘禾"新翻译理论"的逻辑起点》，《解放军外国语学院学报》2012 年第 1 期。
② 同上。

因为"西方学术厉害的地方……在于他们在多大程度上有一种历史和理论的切关性,就是能把当前的危机放到对自己的思想传统和政治传统里面去思考。……传统是在解决当代问题过程中变成一个活的问题,一个活的资源"①。

第二,以各种可行的方式,大力张扬历史学对翻译研究之重要价值。翻译界可因此认真弄清"史料""史观"两概念,因为二者是史学的两翼,没有史料,史学便成为无源之水;没有史观,史学便成为失去内在意义的孤家考证。史料强调"证",史观强调"疏"。历史学的迷人之处因此出现:通过抉隐发微,来揭示一系列似乎孤立事件之间的互相联系,进而获取其深层的特别意义。②

第三,以全国性会议方式,积极倡导翻译研究及译介学研究与比较文学影响研究及形象学之间建立密切关系。翻译研究及译介学研究是比较文学影响研究及比较文学形象学的重要组成部分。③ 换言之,文化翻译研究及译介学是粘着在比较文学这棵参天大树上的细枝嫩芽。没有后者,就无法展开对前者的有扎实研究,更无法展开译作的形象学研究。

第四,大力倡导翻译界阅读黑格尔《小逻辑》或柯南·道尔《福尔摩斯探案集》,以培养思辨精神。前者"论述的是由感性的反映物质世界,发展为由知性反映有关人性在关系中的宏观现实世界,最后发展为由理性的、辩证的上升到主观与客观、理论与实践、有限与无限统一的全体的绝对理念"④。后者再现的"一种逻辑严密,

---

① 张旭东:《学术研究中的问题意识》,(http://blog.sina.com.cn/s/blog-a50a10bc0101cm/t.html)。
② 参见邹振环《疏通知译史·自序》,上海人民出版社2012年版,第Ⅸ页。
③ 参见张铁夫《新编比较文学教程》,湖南文艺出版社1997年版,第156页。
④ 《小逻辑》,(https://baike.so.com/doc/5560802-5775911.html)。

步步紧逼的论述风格不能不给人以深刻的印象"①，因为"刘禾说她自己有一种难以割舍的侦探情结"②。

第五，真正学会一种"跨界"或"越界"勇气。刘禾主张一种"'越界'的勇气"③，她曾说道："我们要有孩童般的好奇心，去探索新东西，利用各种思想资源（既可以是拉康和控制论，也可以是老子和佛经）去解决我们面临的当代问题，而不是满足于在自己熟悉的领域出书，评职称。"④ 这在国外习以为常，"国外学者更加勇于'越界'"。史华慈的研究从严复到古代中国思想，魏斐德的研究从鸦片战争到明朝和清朝鼎革到民国警察，傅乐诗的研究从丁文江到宋代的女医科。⑤ 当然，务必当心的是，"真正的'越界'"不是"胡扯"⑥，"广阔的智识趣味和敏锐的思维能力是'越界'的内驱力，开放的学习心态更是'越界'的必要装备。真正的'越界'是离开自己的安乐窝，亲身走到陌生的领域中去，而不是看着远山发发感叹"⑦。

第六，以"跨院系"或"跨学科"招硕、招博方式，大力培养具备中国文学史、思想史等专门知识的翻译研究学者。这有利于扎根中国土壤，认真研究"中国问题"，因为单一学科出身的"外语人"，没有专业知识，很难走进中国文学史、思想史，早在20世纪90年代初期许国璋等前辈教授就对外语是否能成为一个专业深表担

---

① 李晋悦：《往返于书斋与现实之间》，(http://discovery.cctv.com/20070820/109519.shtml)。
② 同上。
③ 《刘禾清华讲座录音：冷战时期的科技与人文思想》，百度快照，88%好评(https://www.douban.com/group/topic/19752812/)。
④ 同上。
⑤ 同上。
⑥ 同上。
⑦ 同上。

忧，对外语人是否能拥有专业知识大打折扣。

当然，刘禾"新翻译理论"也并非无懈可击。首先，其理念带着强烈的政治化新"左派"色彩，其中某些讨论问题的方式，在中国语境内难以被人接受，即便"挪用"也得慎之又慎。其次，由于建构者本人长期生活工作在西方语境，其解决问题的方法都是西方精英化的理论资源，这就注定其批评话语中负载着浓郁的殖民主义或教条主义倾向，会给中国的翻译学科建设带来一定的负面影响。再次，由于受西方学者热衷"话语游戏"的影响，频繁建构概念、堆砌概念，似有几分"牵强"与"附会"。这种从"概念到概念"的书斋式推演，略显空洞，早在20世纪90年代就被官方批评，不为学界所看好。马克思恩格斯也早在《神圣家族》中通过对布鲁诺·鲍威尔"批判哲学"的批判，竭力批评这种从"抽象到具体、观念到实在"的所谓"思辨哲学"，认为它是"对现实的歪曲和脱离现实的毫无意义的抽象"[1]。最后，论证过程中的某些地方略显零乱、琐碎，不太集中，有偏离主题之嫌，甚至有彼此矛盾之处。

---

[1] 马克思恩格斯：《神圣家族，或对批判的批判所做的批判》，人民出版社1958年版，第230页。

附 录

1. 批评家刘禾回国学行录

二〇〇一年

6月2—7日　在清华大学文北楼304会议室为清华大学—伯克莱加州大学2001年暑期高级理论研讨班讲学。研讨班的学员来自国内各大学文科方面的三十多名知名教授、博导、学者。同时，应邀就当时国内讨论热烈的"大学人文学科'量化'管理"问题发表意见："'文科科研量考查'的提法确有问题。如果'科研量'是针对科学研究而发，那么把文科等同于科学研究来量化评估，这就是个大问题——人文学科和自然科学之间是否应该有个界限？这两类知识有何不同？一般来说这是两类完全不同性质的知识，其'生产方式'很不相同。在它们之间简单画等号是很危险的。说到'量化'，所谓的文科量化考查似乎意味着一种纯粹的计算。计算什么呢？……这样，'量化'考查的结果，不但不会反映出论文的学术价值，而且只能鼓励浮夸的学风，遭受损失的最终是中国学术本身。国外的学术期刊大都采用匿名评审，学界对刊物的地位或权威性的判断，可能有些共识，但并没有什么'核心刊物'一说，而且一流学府对学者从来不搞"量化"考查。即使是在科学研究的领域，'量化'也不是一个必然的标准。"（"大学人文学科'量化'管理引发争议"，见 http：//www.docin.com/p－1303593685.html）

二〇〇二年

5月　在四川大学、西南交通大学讲学，这或许是她在20世纪70年代后期离开四川家乡后首次回乡进行学术讲演，"金榜题名"，"衣锦还乡"，现场爆满。

二〇〇四年

9月5日　在北京大学南门风入松书店应《中国女性主义》编辑部、中国女性主义学术沙龙组织委员会的邀请，主讲专题《波伏瓦的中国阅读：过去与现在》，参加者：刘兵、周瓒、方刚等人。她发表了诸多"灼见"："《波伏娃与双性气质》，翻译为'双性气质'恐怕有点问题，因为大家都知道福柯有一本书叫 *History of Sexuality*，国内的译本为《性史》，《性经验史》，都是错的。我在清华开过一些理论的阅读课讨论班，关于翻译讨论过很多。因为 sexuality 和 sex 绝对不一样，前者是一个历史性的，和福柯的'话语'概念有着密切联系的，所以确切的翻译应该是'性话语史'。这本书实际上讲的是维多利亚时代对性和性别一些概念的言说，造成的话语的一些医学知识、包括精神分析和心理学，这些知识的整体性构架。Bisexuality 和福柯讲的那个 sexuality 是有密切关系的。"所以，她坚持："Bisexuality""译成'双性恋',不是'双性恋气质'。说'气质'是误导的。因为你可以说这个人是双性恋,而不是说这个人有一个双性恋的气质。我不是责备翻译,这个问题是要拿出来放到现代汉语背景下讨论的问题。因此我总是说翻译理论问题往往是一个梯队做的,是需要不断讨论的。个人作坊式的翻译是不行的,因为翻译有的时候不仅仅是一个正确和错误的问题。就像这本书在 Bisexuality 这个词的翻译上存在的问题。因为这本书的理论背景是福柯,所以一定要把他的理论话语放进去。它不是一个普通的双性恋或者性别认同,而是福柯做他的谱系学研究,是基于他的知识考古学框架的。是历史性地关于知识的构架。"("波伏娃的中国阅读:过去与现在",http://www.bbtpress.com/homepagebook/2466/b05.htm)

9月6日 在北京中国文化研究所,以密西根大学比较文学系讲座教授身份,作题为《国际政治的符号学转向》的讲演,刘梦溪主持,梁治平、方李莉、刘军宁、摩罗、任大援、张红萍、胡振宇及我院部分研究生共二十多人与会。("中国文化研究所学人简介",http://360webcache.com/c? m = b9488bc3fb721b4ee14a48ba8fdf76ff& q = 中国文化研究所学人简介)

二〇〇五年

11月20日上午 在深圳何香凝美术馆学术报告厅,与孟悦、顾铮、朱青生、冯华年等人一起参加"翻译与视觉文化国际研讨会",并就"'翻译'与文本、文字及视觉文化"专题与众专家展开热烈讨论,发表诸多创建性意见。

11月23日上午 在中山大学文科楼讲学厅主讲《女性主义理论的处境》专题,艾晓明教授主持,众多硕士生、博士生参加。刘禾指出，跨国界的人口、资本、商品及劳工等的流动是有目共睹的。全球化不是这种流动的唯一的动力，跨国界、跨学科的女权运动也是推动这个进程的力量之一。不论是女性主义还是女权主义，用英语表达都是 feminism。从 19 世纪到 20 世纪，这个词汇的词义发生了很多变化，而在中国，从女权主义到女性主义的不同也凸显了这种变化。所以，她强调：（1）feminism 从来都是跨国界的；（2）女性主义从来都是跨学科的，在美国，妇女研究作为与女性研究相关的学科在 60 年代开始出现，是当时的民权运动和学生运动有关；（3）女性主义从来都是理论和实践紧密相连的，是理论和实践结合的最好的研究重点。不能说女性主义是一门单独的学科，但在学术界，在实践层面的影响却很大。（"密西根大学刘禾教授讲座：女性主义理论的处境系列讲座"，中山大学，http：//chinese.sysu.edu.cn/2012/Itm/2052.aspx）

二〇〇七年

6月23日下午 在北京单向街圆明园店，与翟永明、王超、赵野、欧阳江河、李陀、汪晖等学者一起"对话中国新独立电影"。在回答中国电影是否会被西方误解的问题时，刘禾如是说："我不是说张艺谋的电影带来了对中国的误解，我是说他的电影带来了对中国这些电影人目前的创作工作的丰富性的误解。另外关于猎奇的问题，好莱坞的院线是统治了美国大大小小的城市，只有在纽约，在芝加哥和在西海岸有些城市才能看到好莱坞院线之外的电影。外国电影包括在内，包括美国自己的独立制片。猎奇的问题非常复杂，报纸上经常有人提起，是不是得了奖就猎奇？这不仅仅是电影的现象，文学得了奖，诺贝尔奖是很大的奖，这是不是猎奇？主要是：西方承认的是不是都是猎奇？是张艺谋的电影在提供猎奇还是独立制片电影人提供了猎奇？在笼统意义上谈是谈不清楚的。我刚才非常具体的提到张艺谋电影和他们电影不同的一点，就是中国的电影人在做什么这件事被误解。而对一个国家的误解，这不是在我谈话范围之内，而且是没有办法回答在电影这个主题上。"（"中国新独立电影访谈录：民间影像力量在崛起"，http：//cul.sohu.com/20070625/n250750109_6.shtml）

6月28日上午　北京市朝阳区草场地155号三影堂摄影艺术中心多功能厅，刘禾以伯克莱加州大学教授身份，参与"中国当代摄影论坛"讨论，巫鸿、张黎为主持人。

8月15日　在北京紫竹园接受《中华读书报》记者李晋悦的专题采访：《刘禾——往返于书斋与现实间》。采访称："不谈《跨语际实践》内容如何，其逻辑严密，步步紧逼的论述风格不能不给人以深刻的印象。直到在采访中，听到刘禾说她自己有一种难以割舍的侦探情结时，我这才恍然大悟。刘禾留着很时尚的短发，前额的发梢还有一绺醒目的金黄色，这和我的预期不太一样；刘禾谈话，也并不像我想象的那么凌厉，她不时会笑起来，耐心地停下来等我把笔记写完。她总是小心翼翼地绕开关于私人生活的问题，却喜欢滔滔不绝地大谈环保。那天是个躁闷的桑拿天，我们在紫竹院临湖而坐，品香茗、谈文学，思绪如潮，无边无际。"实际上，刘禾具体谈到纽约电影节、书斋世界、比较研究的灰色地带、大学出版社、国外评审制度等议题。（"刘禾：往返于书斋与现实之间"，http：//discovery.cctv.com/20070820/109519.shtml）

二〇〇八年

6月24日　以哥伦比亚大学中国文化研究中心主任身份，陪同美国哥伦比亚大学副校长 Nick Dirks 教授、校长助理 Jessis Kelly 女士一行访问浙江大学，受到浙江大学朱军副校长的热情接待。

7月初　在复旦大学，为复旦大学—密歇根大学社会性别学博士课程班开展为期两周的授课。整个课程由文献阅读、讨论和影像观摩几部分组成。学员听课笔记称："在前两天的阅读中，学员们比较了英国作家弗吉尼亚·伍尔夫（Virginia Woolf）的《三枚旧金币》（Three Guineas）和美国学者苏珊桑塔格（Susan Sontag）的《关于他人的痛苦》（Regarding the Pain of Others）两篇文章，由此出发讨论知识思考的历史困境。上述两篇文章虽然都是关于战争影像的，但伍尔夫囿于时代，并未意识到图片影像的意识形态，而认为摄影是客观真实的。晚她多半个世纪的桑塔格则对此做出回应，指出了战争摄影的权势（Power）运作，在她看来，摄影是一种有效的修辞，图片也可以建构。刘禾指出，对比两篇文章可以看到，任何知识都是产生在一定的纵向与横向的结构中，这就是所谓的情境知识（Situation Knowledge），这是她本次授课的一个核心概念，也是我们在性别研究中提问的基础：当女性主义和性别研究遇到科学时，我们需要质询，客观知识在哪里？从何谈起？科学是否具有意识形态？客观知识（科学）如何生产？"（"张颖：复旦—密西根大学社会性别学博士课程班听课笔记一"：刘禾部分，https：//www.douban.com/group/topic/9132747/? type = rec \ ）

8月26日　以美国哥伦比亚大学终身人文讲席教授身份，就"200年前的帝国碰撞如何启示今日中国"专题，与相关方面展开对话。

二〇〇九年

6月26—29日　在复旦大学光华楼，出席复旦—密西根大学社会性别研究所主办、复旦大学历史系协办的"社会性别研究国际学术会议"，来自国内外的专家学者共150余人参加此次研讨会。报道称："由哥伦比亚大学（Columbia University）刘禾、高彦颐与纽约大学（New York University）瑞贝卡（Rebecca Karl）、加州大学大学圣克鲁兹分校（University of California, Santa Cruze）贺萧（Gail Hershatter）四位教授组织的圆桌研讨——'前卫女性主义：何震与当代中国'，重新发掘、整理、评价何震，将她作为中国近代史上最重要的女性主义行动者与思想家向学界隆重推出，在会场上引起了激烈的讨论。"何震是中国现代女权活动家、理论家，《天义报》创办人，女子复权会成员。"刘禾教授首先简要介绍了何震生平和理论要点。她认为，我们今天研究和强调何震，目的在于思考她的思想对于当代理论建设为什么是重要的。刘禾认为，第一，从近代史写作的角度看，《天义报》的缘起和历史作用一直语焉不详。到底是谁发起《天义报》？很多意见一直以来把刘师培当作《天义报》发起人。实际上，《天义报》是女子复权会的会刊，接触的都是一些大问题：关于国家、社会、劳动和知识，等等。而男权主导的近代史研究，一直强调是'刘师培、何震夫妇主持的天义报'。而且，还有意见认为，《天义报》是无政府主义的刊物，刘禾则强调，《天义报》的无政府主义是经由女权主义进入的，这一点一直没有人强调。第二，《天义报》是第一次出版《共产党宣言》的刊物，也就是说，'女权主义把共产主义带到了中国'，这个历史过程一直没有得到清楚地交代。《共产党宣言》最早由流亡在日本的知识分子，根据日语翻译成中文的，而日文版《共产党宣言》在1904年根据英译本翻译发表。

1908年何震把《共产党宣言》的第一章发表在《天义报》上。《共产党宣言》怎样进入中国,近代史写作一直含糊其辞。……第三,何震对当代女性主义的发展也有重要的借鉴意义。何震于1907、1908年间发表的一系列文章,就劳动问题、妇女解放问题和国家问题,提出了非常超前的思想。1903年马君武翻译《女权篇》,讨论夫妻平等问题,把这个问题与民族国家的文明程度联系在一起。……何震留下的遗产,值得当代中国女权主义者珍视和研究"。(分别见:"现状的反思 未来的探索——'社会性别研究国际学术会议'"综述,"让世界听到中国早期女权主义思想",http://c.360webcache.com/c?m=254edf489ecd865370964e407d87c400&q)

大概在同一时间,接受广州学者李凤亮的采访,明确指出:"翻译对语言、对文化、对认知世界的方式来说非常关键,尤其是现代世界越来越一体化的时候,语言与语言、文化与文化、社会与社会之间的交往,都不可能绕开翻译的问题。当然不仅仅只是翻译的问题,还有文字符号本身的社会性在其中发挥的作用。《帝国的话语政治》里的第一章就说明国际政治的'符号学转向',那一次转向比哲学家里查·罗蒂所说的'语言学转向'还要早,还要深刻得多。……国外当代很多的学术研究都是对福柯的某种补充、延伸或者纠正。必须承认,福柯做历史的方法跟从前的思想史是截然不同的,他在《知识考古学》中非常明确地提出思想史这条老路子走不通。而放眼当代学术的改观,尤其在欧美出版的学术著作中,做传统意义上的思想史的人往往不能从最有意思的角度来切入对历史的思考。福柯的理论工作改变了传统的学术范式,使得当代前沿的理论思考摆脱了'思想派生思想'的这种延续式的思维定式,而让我们把精力更多地放在研究话语与物质世界和社会体制生成的互动关系。"("刘禾:穿越：语言·时空·学科"，https：//www.douban.com/group/topic/9310825/？type=like）

  7月 《人民摄影报》与大连医科大学摄影系在大连联合召开的"图像与传播研讨会"，特别邀请她与《视界》主编李陀一起参会。刘禾特别指出："图片是能够复制的，而传统意义上所说的'作品'则不能在同样的意义上被复制，否则，它就成了赝品，就不是'作品'了。本雅明在三十年代所说的机械时代的复制与摄影图像的消费有直接的关系，图像的复制越多，它的成本就越低，同时，它的传播面也就越广越快。本雅明生活在机械复制的时代，那时还没有互联网，没有虚拟空间，电脑更没有进入人们的日常生活中，尽管如此，本雅明也还是非常敏感地意识到一些相关的问题，其中之一就是媒体中的图像爆炸。图像的传播与复制技术，特别是关于数码复制的技术，在人文领域也是一个非常前沿的认识论问题。美国学者马克·陶斯科（Michael Taussig）写过一本书叫《模仿与另界》（*Mimesis and Alterity*），就是讨论'模仿复制'的问题……他关注复制的技术，以及由此推动的人们对模仿复制精确度的无限要求。比方说，写真的复制，这里面除了表达对技术本身的迷恋外，还说明了什么？我们对模仿复制精确度的追求几乎到了无休无止的境地，能不能把这种追求也放在消费主义文化当中来思考？模仿复制原先是手段，现在几乎成了目的，它是不是一种浪费？是不是对资源的浪费？人类的资源其实很有限，一部分人的浪费就意味着另一部分人的被剥夺。对技术无休无止的追求背后又是进步论，进化到哪一步呢？是克隆人吗？从克隆图片到克隆人，最后克隆一切？这样看来，不同的复制技术之间存在着必要的联系，有认识论上的共谋，也有资本的秘密逻辑在起作用。"（"话说读图时代——李陀、刘禾专访"，https：

//www.douban.com/group/topic/12444961/?type=rec)

8月 在清华大学参加《读书》编辑部与清华大学中文系联合举办的《帝国的话语政治》座谈会,并做专题发言《"话语政治"与近代中外国际关系》:"自从福柯的知识考古学出现以后,思想史的写作遇到了很大的麻烦,因为知识考古学对传统思想史的否定是很彻底的,也是很致命的。福柯在讨论问题的时候,往往不是从思想传统本身的脉络出发,而是着眼于历史中的话语实践。他关注的问题是,思想如何以话语的形式——即历史场景中的言说行为,而不是简单的概念的发生——参与和创造了历史?这一独特的思路,给国外的历史学科和其他各个学科,都带来了全面和深刻的印象。当今的西方学术,也包括欧美以外其他地方的学术界,对于什么是历史,如何进行历史写作等问题,都提出了很多新的思考和方法。也就是说,大家开始关注话语实践的历史,而不是一个思想派生思想的历史。不过……当人们沿着福柯的思路对话语实践和它的历史进行梳理的时候,往往忽略了跨语言和跨文化的维度……所以,我十五年前开始写这本书(《帝国的话语政治》——引者注)时的初衷就是,能不能在跨语言和跨文化的方法论上做一点突破。"(《关于〈帝国的话语政治〉的讨论》,《读书》2010年第1期)

二〇一〇年

6月16日 出席"'垃圾围城——王久良之观察'研讨会",作专题发言:"我觉得王久良自己说:'我不要艺术了。'这个是要有勇气的,我觉得艺术不是一个什么重要的借口,格非刚才说得特别好,他是在实践中不断变化的一种东西,所以这个东西不必作为一种很神圣的东西要坚持它，什么是艺术由我们来界定，这是第一点；第二，王久良的这些作品很有冲击力，并不是说我们不知道垃圾厂这些事情，并不是说我们没有看到，也不是说我们日常生活中没有意识到垃圾，而是说这些作品有一种修辞的力量，这个修辞力量是什么呢？就是谴责，这些东西你一看是非常生气的，是一种谴责，谴责什么呢？谴责某一种犯罪行为，包括刚才说得比较激烈，什么犯罪行为？不用说人类对地球的犯罪，是某一些人对地球的犯罪，而且其他人不吭声，允许他们向地球犯罪，可以这么说。"（垃圾围城："王久良之观察 2010 展艺术档案"，http：// www. artda. cn/ view. php? cid = 49&tid = 3820&page = 1）

6 月 22 日下午　在中国人民大学，与丈夫李陀一起参观"打开尘封的记忆——中国民间手写家书展"，中国人民大学文学院院长孙郁教授、抢救民间家书项目组委会秘书长张丁陪同参观。两位学者对中国家书文化表现出浓厚兴趣，仔细观看了各个时期的展品，不时与陪同人员交流。李陀还说，家书文化内涵丰富，可以从许多方面进行解读，可以创办一本《家书》杂志，既可以给喜爱家书的同仁提供一个交流平台，又有效传播了家书文化。参观结束后，刘禾与李陀应邀在"抢救民间家书倡议书"上签名，并欣然为家书展题词："Amazing collections and important effort in preserving historial memories."随后，她以《文化研究与新媒体》为题在文学院作演讲，以此圆满结束她在中国人民大学"海外名师讲坛"为期 1 个月的系列讲座（"著名学者李陀、刘禾参观家书展"，http：// www. jiashu. org/other/detail. asp? id = 1031）。

二〇一一年

5月16日 在清华大学六教6B312，做题为《冷战时期的科技与人文思想》的演讲，罗钢教授为主持人。据一位听众的记录："这个讲座是对她的新书 The Freudian Robot《佛氏人偶》的简要介绍，这本书的副标题是：Digital Media and the Future of the Unconsciousness《电子化媒介与无意识的未来》，更狗血一点的说法就是：控制论如何遭遇拉康的无意识。故事的开始是冷战背景下的跨学科科研模式，冷战前后兴起的新理论，如控制论（cybernetics）、博弈论（game theory）、战略运筹学、信息论等等，都有战略对抗的意图。而1943—1953年间每年在纽约召开的Macy Conference更是召集了来自科技和人文各个领域的专家，讨论控制论的机制。刘禾就是从这个会议出发，重构这些专家之间的社会网络，还原他们彼此间的相互影响。"（"刘禾清华讲座录音：冷战时期的科技与人文思想"，https：//www.douban.com/group/topic/19752812）

5月26日 在中国人民大学作演讲"国际法与19世纪文明论"，与《帝国的话语政治》中内容相关，学生进行热烈追问，并进行一定质疑。

6月29日上午 在清华大学甲所二楼大会议室，"清华大学—哥伦比亚大学跨语际文化研究中心"成立典礼举行，清华大学副校长谢维和，哥伦比亚大学副校长Nicholas Dirk、比较文学和社会研究所的所长Stathis Gourgouris、东亚系系主任韩明士等分别致辞。清华大学跨语际文化研究中心中方主任罗钢教授，北京大学比较文学与比较文化研究所所长严绍璗教授，北京师范大学刘象愚教授，中国社会科学院陈众议研究员，中国人民大学孙郁教授，哥伦比亚大学全球中心主任肖耿等十多位国内外知名学者到会并发表讲话。刘禾以清华大学、哥伦比亚大学双聘教授和研究中心主任身份致辞："跨语际文化研究中心的英文名字叫 Center for Translingual and Transcultural Studies，简称 CTTS（见艺术家徐冰为我们设计的 logo）。为什么要成立这个中心？这里面的动力是什么？我想在这里做一点解释。我们知道，全球化正在深刻地改变着人文学科的机制和格局，传统的人文研究已经无法适应这一巨变。我自己是学比较文学出身的，多年来，也一直在这个领域做研究工作，因此有机会观察这一研究领域的发展变迁，也使我对比较文学研究的特点、长处有了深切的体会。在人文研究领域之内，比较文学天然地具有跨语际、跨文化、跨学科的优势，而传统的其他人文研究和社会科学由于都长期在单一语种和单一学科中工作，这方面就显得薄弱许多。近些年来，这一优势和长处的重要性日益突出。联合国教科文组织在全球化的压力下，特别重视一种广义的人文视野和文化多元主义，强调世界各国所面临的重大课题，诸如社会伦理、历史遗产、环境保护等等，都是跨国现象，都不可能脱离全球文化和文化多样性等环境去解决。在这种形势下，比较文学就更有了它的用武之地，也有了更广阔的发展前景。"因此，她主张中心主要致力于三个方面的重要工作：第一，解决国内比较文学研究存在的种种问题，推动一种新型的跨语际、跨文化的学术研究，以推动国内人文学科的发展；第二，推动跨学科研究，旨在培养 21 世纪的人文研究人才；第三，推动"数码人文"（digital humanities）研究在中国比较文学界的发展。随后，她还作了"跨文化研究在 21 世纪的任务和方向"的专题报告。随后，受聘清华大学博士生导师，开始在清华正式招收跨语际实践博士生。（见"清华新闻网 7 月 4 日电"）

二〇一三年

6月14日 在清华大学甲所二楼会议室，与倪慧如、张承志、韩少功、李陀、索飒、鲍昆、王中忱等著名作家、学者一起，就主题"中国人与国际纵队：西班牙的召唤（1936—1939）"展开热烈讨论。随后，为倪慧如等编著的《当世界年轻的时候：参加西班牙内战的中国人（1936—1939）》一书（广西师范大学出版社，2013）作序。之前的会议预告专门介绍她的"主要研究方向是文学理论、跨文化交流史和新翻译理论"。（"［读书会第140期预告］中国人与国际纵队：西班牙的召唤（1936—1939）"，http：//book.ifeng.com/yeneizi...2013-06-06/20169777_0.shtml）

6月21日下午 应中国人民大学文学院邀请，在人文楼二层会议室，做学术讲座《比较文学的边界与方法：从〈鲁滨逊漂流记〉的阅读谈起》。副校长杨慧林教授、文学院院长孙郁教授，著名作家李陀、学者耿幼壮教授等出席讲座，耿幼壮教授主持。讲座报道称："首先，她指出比较文学的大前提包括语言的边界、文字的边界、文学的边界、国族的边界和领土的边界，而比较文学则实现了对这些边界的跨越。除此之外，她还提醒大家注意'现代国家的世界体系与现代文学的建制'这两个问题。在她看来，'民族国家文学'是以一种假定的边界作为基础建制而成的，在这一过程中，许多国家都努力地寻找自己伟大的传统。而在现代国家的世界体系中，比较文学的研究者也应该思考'世界文学'背后的'世界图景'是什么。其次，刘禾教授认为比较文学的方法并非独创，而是从早先的比较生物学、比较解剖学、比较语文学等学科中派生出来的。最初比较文学的主流是法国学派的影响说，而后平行研究逐渐兴盛，但它同时也存在着与历史相脱离的问题。较前两者来说，翻译研究是相对边缘化的一个门类，其关注核心是源语言（source language）与目标语言（target language）之间的动态关系。再次，刘禾教授介绍了自20世纪80年代以来，比较文学学科出现的危机与转化。简而言之，就是当代的比较文学学者越来越多地译介与倡导后结构主义、西方马克思主义、女性主义、新历史主义等当代理论，试图从政治无意识、意识形态、历史属性等层面重新阐释文本。这固然加大了文本意义的开放性，但与此同时，这些当代学者也集体表现出了欧洲中心主义的思想特征。最后，刘禾教授指出，新比较文学的跨学科研究以文本分析为基础，研究者们应当重视细读的方法，在版本的流变、时空的设定、叙事的安排、意象的经营与修辞、文本的开放性与意义的多重性等方面进行新的探索。在从宏观上对比较文学这一学科进行分析之后，刘禾教授以自己的论文《燃烧镜底下的真实——笛福、'真瓷'与18世纪以来的跨文化书写》为例，展示了比较文学的研究方法。她认为，'新批评'学派的文本细读方法割裂了文本与作者的关系，从而使研究的视野受到了局限。只有在更为广泛的意义上（如版本学、历史学等领域）运用细读方法，才能够真正打开一个新的文本空间。围绕这篇论文，刘禾教授与在场师生就文学与民主的关系、文学翻译、中英贸易史、民族国家的建制、文化批评等问题展开了热烈的讨论，在她的引导下，同学们一起体验了从文学文本深入到经济、历史与政治层面的细读实践。"（"中国人民大学文学院—新闻公告—新闻"，http：∥www.tayljc.com/article/？1772.html）

二〇一四年

5月29日下午　在中国人民大学人文楼二层会议室聆听美国著

名学者、哥伦比亚大学宗教系主任马克·泰勒教授所作的《网络化的宗教》(Networking Religion) 的演讲。该讲座以"宗教"为题，内容针对自然、社会、心理、文化体系之间的相互关系，并由此解说宗教轨迹，从而避免原教旨主义或保守主义的宗教观。("哥伦比亚大学马克·泰勒教授访问文学院 解析'网络化的宗教'"，http：//news. ruc. edu. cn/archives/82943)

7月5日下午　在北京，中央美术学院美术馆报告厅，与韩少功、格非等一起，出席"'与文学重逢'：作者见面会"，专题讨论新著《六个字母的解法》(中信出版社，2014)。作为核心人物，刘禾作长篇发言："我说我当时在做这个创作的时候，主要的选择还不在文学和学术之间，而是在英语和母语之间。我是30年前到美国去留学，30年过得很快，几乎一直是在用英语写作。所以对我来说，主要是如何重新进入母语写作的问题。还有就是我想做一点文学实验，而这本书《六个字母的解法》是我的一个初步实验的结果。因此，它有点像散文，但又不是散文；有点像小说，但也不是小说。它是一个混合体，有一位批评家说它是跨文体写作，也许没有更好的说法，我就先接受跨文体写作这个说法。……这本书的繁体字版是去年秋天由香港的大出版家、牛津大学出版社的林先生出版的，他还设计了一个封面我非常喜欢。这次这个简体字版的出版是活字文化发布的，我觉得非常荣幸作为活字文化第一批书……我简单说一下写这本书背后的一些想法。后面的幻灯呈现出了这本书的一条叙事线索，我在刚写这本书的时候才逐步发现，纳博科夫在国内是有一大批粉丝的，我以前是不知道的。他基本上是作为我的叙述主线进行，但是这本书的确不是关于纳博科夫的。我主要想讲三点：第一，我这个实验是想做一些突破。包括文体上的突破，还有就是中国和世界之间界限的突破，到底成功与否还是由读者自己来判断。第二，有一些人物让我特别关注。比如说大家都熟悉的徐志摩去剑桥大学待了一年，留下了很多诗文。国内许多读者对徐志摩和对剑桥大学的了解都是通过这些诗文进行的。我把徐志摩放在20世纪20年代的英国和剑桥大学学院的氛围里面重新来思考当时的历史状况是什么样子，因此就出现了各种各样让人惊讶的人物他们之间的联系。我就说一点，纳博科夫是1919年到剑桥大学开始读书的，而且他在剑桥待的那段时间正好也是徐志摩去的那一段时间。还有很多其他的一些联系，比如大家都熟悉的奥威尔，奥威尔的《1984》和他的《动物庄园》大家都非常熟悉。但是我发现他的另外一个东西对我特别有用，那就是他还有一个笔记本，他去世以前的几年有一个笔记本，这个笔记本在90年代被英国《卫报》的记者发掘出来，发现他从中抄出三十几个人的黑名单给英国的情报部门。我这本书里面在寻找一个人物，叫NESBIT，这个人是纳博科夫在自传里不愿意说出真名的一个人物。我发现奥威尔的这个黑名单可能对我来找这个人物有用，基本上这本书就是在这种寻找过程中展开的。韩少功先生给我写了一个序言，他在序言里说，这有点像思想的侦探小说。但是也很难归类到底是什么书。"（刘禾：与格非、韩少功对谈《六个字母的解法》，http：//book.ifeng.com/zuojia/detail_ 2014.10/24/164614_ 0.shtml）

8月21日　刘禾与丈夫李陀先生及著名诗人翟永明，来到成都西村参观、交流。作为三位学者的老朋友，贝森集团董事长、西村总策划杜坚先生全程陪同，并向三位着重介绍了成都西村的建筑特点、业态布局、特色服务及未来发展规划。（"文化学者李陀、刘禾夫妇到成都西村参观、交流"，http：// mp. weixin. qq. com/s?_ biz = MjM5M2A% 3D%

3D&idx＝18mid＝200655744&sn＝f783480b4da63ea53b9f6dboof84cf9e）

9月5日下午接受《深圳商报》记者电话采访，"让她从一个在海外坚持了十年的'重写文学史'活动的参与者与见证人来谈当下'重写文学史'意义"。她专门指出："文学史同时也是经典化的努力，作品一旦进入文学史，就被经典化了，这个过程是一代又一代人的努力……文学史的写作不可能一劳永逸。"她还称"几个星期前，在成都的白夜酒吧做我的新书《六个字母解法》新书发布。"（"刘禾：文学史写作不可能一劳永逸—搜狐文化频道"，http：//cul. sohu. com/20140929/n404753258. shtml）

二〇一五年

7月8日下午　应邀访问上海交通大学外国语学院，并作题为《〈鲁宾逊漂流记〉的海军生涯》的学术报告。刘禾通过对比《鲁宾逊漂流记》最早的两个版本——笛福编辑的第一版和英国海军水道测量专家编辑的版本，讲述了这部作品是如何受到当时浪漫主义潮流的影响，成为了一部儿童文学及殖民旅行日志的故事；还追溯了笛福的二卷本《鲁宾逊漂流记》是如何变成单卷本，鲁宾逊在西印度群岛及中国的游历也因第二卷的"宿命"如何被忽略之历程。此后，刘禾与《比较文学研究》主编Thomas Beebee等同行进行深入交流。（"美国哥伦比亚大学比较文学与社会研究所刘禾教授做客外国语学院"，http：//liuxue. eastday. com/sdt＿277＿5＿5879. html）

二〇一六年

7月6日　主编的最新著作《世界秩序与文明等级》（生活·读书·新知三联书店2016年4月1日出版）座谈会在清华大学举行。

汪晖、李零、刘北成等京城著名学者围绕这部新书展开热烈讨论。书中论述道：欧美人塑造的文明等级含有一套由低到高的排列标准，这套标准将世界各地的人群分别归为"savage"（野蛮的）、"barbarian"（蒙昧/不开化的）、"half – civilized"（半开化的）、"civilized"（文明/服化的）及"enlightened"（明达/启蒙的）五个等级。这套文明等级的标准到19世纪初形成了一套经典化的论述，被编入国际法原理，被写进政治地理教科书，被嵌入欧洲国家与其他国家签订的不平等条约，最后成为欧美国家认识世界的基础。该书收入的十余篇论文对文明等级论从不同角度做了考察和分析，对近代以来现代化进程中世界秩序的形成和演变进行了批判性思考。（"《世界秩序与文明等级》批判性思考世界秩序的形成演变"，《中华读书报》2016年7月6日第2版）

7月18日 上海师范大学"光启读书会"第一期，就《世界秩序与文明等级》展开专题讨论。（"刘禾：欧美人塑造的文明等级观造成了今天的世界秩序"，http：// c.360webcache.com/c？ m = 8d71a80ef6c29fe7303c50b534453c18&q）

8月2日 就新著《世界秩序与文明等级》，接受署名"破土"的专访，呼吁"资本无国界、思想有壁垒"。（"破土专访刘禾"，http：//m. redgx. com/e/action/ShowInfo. php？ classid = 10id = 21835）

二〇一七年

7月26日 与中国政法大学教授王人博、中国人民大学长江学者特聘教授杨念群一同出席哥伦比亚大学全球中心北京和广西师范大学新民说共同举办的"'哥大北京之夏'历史入列——《语际书写》（修订版）新书分享会"。群贤毕至，并有众多年轻学者参加。

大家盛赞《语际书写》自1999年在祖国大陆出版以来对中国人文社科研究所作出的重要贡献。她本人对大家表示感谢，并盛赞汉字的魅力，如是说："只要汉字还活着，我们激活古代思想的可能性就不会消失。"("刘禾、王人博、杨念群：困境与破局——思想史向何处去？哥大北京之夏"，http：//weibo.com/(GCEA)

2. 刘禾著述录

（一）论著

[1] *Translingual Practice: Literature, National Culture, and Translated Modernity – China,* 1900—1937, Stanford, California: Stanford University Press, 1995.

[2] *Tokens of Exchange: The Problem of Translation in Global Circulations.* Durham and London: Duke University Press, 1999.

[3] *Writing and Materiality in China: Essays in Honor of Patrick Hanan*(co – edited with Judith T. Zeitlin) . The President and Fellows of Harvard College, 2003.

[4] *The Clash of Empires: The Invention of China in Modern World Making.* Cambridge, Massachusetts, and London, England: Harvard University Press, 2004.

[5]《语际书写——现代思想史写作批判纲要》，生活·读书·新知三联书店 1999 年版。

[6]《跨语际实践——文学，民族文化与被译介的现代性（中国，1900—1937）》（修订版），宋伟杰等译，生活·读书·新知三联书店 2008 年版。

[7]《帝国的话语政治：从近代中西冲突看现代世界秩序的形成》，杨立华等译，生活·读书·新知三联书店 2009 年版。

[8]《持灯的使者》，广西师范大学出版社 2009 年版。

[9]《六个字母的解法》，中信出版社 2014 年版。

[10]《世界秩序与文明等级》,生活·读书·新知三联书店2016年版。

(二) 论文

[1]《一个现代性神话的由来:国民性理论质疑》,陈平原、陈国球主编《文学史》第1辑,北京大学出版社1993年版。

[2]《欧洲路灯光影以外的世界——再谈西方学术新近的重大变革》,《读书》2000年第5期。

[3]《燃烧镜底下的真实——笛福、"真瓷"与18世纪以来的跨文化书写》,李陀等主编《视界》第10辑,河北教育出版社2003年版。

[4]《气味、仪式的装置》,《读书》2006年第6期。

[5]《"话语政治"和近代中外国际关系》,《读书》2010年第1期。

[6]《新媒体与弗洛伊德的恐惑论》,《解放日报》2009年10月23日。

[7]《文明等级论:现代学科的政治无意识》,《中华读书报》2012年7月11日。

[8]《控制论阴影下的无意识——对拉康、埃德加·坡和法国理论的再思考》,https：//www.douban.com/group/topic/20456769。

[9]《西方无信史之"希腊文明故事"》,http：//www.xinfajia.net/9810.html。

[10]《写在记忆的荒漠上》,http：//book.ifeng.com/dushuhui/special/salon140/detail_ 2013_ 07/10/27348468_ 0. shtml。

（三）采访稿及其他

[1]《刘禾——往返于书斋与现实间》，2007年8月15日在北京紫竹院接受《中华读书报》记者李晋悦的专题采访。

[2]《中国人对美国大学的四大误解》，2010年2月2日接受《解放周末》记者采访。

[3]《刘禾谈在哈佛学习和伯克利教书的生涯》，https：//www.douban.com/group/topic/1917597。

[4]《为"清华大学—哥伦比亚大学跨语际文化研究中心"成立典礼而写的致辞》，http：//www.zhongwen.tsinghua.edu.cn/publish/cll/2095/index.html。

参 考 文 献

[1] Bressler, Charles E., *Literary Criticism: An Introduction to Theory and Practice*, Prentice-Hall, Inc., 1994.

[2] Baldwin, Elaine et al., *Introducing Cultural Studies*. Beijing: Peking University Press, 2005.

[3] Bhabha, H. "The Third space", interview with Jonathan Rutherford in J. Rutherford (ed.), *Identity: Community, Culture, Difference*, London: Lawrence & Wishart, 1990.

[4] Baudrillard, Jean. *For a Critique of the Political Economy of the Sign*. trans. Charles Levin. St. Louis: Telos Press, 1981.

[5] Bourdieu, Pierre. *Language and Symbolic Power*. ed. John B. Thompson. trans. Gino Raymond and Matthew Adamson. Cambridge, MA: Harvard University Press, 1994.

[6] Bourdieu, Pierre. "The Production and Reproduction of Legitimate Language" in PierreBourdieu. *Language and Symbolic Power*, ed. John B. Thompson, trans. Gino Raymond and Matthew Adamson, Cambridge, MA: Harvard University

Press, 1994.

[7] Edgar, Andrew and Peter Sedgwick, *Cultural Theory Key Concepts*, London and New York: Routledge, 1999.

[8] Fabian, Johannes. *Language and Colonial Power.* Berkeley, Los Angeles, Oxford: University of California Press, 1986.

[9] Jacobson, R. "On linguistic aspects of translation" (1959), in L. Venuti ed. *The Translation Studies Reader.* London and New York: Routledge, 2000.

[10] Liu, Lydia H. *Translingual Practice: Literature, National Culture, and Translated Modernity-China*, **1900—1937**, Stanford, California: Sranford University Press, 1995.

[11] Liu, Lydia H. ed. *Tokens of Exchange: The Problem of Translation in Global Circulations.* Durham and London: Duke University Press, 1999.

[12] Liu, Lydia H. "The Question of Meaning-Value in the Political Economy", in Lydia H. Liu ed. *Tokens of Exchange: The Problem of Translation in Global Circulations.* Durham and London: Duke University Press, 1999.

[13] Liu, Lydia H. and Judith T. Zeitlin. "Introduction" in Judith T. Zeitlin and Lydia H. Liu eds. *Writing and Materiality in China: Essays in Honor of Patrick Hanan* The President and Fellows of Harvard College, 2003.

[14] Liu, Lydia H. *The Clash of Empiresc The Invention of China in Modern World Making*, Cambridge, Massachusetts, and London, England: Harvard University Press, 2004.

[15] Munday, Jeremy, *Introducing Translation Studies*, London and New York: Routledge, 2001.

[16] Niranjana, Tejaswini, *Siting Translation: History, Post-Structuralism, and the Colonial Context.* Berkeley, Los Angeles, Oxford: University of California Press, 1992.

[17] Said, Edward W., *Orientalism.* London and Henley: Routledge & Kegan Paul, 1978.

[18] Shell, Marc. *Money, Language, and Thought: Literary and Philosophic Economics from the Medieval to the Modern Era*, Baltimore: Johns Hopkins University Press, 1993.

[19] Spivak, G. C., *Outside in the Teaching Machine*, London and New York: Routledge, 1993.

[20] [英] 阿雷恩·鲍尔德温等:《文化研究导论》, 陶东风等译, 北京大学出版社2004年版。

[21] [美] 埃德蒙·威尔逊:《到芬兰车站》, 刘森尧译, 广西师范大学出版社2014年版。

[22] [美] 本杰明·史华兹:《中国的共产主义与毛泽东的崛起》, 陈玮译, 中国人民大学出版社2006年版。

[23] 曹聚仁:《中国近百年史话》, 生活·读书·新知三联书店2008年版。

[24] 曹顺庆:《中外比较文论史》, 山东教育出版社1998年版。

[25] 曹顺庆主编:《比较文学学》, 四川大学出版社2005年版。

[26] 曹顺庆主编:《比较文学教程》, 高等教育出版社2006年版。

[27] 陈平原：《中国小说叙事模式的转变》，北京大学出版社2003年版。

[28] 丁韪良：《凡例》，[美] 惠顿：《万国公法》，丁韪良译，何勤华点校，中国政法大学出版社2003年版。

[29] [美] 丁韪良等人编：《〈公法新编〉中西字目合璧》(1903)，[美] 刘禾《帝国的话语政治：从近代中西冲突看现代世界秩序的形成》，杨立华等译，生活·读书·新知三联书店2009年版。

[30] 董恂：《万国公法序》，[美] 惠顿《万国公法》，丁韪良译，何勤华点校，中国政法大学出版社2003年版。

[31] [法] 梵·第根：《比较文学论》，戴望舒译，吉林出版集团有限公司2010年版。

[32] [瑞] 费尔迪南·德·索绪尔：《普通语言学教程》，高名凯译，商务印书馆1982年版。

[33] [瑞] 菲利普·萨拉森：《福柯》，李红艳等译，中国人民大学出版社2010年版。

[34] [意] 费利克斯·吉尔伯特：《历史学：政治还是文化对兰克和布克哈特的反思》，刘耀春译，北京大学出版社2012年版。

[35] 费小平：《后殖民主义翻译理论：权力与反抗》，《中国比较文学》2003年第4期。

[36] 费小平：《"语际书写"／"跨语际实践"：不可忽略的文化翻译研究视角》，《中国比较文学》2010年第1期。

[37] 费小平：《"衍指符号"："语际书写"／"跨语际实践"的继续与推进》，《外语与外语教学》2011年第1期。

[38] 费小平：《刘禾的翻译研究：福柯"知识考古学"的文本化实践》，《西安外国语大学学报》2011年第3期。

[39] 费小平：《"交换的符码"：刘禾"新翻译理论"的逻辑起点》，《解放军外国语学院学报》2012年第1期。

[40] 费小平：《刘禾"交换的符码"翻译命题与马克思主义政治经济学》，《外语研究》2014年第1期。

[41] 冯尔康：《雍正传》，人民出版社1985年版。

[42] 傅斯年：《史学方法导论》，朱渊博导读，上海古籍出版社2011年版。

[43] ［奥］弗洛伊德：《精神分析引论》，高觉敷译，商务印书馆1996年版。

[44] 葛红兵等：《身体政治》，上海三联书店2005年版。

[45] ［德］海德格尔：《在通向语言的途中》，孙周兴译，商务印书馆1997年版。

[46] 何兆武：《序一　对历史学的反思》，朱本源《历史学理论与方法》，人民出版社2007年版。

[47] ［美］郝大维、安乐哲：《中译本序》，［美］郝大维、安乐哲《通过孔子而思》，何金俐译，北京大学出版社2005年版。

[48] 郝田虎：《译者后记》，［美］马丁·贝尔纳《黑色雅典娜：古典文明的亚非之根》第一卷，郝田虎等译，吉林出版集团有限责任公司2011年版。

[49] ［法］华康德：《社会学家　皮埃尔·布迪厄》，张怡译，陶东风等主编《文化研究》第4辑，中央编译出版社2003年版。

[50] 黄兴涛:《"话语"分析与中国近代思想文化史研究》,《历史研究》2007 年第 4 期。

[51] 黄兴涛:《"她"字的文化史 女性新代词的发明与认同研究》,福建教育出版社 2009 年版。

[52] 何勤华:《点校者前言》,[美] 惠顿《万国公法》,丁韪良译,何勤华点校,中国政法大学出版社 2003 年版。

[53] 胡日佳:《俄罗斯文学与西方 审美叙事模式比较研究》,学林出版社 1999 年版。

[54] [美] 惠顿《万国公法》,丁韪良译,何勤华点校,中国政法大学出版社 2003 年版。

[55] 金观涛、刘青峰:《观念史研究 中国现代重要政治术语的形成》,法律出版社 2009 年版。

[56] 老舍:《离婚》,《老舍文集》卷二,人民文学出版社 1981 年版。

[57] 老舍:《骆驼祥子》,人民文学出版社 1962 年版。

[58] 李晋悦:《往返于书斋与现实之间》,http://discovery.cctv.com/20070820/109519.shtml.

[59] 李福祥:《三元里打仗日记》,阿英编《鸦片战争文学集》下册,中华书局 1957 年版。

[60] 李凤亮:《文学批评现代性的译介与传达——刘禾文学批评思想研究》,饶芃子主编《思想文综》第 9 辑,暨南大学出版社 2005 年版。

[61] [美] 刘禾:《跨语际实践——文学,民族文化与被译介的现代性(中国,1900—1937)》,宋伟杰等译,生活·读书·新知三联书店 2008 年版。

[62] [美] 刘禾:《语际书写——现代思想史写作批判纲要》,生活·读书·新知三联书店1999年版。

[63] [美] 刘禾:《帝国的话语政治:从近代中西冲突看现代世界秩序的形成》,杨立华等译,生活·读书·新知三联书店2009年版。

[64] [美] 刘禾:《"话语政治"和近代中外国际关系》,《读书》2010年第1期。

[65] [美] 刘禾:《新媒体与弗洛伊德的恐惑论》,《解放日报》2009年10月23日。

[66] [美] 刘禾:《为"清华大学—哥伦比亚大学跨语际文化研究中心"成立典礼而写的致辞》,http∶//www.zhongwen.tsinghua.edu.cn/publish/cll/2095/index.html。

[67] 刘登翰主编:《双重经验的跨域书写——20世纪美华文学史论》,上海三联书店2007年版。

[68] 李劼人:《死水微澜》,人民文学出版社1955年版。

[69] 李陀等:《关于〈帝国的话语政治〉的讨论》,《读书》2010年第1期。

[70] 刘禾:《穿越:语言·时空·学科》,(https∶//www.douban.com/group/topic/9310825/?type=like)。

[71] 卢康华、孙景尧:《比较文学导论》,黑龙江人民出版社1984年版。

[72] 马克思:《资本论》第一卷(影印本),郭大力、王亚南译,上海三联书店2006年版。

[73] [美] 马丁·贝尔纳:《黑色雅典娜:古典文明的亚非之根》第一卷,郝田虎等译,吉林出版集团有限责任公司

2011年版。

[74]　[法]米歇尔·福柯：《规训与惩罚》，刘北城译，生活·读书·新知三联书店1999年版。

[75]　[法]米歇尔·福柯：《知识考古学》，谢强等译，生活·读书·新知三联书店1998年版。

[76]　[斯洛伐克]玛利安·高利克：《中国现代文学批评发生史（1917—1930）》，陈圣生、张林杰等译，社会科学文献出版社1997年版。

[77]　摩罗：《"国民劣根性"学说是怎样兴起的?》（代序），摩罗、杨帆编选《人性的复苏　国民性批判的起源与反思》，复旦大学出版社2011年版。

[78]　《摩斯密码是什么?》，https：//wenda.so.com/q113688413-100602207。

[79]　《欧文·白璧德——百度百科》，https：//baike.so.com/doc1982008-10166862.html。

[80]　[法]皮埃尔·布迪厄：《区隔：趣味判断的社会批判·导言》，朱国华译，陶东风等主编《文化研究》第4辑，中央编译出版社2003年版。

[81]　[法]皮埃尔·布迪厄：《艺术的法则　文学场的生成和结构》，刘晖译，中央编译出版社2001年版。

[82]　[法]皮埃尔·布尔迪厄：《男性统治》，刘晖译，海天出版社2002年版。

[83]　[法]让·鲍德里亚：《符号政治经济学批判》，夏莹译，南京大学出版社2009年版。

[84]　[法]热拉尔·热奈特：《叙事话语　新叙事话语》，王文

融译，中国社会科学出版社 1990 年版。

[85] 任祖耀等:《马克思主义政治经济学原理》，重庆大学出版社 1999 年版。

[86] 荣孟源:《史料和历史科学》，人民出版社 1987 年版。

[87] [美] 萨义德:《东方学》，王宇根译，生活·读书·新知三联书店 1999 年版。

[88] [美] 斯维特兰娜·博伊姆:《怀旧的未来》，杨德友译，译林出版社 2010 年版。

[89] 史有为:《外来词——异文化的使者》，上海辞书出版社 2004 年版。

[90] 孙歌:《前言》，许宝强、袁伟选编《语言与翻译的政治》，中央编译出版社 2001 年版。

[91] 宋炳辉:《文化的边界到底有多宽——刘禾的"跨语际实践"研究的启示》，《中国比较文学》2003 年第 4 期。

[92] [英] 特雷·伊格尔顿:《二十世纪西方文学理论》，伍晓明译，北京大学出版社 2007 年版。

[93] [印] 特贾斯维莉·尼南贾纳:《为翻译定位》，袁伟译，许宝强等选编《语言与翻译的政治》，中央编译出版社 2001 年版。

[94] 涂纪亮编:《皮尔斯文选》，涂纪亮、周兆平译，社会科学文献出版社 2006 年版。

[95] 陶东风:《对〈国民性话语质疑〉的质疑》，摩罗、杨帆编选《人性的复苏　国民性批判的起源与反思》，复旦大学出版社 2011 年版。

[96] 王中江:《进化主义在中国的兴起》，中国人民大学出版

社 2010 年版。

[97] 王彬彬：《以伪乱真和化真为伪——刘禾〈语际书写〉、〈跨语际实践〉中的问题意识》，《文艺研究》2007 年第 4 期。

[98] 王春霞：《"排满"与民族主义》，社会科学文献出版社 2005 年版。

[99] 王学钧：《刘禾"国民性神话"论的指谓错置》，摩罗、杨帆编选《人性的复苏　国民性批判的起源与反思》，复旦大学出版社 2011 年版。

[100] 吴鸿雅：《朱载堉新法密率的科学抽象和逻辑证明研究》，《自然辩证法研究》2004 年第 10 期。

[101] 无名氏：《三元里平夷录》，阿英编《鸦片战争文学集》下册，中华书局 1957 年版。

[102] 《新英汉词典》编写组：《新英汉词典》，上海译文出版社 1978 年版。

[103] 萧红：《生死场》，黑龙江人民出版社 1980 年版。

[104] 《萧红和〈呼兰河传〉》，http://www.360doc.com/content/11/0103/11/4503596 – 83559483.shtml。

[105] 仰海峰：《走向后马克思：从生产之境到符号之境　早期鲍德里亚思想的文本学解读》，中央编译出版社 2004 年版。

[106] 杨曾宪：《质疑"国民性神话"理论》，摩罗、杨帆编选《人性的复苏　国民性批判的起源与反思》，复旦大学出版社 2011 年版。

[107] 杨念群：《作为话语的"夷"字与"大一统"历史观》，

《读书》2010 年第 1 期。

[108]《洋鬼子 百度百科》，https：//baike.so.com/doc1597644-6189404.html。

[109][英]伊恩·瓦特：《小说的兴起——笛福、理查逊、菲尔丁研究》，高原、董红钧译，生活·读书·新知三联书店 1992 年版。

[110] 曾祥华：《人权：行政法的逻辑起点》，《政法论丛》2004 年第 4 期。

[111] 邹振环：《疏通知译史》，上海人民出版社 2012 年版。

[112] 赵海峰：《阿多诺"否定的辩证法"研究》，黑龙江人民出版社 2003 年版。

[113] 张一兵：《代译序》（符号之谜：物质存在的化蝶幻象），[法]让·鲍德里亚《符号政治经济学批判》，夏莹译，南京大学出版社 2009 年版。

[114] 张念东：《〈权力意志〉译者说明》，[德]弗里德里希·尼采《权力意志 重估一切价值的尝试》，张念东等译，中央编译出版社 2000 年版。

[115] 张兴亮：《民众误解苏维埃：认为是苏兆征的儿子继承皇位》，《北京日报》2012 年 4 月 29 日。

[116] 周振甫：《文心雕龙今译》，中华书局 1986 年版。

[117][美]周蕾：《妇女与中国现代性 西方与东方之间的阅读政治》，蒋青松译，上海三联书店 2008 年版。

[118] 赵稀方：《翻译与新时期话语实践》，中国社会科学出版社 2003 年版。

[119] 赵京华：《概念创新与话语分析的越境》，《读书》2010

年第1期。

[120] 翟昌民：《试论邓小平理论的逻辑起点》，《天津师范大学学报》2000年第5期。

[121] 朱文华：《陈独秀传》，红旗出版社2009年版。

[122] 祝宇红：《"故事"如何"新"编——论中国现代"重写型"小说》，北京大学出版社2010年版。

后　记

"梨花风起正清明，游子寻春半出城。日暮笙歌收拾去，万株杨柳属流莺。"（宋人吴惟信《苏堤清明即事》）在清洁明亮的日子里，在春意盎然的重庆，伴随着我对故去多年的父母的无尽思念，我的 2012 年度国家社会科学基金西部项目结项成果《美国华裔批评家刘禾"新翻译理论"研究》，经过 1800 多个日日夜夜的"鏖战"，终于画上圆满句号。但个中酸甜苦辣，不足为外人道也，只有我心中自知。

该书稿系我用心最多的一部书稿，也是我学术上逐渐走向成熟的一部书稿，于我而言，足以写就一个"多城记"（A Tale of Many Cities）的故事。与西南诸城相关的 1800 多个日日夜夜，使我不由得想起狄更斯《双城记》开篇名句："那是最美好的时代（the best of times），那是最糟糕的时代（the worst of times）；那是智慧的年头（the age of wisdom），那是愚昧的年头（the age of foolishness）；那是信仰的时期（the epoch of belief），那是怀疑的时期（the epoch of incredulity；那是光明的季节（the season of Light），那是黑暗的季节（the season of Darkness）；那是希望的春天（the spring of hope），那是失望的冬天（the winter of despair）。"（汉译转引自狄更斯著《双城记》，孙法理译，译林出版社 1996 年版，第 3 页）确实，那些不堪回首的日子里，我除了必要的英语教学和指导研究生及赴外出差外，都在看书、思考，在电脑前"紧锣鸣鼓"地写作。没日没夜，时常通宵达旦，以至于有时腰肌严重劳损，难以直立行走，不得不停止"作业"。当然其间也伴随着因系统归纳一个问题而兴奋不已的幸福，因弄清一个细小理论问题而豁然开朗的激动。毫无疑问，1800 多次的痛苦，1800 多次的等待，1800 多次的坚守，1800 多次的欢娱，铸就了一幅既"美好"、又"糟糕"，既"智慧"、又"愚昧"，既充满"信仰"、又充满"怀疑"，既"光明"、又"黑暗"，既"希望"、又"失望"的人生画卷。往事并不如烟。用内心的真诚、热忱，超功利地追求学术事业，是对一个人的毅力直至身体的挑战，是对生命极限的挑战，真是福柯意义上的自我发起的一次"规训与惩罚"。但"知我者谓我心忧，不知我者谓我何求！"

感谢国内外语界或比较文学界著名学术期刊《外语与外语教学》《解放军外国语学院学报》《外语研究》《西安外国语大学学报》《中国比较文学》的编辑同志们，先期刊发了相关前期研究成果，有力地推动了项目的立项和完成。

感谢全国社科规划办对项目立项，结项的支持！感谢中国社会科学出版社编审郭晓鸿同志对书稿整体思路的充分肯定！

难忘曾经的学生们同我一起讨论刘禾的热烈场景，有的至今还同我有诸多联系。"凤阁龙楼连霄汉，玉树琼枝作烟萝，几曾识干戈？"

最后，我不得不说，由于本人思维水平、知识能力有限，难以完全跟上研究对象的思路和思辨水平，对刘禾"新翻译理论"的理

后 记

解与诠释难免存在诸多不当或误读之处，恳请学界不吝赐教。不过，我一直坚守"理论写作"的一个宗旨："贤者以其昭昭使人昭昭"（孟子），尽力将问题说清楚、写清楚，让读者明白。本人始终认为，如能用最通俗的语言将最深奥的道理说清楚、写清楚，那就是研究者的最大本事，因为"理论是灰色的，唯生命之树是常青的"。研究对象刘禾是美丽的，她的理论应该被写清楚，才能再现她的美丽，再现她的"风姿绰约"。不知我的"宗旨"是否最终落到实处，尚待学界指正。但这无疑是我对今天人文科学界的空疏、浮华、故弄玄虚的反拨，因为今天研究或"触摸"西学的人，总喜欢把简单的问题复杂化，喜爱堆砌连自己都不知所云的术语和长句，实现某种"身份"，"以其昏昏使人昏昏。"此类不良学风，学界应该坚决反对！

费小平
2017 年清明谨识于重庆